Le Vin pour les nuls

Ed McCarthy
Formateur
Mary Ewing-Mulligan
Master of Wine

Le Vin pour les nuls

Éric Beaumard
Directeur du restaurant et chef sommelier
du Four Seasons Hôtel George V

Avec la collaboration de
Catherine Gerbod
Journaliste spécialisée gastronomie et vins

FIRST
ÉDITIONS

Le Vin pour les Nuls, 4e édition poche

ISBN : 978-2-412-07033-8
Dépôt légal : août 2021

Imprimé en France par N.R.I s.a.s. (2103306)
Illustrations de parties : © Rich Tennant
Traduction : Gaston Demitton
Correction : Odile Raoul et Claire Chamot
Mise en pages : Nord Compo

Éditions First, un département d'Édi8
92, avenue de France
75013 Paris – France
Tél. : 01 44 16 09 00
Fax : 01 44 16 09 01
firstinfo@editionsfirst.fr
pourlesnuls.fr

À propos de l'auteur

Avant d'être sommelier, **Éric Beaumard** a d'abord été cuisinier. Né à Fougères en Bretagne en 1963, il démarre sa vie professionnelle en tant qu'apprenti, puis commis de cuisine dans plusieurs établissements.

En 1982, un grave accident de moto le prive de l'usage de son bras droit et le condamne à deux ans de convalescence. En 1984, il reprend sa vie professionnelle en entrant chez le chef étoilé Olivier Roellinger aux Maisons de Bricourt, à Cancale. Une rencontre décisive. Sur ses conseils, Éric Beaumard s'oriente vers le métier de sommelier. Il fait ses premiers pas chez un caviste de Rennes et se découvre une véritable passion pour le vin. Il se forme en autodidacte, dévore tous les ouvrages possibles sur la vigne et le vin, cumule les stages chez les vignerons, investit tout ce qu'il gagne dans l'achat de bouteilles dignes de former son palais. Son goût du défi le pousse à prendre part aux concours de sommellerie régionaux, puis nationaux. En 1987, il décroche le titre de meilleur jeune sommelier de France et devient sommelier du restaurant deux étoiles La Poularde, à Montrond-les-Bains. En 1992, il remporte le titre de meilleur sommelier de France, puis celui de meilleur sommelier d'Europe en 1994, et enfin celui de vice-meilleur sommelier du monde en 1998.

Son titre de vice-meilleur sommelier du monde acquis en 1998 lui ouvre les portes du Four Seasons Hôtel George V à Paris. Il y est embauché en 1999 comme chef sommelier et directeur du restaurant Le Cinq avec un défi de taille : constituer une cave de référence et gagner des étoiles. Le Cinq bénéficie de trois étoiles dans le *Guide Michelin*. Au fil des années, Éric Beaumard a élaboré une cave de 50 000 bouteilles en perpétuelle évolution. Elle reflète sa fine connaissance des grands terroirs viticoles du monde entier et sa capacité à accompagner la cuisine raffinée des chefs de ce célèbre palace parisien. Désireux de transmettre sa passion du vin, au Cinq, il prend le temps de former des jeunes sommeliers. En avril 2018, il a été nommé Chevalier de la Légion d'Honneur.

Il est aussi l'auteur de *100 meilleurs vins pour une cave idéale* (Éditions First).

Avant-propos

Plus qu'une vocation, le vin est pour moi une passion. En tant que directeur et sommelier du restaurant Four Seasons Hôtel George V à Paris, mon plus grand plaisir est de la transmettre chaque jour en communiquant mes coups de cœur, en expliquant, en conseillant. La connaissance et la passion n'ont d'intérêt que dans le partage !

C'est dans cet esprit que j'ai contribué à la nouvelle édition du *Vin pour les Nuls*. Faire découvrir des cépages ou des vins méconnus, conseiller les vins de référence pour découvrir une appellation, donner des clés pour apprécier la variété des styles et des goûts du vin et pour servir les vins dans les verres adaptés, à la bonne température, avec les mets qui les mettront en valeur... autant d'informations visant à rendre le monde du vin accessible, même à ceux qu'il intimide un peu.

Le vin est un domaine tellement vaste. Mais c'est justement ce qui m'enthousiasme : impossible de s'ennuyer. Il y a toujours un nouveau mystère à percer, une bouteille qui aiguise notre curiosité, un millésime qui nous surprend. Lorsque j'ai décelé ces dimensions du vin, j'étais alors cuisinier de métier. Découvrir la magie du vin a été une véritable révélation ! Devenir sommelier s'est imposé comme une évidence ; tout comprendre, tout apprendre, tout savoir du vin, est devenu une véritable obsession ! N'ayant pas à l'époque la possibilité de reprendre des études, je me suis formé moi-même.

À force de goûter des vins, de me documenter, de faire des stages chez des vignerons ou de les rencontrer au cours de mes visites, j'ai pu décrocher des titres nationaux et internationaux. Pour y parvenir, au-delà de la volonté de gagner qu'il faut avoir en soi, je n'aurais pas pu atteindre ce niveau sans le soutien de mon épouse, de mes collègues et amis de Montrond-les-Bains.

Aujourd'hui encore, je ne cesse d'approfondir mon expertise pour faire évoluer en permanence la cave de 50 000 bouteilles que j'ai constituée au Four Seasons Hôtel George V. Tous les mois, je prends le temps de me rendre sur le terrain, en prenant soin à chaque fois de joindre à mon périple deux ou trois jeunes de l'équipe de sommellerie ou de la salle. Il est primordial d'aller à la rencontre des terroirs, des vignerons : notre discours en salle par la suite n'en est que plus enrichi, plus intense.

Lire, goûter dès que possible le maximum de vins différents pour former son palais, questionner les vignerons... c'est la recette que je conseille à qui veut découvrir le vin et la source unique de plaisir et de convivialité qu'il recèle.

Éric Beaumard

Sommaire

Introduction

Partie 1 Pour commencer avec le vin

Partie 3 Un voyage autour du monde du vin

Partie 4 La Partie des Dix

Annexes

Introduction

Dans certaines régions de la planète, les gens ont une attitude tout à fait intéressante vis-à-vis du vin : ils le boivent.

Dans les restaurants de ces régions, les serveurs se contentent de demander au client s'il désire du rouge ou du blanc. Ils apportent ensuite une bouteille ou une carafe de vin, et tous les convives boivent. Il arrive même que le vin soit servi dans de petits verres trapus que l'on réserve ordinairement au jus d'orange. Lorsque, par hasard, un invité donne son avis sur ce qu'il boit, il emploie une expression très suggestive telle que : « Il est bon ! »

Mais cette spontanéité s'est quelque peu perdue. Tous ceux dont la sophistication, l'érudition ou la recherche d'un statut sont telles qu'ils ont fait du vin quelque chose de si complexe induit que la plupart des gens sont trop intimidés pour en boire. La jungle des cépages, des millésimes et des notes d'appréciation donne le vertige à celui qui désire acheter une bouteille de vin sans l'assistance rapprochée d'un œnologue personnel.

Cela dit, le côté intellectuel de la consommation du vin ne se serait jamais développé s'il n'existait pas effectivement des vins totalement fabuleux. Ce sont ces vins-là qui font de la dégustation une œuvre d'art. En effet, certains vins inspirent de l'enthousiasme, voire de la passion. Comment, dès lors, s'étonner que tant de monde occupe tout son temps libre à collectionner des vins, comparer des millésimes, visiter des caves et dévorer la presse spécialisée ? *Mais tous les vins ne justifient pas qu'on les aborde ou les consomme avec tant de sérieux.*

Certes, le vin et son univers sont un sujet complexe, mais sachez qu'en tirer du plaisir ne nécessite pas de tout en connaître. L'envie de découvrir ce monde fascinant et celle d'en apprendre quelques principes fondamentaux peuvent vous conduire sur le chemin d'une merveilleuse expérience.

Comment utiliser cet ouvrage

Ce livre est conçu à la fois comme un ouvrage général sur le vin, un manuel au service du consommateur et un ouvrage de référence.

À l'attention des lecteurs qui ignorent tout ou presque sur le vin, il contient des informations générales, mais également des conseils, des suggestions et des informations techniques pour les consommateurs occasionnels qui désirent approfondir leur connaissance du vin. Les différents chapitres de ce livre vous sont destinés en fonction de vos connaissances et votre expérience personnelle.

Première partie : Pour commencer avec le vin

Les cinq chapitres de la Première partie sont conçus pour faire de vous un goûteur de vin quand bien même vous n'auriez encore jamais vécu une telle expérience. Nous vous y expliquons comment goûter le vin, vous y apprenons quels sont les cépages utilisés de par le monde et comment est fabriqué le vin. Un point sur les systèmes d'appellations officielles complète cette mise en bouche.

Deuxième partie : Rencontres du troisième cep

Voici une partie éminemment pratique : nous y verrons comment se préparer à choisir du vin dans un magasin ou dans un restaurant. Vous y glanerez des conseils pour gérer au mieux les difficultés relationnelles que crée l'attitude parfois hautaine des serveurs ou des vendeurs et y verrez quels gadgets sont véritablement utiles à faciliter l'ouverture d'une bouteille. Et cette partie apportera les réponses aux questions que vous vous posez avec perplexité face aux différents mots et phrases inscrits sur les étiquettes des bouteilles. Vous découvrirez enfin l'art de la dégustation.

Troisième partie : Un voyage autour du monde du vin

Cette partie constitue le cœur du livre. Nous vous y proposons une visite guidée des principales régions viticoles de la planète renseignée des identités des vins les plus importants produits dans chacune d'elles. À tout seigneur, tout honneur. Aussi commencerons-nous notre périple par la France, puis poursuivrons par l'Italie et les contrées d'Europe, avant d'explorer des régions viticoles plus récentes (États-Unis, Australie, Chili, Argentine, etc.). Les champagnes et autres pétillants fermeront la marche.

Quatrième partie : La Partie des Dix

Un ouvrage de la collection « Pour les Nuls » ne serait pas complet sans cette section. Nous sommes particulièrement heureux de pouvoir réduire à néant dix mythes persistants qui encombrent la science du vin afin de vous permettre de devenir un consommateur averti et satisfait. Nous avons aussi sélectionné dix lieux et événements dignes de nourrir votre soif de découverte du monde du vin.

Les icônes utilisées dans cet ouvrage

Conseil

Ce personnage est à considérer comme l'enfant de 2 ans qui demande sans cesse : « Papa, pourquoi ? Dis... pourquoi ? » et qui sait que vous n'avez peut-être pas autant de curiosité que lui. Quand vous le voyez, sachez que vous pouvez ignorer les informations techniques correspondantes ; le vin n'en sera pas moins bon.

Truc

Cette icône est faite pour attirer votre attention sur les conseils et les informations qui feront de vous un goûteur plus avisé.

Attention

La consommation modérée d'alcool ne risque pas de vous causer un quelconque embarras, mais vous pouvez aisément gâcher un vin merveilleux (et cher !) et avoir ainsi une grosse déception. Ce symbole vous avertit des moyens d'éviter les pièges les plus courants.

À retenir

Certains principes concernant le vin sont si essentiels qu'ils méritent d'être retenus. Nous les signalons par ce symbole.

Snobs

Les consommateurs de vin snobs utilisent différentes astuces pour entretenir un sentiment d'infériorité chez les autres consommateurs. Ils cesseront de vous intimider si vous comprenez à quoi correspond cette poudre aux yeux (cela vous permet même d'en profiter pour les remettre à leur place !).

Approuvé

Les vins cités dans un paragraphe marqué de ce symbole sont à notre avis de bonnes affaires, offrant un rapport qualité/prix intéressant.

Focus

Certains vins sont difficiles à trouver, et leurs prix s'en ressentent, mais la joie d'en dénicher une bouteille en est d'autant plus forte. Cette icône placée devant les paragraphes citant de tels vins vous avertit que votre quête peut être longue.

Éric Beaumard

Éric Beaumard, directeur et chef sommelier du restaurant Le Cinq de l'hôtel George V à Paris, nous a livré ses conseils concrets et son expertise issus de plus de trente années d'expérience.

Du vin pour tout le monde !

Nous ne supportons pas l'idée que le vin, source de tant de plaisirs dans notre existence, puisse être celle d'une angoisse pour quiconque. C'est pourquoi nous désirons sincèrement vous aider à vous sentir véritablement à l'aise. La connaissance du vin, que la lecture de cet ouvrage et notre expérience vont vous permettre d'acquérir, saura vous guider vers plus d'intimité dans votre rapport à cette science et à cet art.

Mais, paradoxalement, ce qui va réellement vous mettre à l'aise face au vin, c'est de savoir que vous ne saurez jamais tout et que cette réalité s'impose à tout le monde. En effet, lorsque vous aurez acquis un peu de maîtrise et d'expérience, vous verrez que personne ne peut tout savoir sur le vin. La quantité d'informations est bien trop importante et l'évolution, permanente. Et maintenant que vous savez cela, soyez détendu, car de grands plaisirs vous attendent.

Partie 1
Pour commencer avec le vin

LE VIN ME FAIT PENSER À L'OPÉRA. J'APPRÉCIE TOUJOURS, MÊME SI JE NE COMPRENDS PAS TOUT.

Dans cette partie...

Pour pouvoir tirer profit des informations qui suivent, il est essentiel d'avoir un minimum de connaissances : ce qu'est une grappe de raisin, et où se trouvent votre langue et votre nez. Si vous maîtrisez ces principes fondamentaux, vous êtes fin prêt à découvrir la science et l'art du vin, quand bien même vous n'en auriez jamais goûté auparavant. Nous allons avancer lentement pour que vous puissiez profiter du paysage pendant la découverte.

DANS CE CHAPITRE

Ce qu'est exactement le vin

•

Quelques mots barbares tels que fermentation et sulfites

•

Ce qui distingue le vin rouge du vin blanc

•

Toute la vérité à propos du rosé

•

S'y retrouver dans les différentes catégories de vin

Chapitre 1
Mise en bouche

Les coauteurs de ce livre passent leur temps à visiter caves et vignobles, et chaque visite se termine en général par une discussion avec le maître des lieux au sujet de ses méthodes de production. L'un d'eux se passionne pour ces conversations, car elles lui permettent d'en apprendre plus encore sur les raisons pour lesquelles chaque vin possède ce goût si particulier. En revanche, l'autre se lasse vite de ces discussions : pourquoi s'enquérir des méthodes de fabrication du vin dès lors qu'il est merveilleux à boire ?

Il semble donc qu'il y ait deux catégories d'amoureux du vin : les « hédonistes », qui ne veulent rien d'autre que goûter à ses plaisirs et découvrir de plus en plus de vins agréables, et les « intellectuels », qui se passionnent pour le mystère de leur fabrication. Notre famille compte un représentant de chacune des deux catégories.

Si vous êtes un intellectuel, vous prendrez plaisir à découvrir ce qui fait les différences entre les vins. Si vous êtes un hédoniste, un minimum de connaissances pourra vous aider à découvrir de nouveaux vins auxquels vous prendrez plaisir. Évidemment, c'est un intellectuel qui vous le dit.

D'où vient le vin ?

La recette permettant de transformer des fruits en vin est à peu près celle-ci :

❶ **Rassemblez une grosse quantité de grappes de raisin mûres**
Vous pourriez aussi utiliser des framboises ou d'autres fruits, mais 99,9 % de tous les vins du monde sont issus du raisin.

❷ **Versez les grappes dans un récipient propre et inoxydable.**

❸ **Écrasez les grappes pour en extraire le jus**
Autrefois, on foulait le raisin avec les pieds.

❹ **Attendez.**

En simplifiant, faire du vin n'est rien d'autre que cela. Une fois que les grappes sont écrasées, des levures (de tout petits organismes unicellulaires qui se trouvent naturellement dans la vigne et donc sur les grappes) entrent en contact avec le sucre du jus du raisin. Ces levures transforment graduellement le sucre en alcool. Elles produisent également du dioxyde de carbone qui s'évapore. Dès que le travail des levures est achevé, le jus de raisin est devenu du vin. Le sucre qui se trouvait dans le jus de raisin n'existe plus ou presque ; il a été transformé en alcool. (Plus les grappes sont mûres et sucrées, plus le vin sera fort en alcool.) Ce processus se nomme *fermentation*.

Qu'y a-t-il de plus naturel ?

La fermentation est un processus entièrement naturel qui ne requiert pas la main de l'homme, sauf pour verser les grappes dans un conteneur et pour en extraire le jus. (Le jus peut aussi s'extraire de lui-même des grappes s'écrasant les unes contre les autres sous leur propre poids.) Le même genre de fermentation se produit dans le jus de pomme que vous oubliez dans le réfrigérateur, et cela sans votre aide.

Rappelons que c'est Louis Pasteur qui a découvert le processus de fermentation au XIXe siècle. Il l'a découvert, non inventé. Certaines des pommes paradisiaques du jardin d'Éden avaient sans doute eu largement le temps de fermenter avant que Pasteur ne vienne au monde. Mais était-ce bien un paradis, ce lieu où il n'y avait pas de vin ?

Puis vint le viniculteur

En fait, si les viniculteurs et autres producteurs de vin se contentaient de la recette schématique que nous venons de décrire, nous en serions réduits à boire une piquette infâme qui aurait eu bien du mal à nous fournir suffisamment d'inspiration et de courage pour écrire un ouvrage à son sujet.

Les viniculteurs ont autant de tours dans leur sac que Pantagruel a d'appétit. C'est une des raisons pour lesquelles deux vins ne peuvent jamais avoir exactement le même goût.

Les hommes et les femmes qui élèvent le vin peuvent choisir le type de récipient dans lequel ils laissent s'opérer la fermentation (les deux types principaux sont l'acier inoxydable et le fût de chêne), la taille du récipient et la température du jus de raisin pendant la fermentation. Chaque choix dans ces étapes a des répercussions sur les saveurs et les qualités du vin. La fermentation achevée, ils peuvent choisir la durée de maturation du vin (l'étape pendant laquelle le vin adopte ses traits de caractère), ce qui dépend également du type de récipient dans lequel cette maturation a lieu. La fermentation peut durer entre trois jours et trois semaines, et la maturation de quelques mois à quelques années. Si vous avez des difficultés à prendre des décisions, n'envisagez jamais d'exercer le métier de producteur de vin.

Le principal ingrédient

Il est évident que le facteur primordial qui fait qu'un vin est différent d'un autre est la nature du matériau de départ : le jus de raisin. Les grains peuvent être plus ou moins mûrs ou plus ou moins sucrés, ce qui détermine le degré d'alcool. Plus important encore, il existe différentes variétés de raisin, différents cépages (par exemple, Chardonnay, Cabernet-Sauvignon ou Merlot) ; les vins qui en sont issus sont très différents. Le raisin est l'ingrédient de base du vin ;

toute la science que le producteur peut appliquer, il l'applique au jus de raisin. Le chapitre 4 aborde en détail certains cépages en indiquant les vins qui en sont issus.

En voir de toutes les couleurs

L'enfant qui sommeille en vous sera heureux d'apprendre qu'en ce qui concerne le vin, il est tout à fait normal de préférer certaines couleurs à d'autres. Alors qu'il est devenu socialement intenable d'annoncer qu'on n'aime pas la nourriture verte, passé l'âge de six ans, on ne risque nullement de faire croire qu'on retombe en enfance en affichant clairement des préférences exclusives pour le blanc, le rouge ou le rosé.

Ce qu'est le vin blanc

Celui qui a décidé de l'appellation « vin blanc » devait être daltonien. Il suffit de le regarder pour constater que le vin blanc est jaune. Mais cette expression est devenue universelle et on dit donc du vin blanc (le responsable du choix de cette couleur ne devait pas vivre dans un pays de neige).

Le vin blanc est un vin sans couleur rouge (ou rose, qui est de la famille des rouges). Un vin tel que le *White Zinfandel* n'est, malgré son nom, pas un vin blanc, mais un rosé très apprécié aux États-Unis. En revanche, les vins jaunes, les vins dorés et les vins sans couleur sont tous des vins blancs.

Pour que le vin devienne blanc, deux possibilités se présentent. La première consiste à utiliser du raisin blanc, qui n'est d'ailleurs pas blanc, lui non plus. Les grains de raisin blanc sont verts, entre vert et jaune, jaune d'or ou même parfois jaune rosé.

La seconde méthode pour obtenir du vin blanc est un peu plus complexe. Elle consiste à utiliser du raisin rouge, mais sans que les peaux des grains soient en contact avec le jus. On obtient ainsi du vin blanc, tout simplement parce que le jus de raisin rouge n'est pas rouge, la couleur se trouvant dans la peau.

Conseil

Notez que la peau des raisins est éliminée soit en pressant de grandes quantités de grappes pour faire couler le jus en abandonnant les peaux dans la presse, ce qui ressemble au pressage d'un fruit, soit en broyant les grappes en les faisant passer dans une grosse vis qui brise les peaux et récupère le jus.

Truc

Un liquide « sec »

Sur les étiquettes de vin ou dans les recettes de cuisine, on peut lire « vin blanc sec ». Le mot « sec », associé à un liquide qui contient plus de 85 % d'eau, peut paraître étrange ! Mais dans le cas du vin, sec n'est pas le contraire d'humide, mais de sucré. Un vin sec, c'est un vin dont tout ou presque tous les sucres contenus dans les raisins se sont transformés en alcool lors de la fermentation, à la différence des vins demi-secs qui en ont gardé un peu, et des vins doux qui en ont gardé beaucoup. La plus grande majorité des vins blancs sont secs si bien que souvent ça n'est pas précisé.

Snobs

Un vin blanc peut être orange

Certains vignerons vinifient des blancs en laissant en contact plus ou moins prolongé les jus et les peaux des raisins. En fait, ils font un blanc comme s'ils faisaient un rouge. Le but est d'obtenir un vin plus charnu, avec un goût un peu différent. La couleur obtenue est orangée sous l'effet des pigments contenus dans les peaux, d'où le nom de vin orange. Ce sont des cuvées confidentielles, parfois déroutantes, mais souvent intéressantes. Le vin n'a jamais fini de nous surprendre !

Le vin blanc se sert frais, mais pas glacé. Dans un restaurant où vous serait servi un vin blanc trop froid, attendez pour le boire que le vin se réchauffe un peu. Si vous aimez le vin froid, tout va bien, mais sachez que le boire légèrement moins froid vous y fera découvrir de nouvelles saveurs.

Truc

Vous trouverez des suggestions de mariage de mets avec les vins blancs au chapitre **11**.

Les styles de vins blancs : il n'y a pas de standard

En dehors des vins mousseux et des vins de dessert sucrés, les vins blancs se classent en trois catégories principales. Si les mots que nous utilisons pour décrire les saveurs caractérisant chaque catégorie vous paraissent étranges, gardez patience, car vous découvrirez toutes nos explications au chapitre **2**. Voici ces trois catégories :

» Certains vins blancs sont secs et frais, sans saveur sucrée ni goût de chêne (voir chapitre **3** pour les effets du chêne). La plupart des vins blancs italiens tels que le Soave et le Pinot Grigio et certains vins français tels que le Muscadet et le Riesling d'Alsace appartiennent à cette catégorie ;

» D'autres blancs sont secs, avec beaucoup de corps et un élevage en fûts de chêne. Les vins blancs français et californiens les plus chers tels que les blancs de Bourgogne ou les Chardonnay de Californie à plus d'une quinzaine d'euros appartiennent à cette catégorie (ces vins sont plus chers du simple fait que les fûts de chêne sont très onéreux).

» Enfin, certains vins blancs sont demi-secs. Cette catégorie comprend de nombreux vins allemands, notamment les moins chers tels que le Liebfraumilch (ce dernier est décrit au chapitre **15**). La Loire produit d'excellents vins dans cette catégorie comme le Vouvray et le Montlouis.

Vin rouge, le bien nommé

Dans le cas du vin rouge, le nom est correct. Les vins rouges sont rouges. Ils peuvent bien être rouge-violet, rouge brique pâle ou rouge rubis, ils sont toujours rouges.

Les vins rouges sont obtenus à partir de raisins rouges ou rouge-bleu. Certains parlent de raisin noir, sans doute parce que le noir est l'opposé du blanc.

La principale différence apparente entre vin rouge et vin blanc est donc la couleur. La couleur rouge s'obtient lorsque du jus de raisin (incolore) est laissé en contact avec des peaux d'un raisin rouge pendant la fermentation, ce qui lui permet d'en absorber les pigments. En plus de la couleur, le contact avec les peaux donne au vin du tanin, substance essentielle dans la saveur du vin rouge (voir au chapitre **2** d'autres informations au sujet du tanin). La présence de tanin dans les vins rouges est ce qui constitue la différence fondamentale entre vin rouge et vin blanc.

Conseil

De manière générale, les vins rouges tendent à être plus complexes que les vins blancs, conséquence logique de la présence dans un vin rouge d'au moins un élément de plus que dans un vin blanc : le tanin.

Styles de vins rouges : pas de standard non plus !

Voici trois styles de vins rouges parmi les plus répandus :

» Les vins rouges légers et fruités contenant peu de tanin. C'est le cas des Beaujolais, des Côtes-du-Rhône, des Touraine rouges ou encore du Valpolicella italien ;

» Les vins rouges moyennement charnus avec du tanin en quantité modérée. C'est le cas des bordeaux à prix modéré, du bourgogne, des vins du Languedoc et de nombreux rouges australiens ;

» Les rouges forts en tanin et charnus tels que les grands crus bordelais, le Barolo italien, le Côte-Rôtie, le Madiran ou le Rioja.

Les styles des vins rouges sont bien plus variés que ceux des blancs, notamment en raison des nombreuses possibilités de personnalisation d'un vin rouge par le viniculteur (le nombre de paramètres permettant d'obtenir un vin spécifique). Ainsi, le viniculteur peut laisser le jus en contact avec les peaux plus ou moins longtemps afin d'obtenir un vin plus ou moins foncé et riche en tanin (il sera plus ferme en bouche comme du thé fort; les vins forts en tanin peuvent presque vous amener à faire la grimace). Si le jus est séparé des peaux plus tôt, le vin sera plus doux et moins fort en tanin.

Truc

Un vin rouge aura bien plus tendance à être consommé au cours des repas qu'en dehors.

Vous trouverez toujours un vin rouge pour accompagner n'importe quel type de nourriture et pour n'importe quelle occasion pour laquelle vous désirez boire du vin (sauf si vous désirez du vin mousseux, qui est très généralement blanc ou rosé). Nous vous donnerons quelques conseils pour marier vins rouges et mets dans le chapitre **11**.

Une méthode radicale pour gâcher tout le plaisir d'un vin rouge consiste à le boire trop froid. Les tanins que contiennent les vins rouges peuvent prendre un goût véritablement amer lorsque le vin est trop froid, comme un thé fort froid. À l'inverse, de nombreux restaurants servent le vin rouge trop chaud (on se demande où ils le stockent, peut-être à côté du piano, en cuisine ?). La bonne température d'un vin rouge est facile à deviner : il semble tout juste frais lorsque vous prenez la bouteille dans votre main.

Une rose n'est pas toujours rose, mais le rosé, si

Bien que les rosés soient faits à partir de raisins rouges, le vin qui en résulte n'est pas rouge, tout simplement parce que le jus est laissé très peu de temps au contact des peaux des grains, quelques heures tout au plus alors que la période de macération se compte en jours ou en semaines pour les rouges. La brièveté de ce contact jus/peau

fait qu'une infime quantité de tanin est absorbée par le jus. C'est pour cette raison que vous pouvez sans problème boire votre rosé très frais, comme du vin blanc.

Snobs

Depuis le début des années 1990, les rosés sont très populaires en Europe. Légers, agréables à boire frais, susceptibles d'être bus en apéritif aussi bien qu'à table sur une grande variété de mets, bon marché, accessibles en prix et pouvant plaire à une grande variété de consommateurs, y compris à ceux qui disent ne pas aimer le vin, ils correspondent aux nouvelles tendances de consommation du vin axées plus sur le plaisir que sur le prestige d'une étiquette.

Conseil

Deux méthodes permettent d'obtenir du rosé. La première consiste à appliquer aux raisins rouges une méthode identique à celle utilisée pour faire un vin blanc, c'est-à-dire qu'on vinifie le moût (jus issu du pressurage du raisin) après une courte macération. C'est la méthode dite du « pressurage direct ». La seconde consiste à élaborer des rosés de « saignée ». On commence à faire comme pour un vin rouge, mais on écoule une partie du jus, le reste de la cuve servant à élaborer du rouge.

Six bonnes raisons de prendre le rosé au sérieux

1. Portée par les rosés de Provence, la montée en qualité des rosés est manifeste. Les critiques spécialisés ont cessé de les regarder avec condescendance.
2. En France, désormais le tiers des vins consommés est de couleur rose ! La France est le pays au monde où l'on consomme le plus de rosé.
3. Le rosé est un succès mondial. Sa consommation a progressé de 40 % entre 2002 et 2018 ! Et cocorico, la France est aussi le pays le plus exportateur (en valeur) de vin

»

Six bonnes raisons de prendre le rosé au sérieux *(suite)*

rosé. Les vins de Provence rosés exportent ainsi près de 40 % de leur production.

4. Les rosés sont très diversifiés. Si les rosés de Provence, pâles et délicatement fruités font référence, toutes les régions viticoles de France produisent des rosés. Il y a donc une diversité de cépages, de styles, de couleurs et de prix.

5. Le rosé est aussi un véritable vin de terroir. Des rosés comme le Bandol rosé (Provence), le Côtes-de-Provence-La Londe, le Marsannay rosé (Bourgogne), le Tavel (Rhône) ou encore le Gris-de-Toul (Lorraine), sont quelques exemples pour le prouver. Leur terroir d'origine les rend uniques !

6. Agréable à l'apéritif, le rosé permet de vrais accords mets et vins de l'entrée au dessert. Pas de raison de le limiter au pique-nique ou au barbecue !

Le rosé de toutes les couleurs

Presque toujours présenté dans des bouteilles transparentes, le rosé nous séduit par sa couleur. Elle peut même devenir un vrai sujet de conversation à table ! L'aimez-vous plutôt pétale de rose, ou légèrement corail ou rose bonbon ?

Selon la méthode de vinification, les cépages, le temps de contact des peaux des raisins avec le jus, la palette de couleur peut aller du rose très pâle au rose framboise. Choisir est avant tout une affaire d'humeur, comme on choisit chaque matin la couleur de sa chemise ou de son ombre à paupières, car entre rose orangé, saumon et orange tuilé, nous affirmons sans complexe que les nuances de goût sont faibles.

Question de degrés

L'Organisation internationale de la vigne et du vin (OIV) définit le vin comme exclusivement issu de « la fermentation alcoolique complète ou partielle du raisin frais, foulé ou non, ou du moût de raisin. Son titre alcoométrique acquis ne peut être inférieur à 8,5 % vol. » Ce taux minimal est ramené à 7 % vol. pour certains vignobles. La plupart des vins titrent autour de 13 % vol. d'alcool.

Mais de plus en plus de vignobles sont plantés en climat chaud, tandis que des vignobles bien au frais subissent les effets du réchauffement climatique. Les raisins sont plus riches en sucre. Après fermentation, le degré d'alcool dépasse dans ce cas souvent la frontière des 14°, et ce, sans adjonction d'alcool. Modérer ce degré alcoolique devient un vrai défi pour les vignerons.

Un vin peut être tranquille

Ce que nous buvons quotidiennement est du vin normal, rouge, blanc ou rosé, mais sans bulles. Ces vins portent différents noms. Aux États-Unis, on les appelle *vins de table* et en Europe, on les appelle souvent *vins tranquilles.* Le terme de vin tranquille désigne des vins qui n'ont pas de bulles (qui ne sont pas pétillants).

Vins à bulles et autres styles

Trois autres types de vins sont très appréciés d'une partie des connaisseurs : les vins effervescents, les vins de dessert ou vins de liqueur (tous les vins titrant plus de 14° d'alcool).

VDN – Vin doux naturel

En ajoutant de l'alcool à du vin en cours ou en fin de fermentation (entre 5 et 10 %), on obtient un vin dit muté ou fortifié. Sont fabriqués ainsi, les xérès, les portos, les madères ou les vins doux naturels français comme le banyuls, le rivesaltes, le muscat-de-rivesaltes, le rasteau ou le maury. Le terme « naturel » vient du fait que le sucre qu'ils contiennent vient du sucre naturellement contenu dans le raisin et pas de sucre ajouté. L'ajout d'alcool a pour effet de stopper la fermentation. Selon le moment auquel cette opération intervient, le vin est donc plus ou moins sec, mais il est toujours plus alcoolisé qu'un vin classique (plus de 15°).

Attention

Ils sont souvent classés en « vins de dessert », mais ce terme est impropre, car certains peuvent se consommer en apéritif ou même avec certains plats.

VDL – Vin de liqueur

Il s'agit d'un mélange de moût de raisin (donc de jus de raisin non fermenté) et d'eau-de-vie de raisin. Ce mélange subit un vieillissement plus ou moins long. On les appelle aussi « mistelles ». En France, les vins de liqueur les plus connus sont le pineau des Charentes (obtenu à partir de cognac), le floc de Gascogne (obtenu à partir d'armagnac) et les macvin du Jura et ratafia de Champagne (obtenus à partir de marc).

Champagne et vins mousseux ou vins effervescents

Les vins mousseux ou effervescents sont des vins qui contiennent des bulles de dioxyde de carbone, un produit naturel de la fermentation, que le producteur décide d'emprisonner dans le vin. Une fois que le raisin a fermenté, le sucre est transformé en alcool et en gaz carbonique. Si on empêche ce gaz de s'échapper en couvrant la cuve ou en fermant la bouteille, il se dissout dans le vin et forme alors des bulles ; c'est le principe de base de tous les vins effervescents. La méthode champenoise consiste à laisser le vin subir une seconde fermentation dans la bouteille dans laquelle il sera vendu après quinze mois au minimum.

En Europe, aux États-Unis et au Canada, le nom officiel de cette catégorie de vins contenant des bulles est « vin mousseux ».

Le plus fameux vin mousseux du monde est le *champagne*, et c'est sans doute le vin le plus célèbre entre tous. Le champagne est un vin mousseux particulier (fabriqué à partir de certains cépages et produit selon des méthodes spéciales dans une région délimitée). Le champagne provient de la région de France à laquelle il emprunte son nom. C'est le champion incontesté des vins à bulles. S'il provient d'un autre vignoble, il ne peut pas s'appeler champagne. Nous avons également de très bons vins pétillants dans d'autres régions que nous appelons Crémant de Bourgogne, d'Alsace, de Loire, Vouvray pétillant...

Une question sulfureuse

Depuis 2005, la Commission européenne a imposé de faire figurer sur les étiquettes la mention «contient des sulfites» (ou *contains sulfites* en anglais) pour les vins dont la teneur en soufre est supérieure à 10 mg/litre. C'est la conséquence d'une réglementation sur les allergènes présents dans les produits alimentaires. C'était déjà le cas aux États-Unis depuis 1988 pour tous les vins produits et vendus sur le territoire.

Un produit qui a fait ses preuves

Les sulfites sont aussi appelés dioxyde de soufre, anhydride sulfureux, SO_2 ou beaucoup plus communément soufre. C'est un corps composé, constitué de soufre et d'oxygène. Il s'en produit de manière naturelle pendant la fermentation, mais en petite quantité. Les vignerons en ajoutent au vin. En effet, le soufre est depuis des lustres utilisé pour protéger le vin. C'est un antibactérien qui évite au vin de tourner au vinaigre. Il inhibe l'action des levures, ce qui empêche les vins sucrés de poursuivre leur fermentation, une fois mis en bouteilles. C'est un antioxydant, ce qui permet au vin de garder sa fraîcheur et empêche son altération par le redoutable oxygène.

À noter que le vin n'a pas le monopole des sulfites! Lisez avec plus d'attention les étiquettes des produits en rayons et vous verrez que les sulfites peuvent être présents, par exemple, dans de la moutarde (non bio), des fruits secs ou du vinaigre.

Truc

Le soufre est donc un additif. Et puisqu'il est identifié comme une substance allergène, sa teneur totale dans les vins est réglementée (pour plus de détails, consultez le chapitre **3**).

Vous le préférez avec ou sans soufre ?

Malgré ses propriétés magiques, la plupart des vignerons et œnologues s'efforcent de limiter le soufre et d'être en dessous des normes maximales. Au-delà de son caractère allergène, il est aussi reproché au soufre de causer des maux de tête, et en excès, de modifier le goût du vin. Reste que certains, par sécurité (ou par facilité), peuvent être tentés de forcer les doses.

C'est tout l'inverse que cherchent à faire les vins revendiquant sur leurs étiquettes les mentions « sans soufre », « sans soufre ajouté » ou « sans sulfites ajoutés ». Ces mentions indiquent que du soufre n'a pas été ajouté en cours de vinification et/ou lors de la mise en bouteille.

Précurseurs de la démarche, les vignerons adeptes des vins dits « nature » ou « naturels » vont même encore plus loin. Non seulement ils cherchent à s'affranchir au maximum de l'usage du soufre, mais plus globalement ils estiment que le vin doit être élaboré sans aucun artifice œnologique, juste avec du raisin. Leur démarche, entreprise par quelques précurseurs, notamment dans le Beaujolais et en Alsace, a rencontré l'envie d'autres vignerons, de professionnels et d'amateurs de vins moins « technologiques », faisant plus confiance au raisin d'origine qu'aux talents des œnologues pour les transformer, quelle que soit leur qualité de départ.

Le mouvement des vins nature a grandi et depuis une dizaine d'années, il rencontre un réel succès auprès de bars à vins, sommeliers, cavistes, journalistes spécialisés et amateurs. Si certains y voient, souvent à juste raison, une bonne dose de snobisme, force est de constater que ce mouvement a fait évoluer l'ensemble du monde du vin. S'il y a des échecs avec des vins totalement déroutants pour ne pas dire ratés, il y a aussi de plus en plus de vins intéressants.

Il est aussi incontestable que les vins nature contribuent à désacraliser l'univers du vin, en adoptant volontiers des étiquettes inspirées de la bande dessinée, du rock, voire du rap ou du graff. Les noms des cuvées sont souvent humoristiques ou provocateurs. Un vent de fraîcheur appréciable dans un monde souvent compassé.

Attention

Contrairement à ce qu'on pourrait croire, se passer de soufre n'est pas une démarche pour s'économiser du travail. C'est risqué. La qualité sanitaire des raisins et l'hygiène au chai doivent être parfaites, le vin n'étant plus protégé contre d'éventuelles bactéries indésirables. Le suivi du vin lors des opérations de vinification doit être extrêmement attentif. Lorsqu'ils sont réussis, ces vins sans soufre ajouté expriment des arômes très fruités, très expressifs, sans la dureté qu'apporte l'excès de soufre.

Conseil

À la dégustation, certains vins « nature » peuvent s'avérer très différents des vins conventionnels au nez comme en bouche. Ils supportent mal le transport et le stockage à des températures dépassant 14 °C. Autant d'éléments à prendre en compte avant de les découvrir !

À retenir

Tous les vins sans soufre ne sont pas des vins nature.

Pour obtenir des vins sans soufre (ou sans sulfites ajoutés), certains vignerons et œnologues ont recours à des techniques de vinification sophistiquées pour ne pas risquer de perdre leur vin : utilisation de gaz inerte, refroidissement des cuves, méthodes de filtration poussée, utilisation de produits œnologiques pour éviter l'oxydation juste après la vendange, flash pasteurisation... Autant de pratiques que ne partagent pas les puristes des vins nature. Si vous êtes un peu perdu, ne vous inquiétez pas, nous revenons sur le sujet dans le chapitre **3**.

DANS CE CHAPITRE

Comment humer et goûter

Les arômes que vous devez trouver

Les arômes que vous ne devriez pas trouver

Saveurs acides, tanniques ou de framboises sauvages

La charpente et le corps des vins

Cinq mystères liés à la qualité d'un vin

Chapitre 2
Les papilles de l'émotion

Ceux de nos amis qui sont des gens normaux (par opposition à ceux de nos amis qui sont des passionnés du vin) prennent plaisir à se moquer de nous parce qu'ils nous voient faire des choses aussi étranges qu'apporter notre propre vin à un repas ou parcourir sans hésiter plusieurs centaines de kilomètres pour quelques bouteilles. En général, nous n'essayons même pas de nous défendre. Nous comprenons le ridicule que doivent avoir nos comportements pour eux.

Il fut un temps où nous pensions, nous aussi, que tous les vins avaient plus ou moins le même goût. Du vin, c'est du vin. Certains sentaient meilleur que d'autres, mais il nous semblait impossible de dire pourquoi. Tout cela a changé à partir du moment où nous avons commencé à goûter le vin comme le font les professionnels.

La mystérieuse technique de la dégustation ou le goût du vin

Toute personne capable de goûter du café ou un simple mets est aussi capable de déguster du vin. Il suffit d'avoir un nez, des papilles gustatives et un cerveau. Vous avez aussi un potentiel pour apprendre le chinois ; mais avoir la capacité théorique de faire quelque chose n'équivaut pas à savoir le faire, ni à savoir appliquer cette connaissance dans la vie quotidienne.

Les deux règles complexes du dégustateur

Le vin est avant tout synonyme de plaisir et de fête. La dégustation est la recherche, et la découverte, de tout ce qui se trouve dans une bouteille : arômes, parfum, texture, sensations...

Boire et déguster : quelle est la différence ? Dans le premier cas, on se contente de savourer son plaisir. Dans le second, c'est une affaire de concentration et la technique qu'elle demande est à la portée de tous. Si vous avalez votre vin comme de la limonade, sachez que vous ratez une bonne occasion de découvrir une vraie émotion. En revanche, si vous prenez goût à déguster, vous vous ouvrez à un nouveau monde. Plus vous goûterez lentement et attentivement le vin, plus vous découvrirez de choses intéressantes.

Truc

Cela nous amène à édicter les deux règles fondamentales du dégustateur :

1. Prendre son temps.
2. Être attentif.

Les yeux : la robe du vin

Nous prenons plaisir à admirer le vin dans nos verres, à noter le chatoiement de ses couleurs et la manière qu'il a de réfléchir la lumière, à décider précisément quelle nuance de couleur on doit lui attribuer.

Conseil

La plupart des ouvrages vous conseillent de regarder le vin avec attention pour vérifier s'il est limpide (des matières en suspension témoignent souvent d'un vin qui a mal tourné). Ce conseil n'est vraiment pas à l'ordre du jour. Depuis que la technologie s'est infiltrée dans l'industrie du vin, notamment pour les vins de bas et de milieu de gamme, il est aussi rare de trouver des défauts visuels dans un vin que de gagner à la loterie.

Truc

La couleur sous influence

La couleur et la nuance d'un vin, qu'il soit blanc, rouge ou rosé, sont déterminées par les cépages et par le degré de maturation des raisins, la région de production, la méthode de vinification et l'âge du vin. Les vins secs et légers provenant de climats frais ont la robe la plus claire, tandis que les vins les plus corsés ou plus moelleux sont issus de régions plus chaudes et de coloration plus profonde

Revenons à notre contemplation. Inclinez votre verre (à moitié plein seulement) vers l'arrière et jugez de la couleur du vin en vous plaçant devant un fond blanc (un fond coloré fausse le jugement). Notez si sa robe est sombre ou pâle ; essayez de lui attribuer une couleur et de la mémoriser.

Voici les qualificatifs employés pour définir la robe d'un vin. À vous de jouer !

» **la palette de couleur des vins blancs**

  Jaune pâle, jaune vert, jaune serin, jaune citron, jaune paille, jaune doré, jaune jonquille, jaune topaze, jaune or fin, jaune doré, jaune roux, jaune châtain, jaune madérisé, jaune fauve, jaune cuivré, jaune ambré, jaune brun, jaune acajou, jaune caramel...

» **la palette de couleur des vins rosés**

Gris, rosé, clairet, rosé franc, rosé violet, rosé pivoine, rosé framboise, rosé carminé, rosé orangé, rosé roussâtre, rosé rougeâtre, rosé abricot, rosé pelure d'oignon, rosé orangé, rosé saumon...

» **la palette de couleur des vins rouges**

Rouge franc, rouge violet, rouge pivoine, rouge cerise, rouge groseille, rouge sang, rouge feu, rouge rubis, rouge grenat, rouge vermeil, rouge pourpre, rouge noirâtre, rouge tuilé, rouge paillet, rougeœil-de-perdrix, rouge marron, rouge ocre, rouge café...

Le nez pour tout savoir ou l'odeur du vin

Nous arrivons maintenant à l'étape véritablement agréable de l'appréciation du vin : faire tournoyer le vin dans le verre et humer. Tournez le vin doucement dans le verre permet de l'oxygéner, cela développe plus intensément ses arômes. Les dégustateurs appellent ces arômes le nez du vin.

Que sentez-vous ? Peut-être pas grand-chose. Ne vous découragez pas si vous n'y parvenez pas tout de suite, car cette étape est délicate. En effet, les arômes contenus dans le vin sont en quantités infimes. Prenez votre temps, faites appel à votre mémoire pour rechercher le souvenir des arômes.

Faites des associations comme bon vous semble. L'arôme est-il fruité, boisé, frais, cuit, intense, léger ? Le nez se fatigue rapidement, mais il récupère aussi très vite. Faites une pause et recommencez.

Truc

Sachez qu'il existe une classification des odeurs ; chaque odeur se retrouve dans une famille bien spécifique : animale, balsamique, boisée, empyreumatique (odeur déplaisante qui se dégage de substances soumises au feu), éthérée (de la nature de l'éther), florale, fruitée, végétale.

Pour vous aider, voici une liste de caractéristiques aromatiques que vous pouvez retrouver dans un vin en fonction de son évolution.

Les arômes des vins blancs et des vins rosés

- les fleurs et plantes aromatiques (acacia, chèvrefeuille, pivoine, tilleul, jasmin, verveine)
- les fruits frais (abricot, ananas, fraise, pamplemousse)
- les fruits secs ou confits (amande, pâte de coing, figue, raisin sec)
- les arômes pâtissiers (beurre, brioche, frangipane, miel)
- les épices (cannelle, gingembre, girofle, vanille, muscade)
- les feuillages, les arômes herbacés (fougère, mousse, foin, herbe sèche)
- les arômes de confiserie (anis, bergamote, bonbon acidulé ou anglais, menthe, réglisse)

Les arômes des vins rouges

- les fruits rouges frais (cassis, groseille, mûre, framboise, myrtille)
- les fruits mûrs, cuits, séchés ou confits (prune ou cerise à l'eau-de-vie, pruneau, confiture)
- les épices et aromates (clou de girofle, poivre, cannelle, laurier, vanille, muscade)
- les herbacés (pin, sous-bois, encens, fougère, thé)
- les arômes torréfiés ou brûlés (cacao, caramel, fumé, café)
- les arômes animaux (cuir, fauve, gibier mariné, musc)

Un peu plus complexe !

Lorsque les vins sont de bonne qualité, qu'ils ont bien vieilli pour avoir acquis la maturité nécessaire pour les exprimer, leurs arômes peuvent se classer en trois catégories.

- L'arôme primaire : c'est celui qui est lié directement au raisin, qui donne la perception de fruité.
- L'arôme secondaire : il apparaît au cours de la fermentation, il prend forme avec les levures et donne une perception de banane, de bonbon anglais, de vernis à ongles.
- L'arôme tertiaire : il se forme lorsque le vin vieillit. Il donne des perceptions de mousse, d'humus, de truffe, de tabac...

Pourquoi trouve-t-on tous ces arômes dans ce vin qui n'est issu que de raisin ? La chimie du vin est complexe et si les spécialistes comprennent de mieux en mieux ces phénomènes, il demeure une grande part de magie et de mystère. C'est l'association de certains cépages avec certains terroirs qui est responsable de la complexité de ces arômes. S'y ajoutent certains choix de vinification et d'élevage. N'oubliez pas que le vin est une matière vivante, ce qui explique que ces arômes évoluent avec le temps.

Lorsqu'elles sont au pied du mur, de nombreuses personnes prétendent être incapables de reconnaître tous les arômes que contient le vin. L'appréciation des arômes du vin n'est pourtant qu'une question de pratique et de concentration. Si vous commencez à humer de manière plus attentive puis à mémoriser les différents parfums de votre environnement quotidien, vous arriverez de mieux en mieux à discerner les arômes du vin.

Truc

Conseils pour humer le vin

1. Soyez audacieux. Piquez votre nez franchement dans le verre pour en capturer tous les arômes diffusés dans la couche d'air.
2. Ne portez pas un parfum trop fort, son odeur entrerait en concurrence avec les arômes du vin.
3. Ne tentez pas de bien apprécier les arômes d'un vin s'il y a dans le voisinage de puissants arômes d'aliments. Vous pouvez très bien détecter une odeur de tomate dans le vin alors qu'il s'agit en fait de celle de la sauce du plat de votre voisin.
4. Devenez un « humeur » au quotidien. Sentez et mémorisez les odeurs des différents ingrédients

»

» **Conseils pour humer le vin** *(suite)*

de cuisine, sentez ce que vous mangez, les fruits frais et les légumes que vous achetez au marché, sentez les odeurs de votre environnement : le cuir, la terre humide, les cendres, l'herbe, les fleurs, votre chien mouillé, votre cirage, votre armoire à pharmacie. Garnissez la base de données de votre cerveau avec de nombreuses odeurs afin de les avoir à votre disposition le moment opportun.

5. Essayez différentes techniques pour humer. Certains préfèrent des prises rapides et courtes alors que d'autres inhalent une grande bouffée d'un coup. Il peut être utile de garder la bouche ouverte pendant que vous inhalez (certains vont même jusqu'à fermer du doigt une des deux narines pour inhaler avec l'autre ; nous trouvons cela un peu trop excentrique, notamment dans un restaurant familial).

La bouche : les saveurs ou le goût du vin

Après avoir admiré la robe du vin et apprécié ses arômes, vous êtes enfin autorisé à le goûter. Cet ultime examen doit en principe confirmer ce que vous aurez ressenti à la vue et au nez. Goûtez une première fois une petite gorgée, gardez le vin dans votre bouche quelques secondes afin que votre bouche ressente l'onctuosité, l'acidité, le tanin (pour le rouge), la persistance aromatique. On appelle cela « mâcher » le vin. Recommencez si vous n'avez pas eu le temps de tout apprécier.

Pour décrire ce que l'on appelle la bouche du vin, distinguez :

- **L'attaque,** qui peut être courte, franche ou agressive ;
- **Le milieu de bouche,** en circulant entre la langue et le palais, le vin révèle sa texture (dense, fluide, râpeuse, douce, veloutée...), la qualité de ses tanins, l'équilibre entre acidité, alcool et sucre, la puissance et la complexité de ses arômes ;

» **La rétro-olfaction,** les flaveurs et les sensations (douceur, amertume, vivacité...) qui restent une fois que l'on a recraché le vin ;

» **La longueur** ou **la caudalie,** qui représente le temps durant lequel les arômes restent en bouche après avoir bu : un maximum de 10 à 12 secondes.

Ce qui se passe réellement

Différentes zones de la langue sont spécialisées pour reconnaître différentes sensations : le côté sucré est perçu plus particulièrement par la pointe de la langue, l'acidité est reconnue par les bords latéraux et l'amertume par l'arrière de la langue. (La langue détecte aussi le salé, mais c'est une saveur que l'on rencontre rarement dans le vin.) En déplaçant le vin dans la bouche, vous lui donnez une chance d'atteindre chacune de ces zones, ce qui permet d'analyser chaque caractéristique du vin (quand bien même l'acidité et l'amertume vous paraissent des caractéristiques que vous vous passeriez bien de reconnaître).

Un aliment ou une boisson dégagent toujours dans la bouche des vapeurs odorantes qui sont automatiquement transmises au nez par voie rétronasale. C'est ensuite le bulbe olfactif qui les examine. En faisant circuler le vin dans la bouche, vous vous donnez du temps. En effet, le cerveau a besoin de quelques secondes pour analyser ce qui se passe sur la langue et créer des associations. Les saveurs sucrées d'un vin sont détectées en premier, tout simplement parce qu'elles sont reconnues dans la première région que le vin rencontre dans la bouche. Vient ensuite l'acidité (ce que les gens normaux appellent l'amertume), puis vient en dernier l'amertume. Pendant que le cerveau décortique les différentes impressions de sucré, d'acidité et d'amertume, vous pouvez vous pencher sur d'autres sensations que le vin laisse dans votre bouche. Vous pouvez le trouver charnu, léger, sirupeux, raide, etc.

Comment goûter des arômes

Tant que vous ne faites pas intervenir votre nez dans cette troisième étape, vous ne pouvez rien analyser d'autre dans un vin que le sucré, l'acidité et l'amertume, ainsi qu'une impression générale d'épaisseur et de texture.

Truc

Où sont donc passées toutes ces fraises sauvages? Rassurez-vous, elles sont toujours dans le vin. Pour être parfaitement précis, les saveurs sont en fait des arômes que vous percevez, non par contact avec la langue, mais en inhalant, grâce au passage nasal postérieur interne, le conduit rétronasal (voir figure 2.1 ci-après). Lorsque vous aspirez un peu d'air dans la bouche, vous vaporisez les arômes, un peu comme vous l'avez fait en faisant tourner le vin dans le verre (il existe heureusement une méthode pour réaliser cette opération surprenante : en gardant le vin dans la bouche, aspirez de l'air en maintenant vos lèvres presque fermées et, en même temps, faites tourner le vin dans tout le palais).

Au bout de cet exposé quelque peu technique, il est temps de tirer une conclusion : avez-vous aimé ce que vous avez senti? Les différentes réponses possibles sont oui, non, un haussement d'épaules d'indifférence ou encore : « Je ne suis pas sûr, laissez-moi goûter à nouveau! » cette dernière solution signifiant que vous êtes un excellent candidat.

Figure 2.1

La majorité des saveurs du vin sont des arômes qui se vaporisent dans la bouche et rejoignent le nez en passant par l'arrière de la bouche.

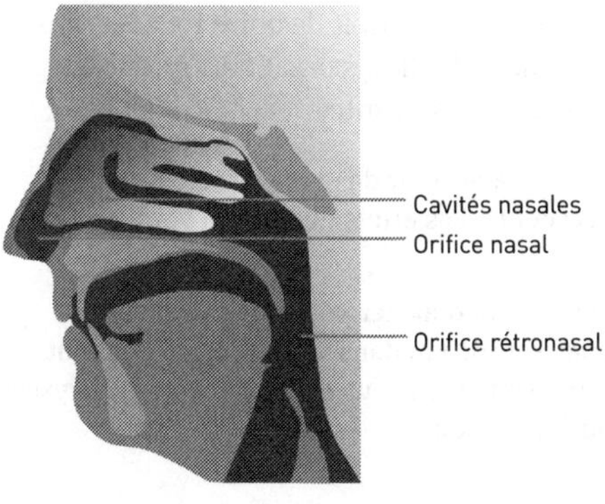

Dix arômes associés aux vins

1. Fruits
2. Épices
3. Herbes aromatiques
4. Terre
5. Fleurs
6. Herbes
7. Tabac
8. Grillé
9. Fumé
10. Café ou chocolat

Recracher ou non ?

Les professionnels ont depuis longtemps découvert que s'ils avalaient chaque gorgée de vin qu'ils dégustaient, ils ne seraient rapidement plus en état de travailler. Recracher est donc devenu acceptable. Dans les chais, les dégustateurs professionnels recrachent même directement par terre ou dans les caniveaux. Dans les lieux moins rustiques, ils utilisent un crachoir, en général un simple récipient de la taille d'une tasse ou de celle d'un seau à glace s'il est partagé entre deux ou trois goûteurs.

De prime abord, certains participants répugnent naturellement à recracher le vin. Non seulement cracher ne fait pas partie des bonnes manières, mais lorsque, en outre, on a payé pour déguster des vins, pourquoi faudrait-il alors les recracher ?

Si vous y tenez vraiment, vous avez le droit de boire tous les vins et certaines personnes ne se gênent d'ailleurs pas. Pourtant, nous vous déconseillons cela pour les raisons suivantes :

» **L'analyse des vins suivants va devenir de plus en plus difficile si vous buvez tous les précédents. Les effets de l'alcool vont obscurcir votre jugement ;**

» **Il n'est pas vraiment nécessaire d'avaler pour pouvoir goûter pleinement un vin. En laissant le vin dans votre bouche pendant huit à dix secondes (voir chapitre 3), vous devez pouvoir l'analyser entièrement, sans avoir à vous soucier des effets de l'alcool ;**

» Nous terminerons par la raison la plus impérieuse. Si vous vous êtes rendu à la dégustation en voiture, vous ne serez plus en état de conduire si vous avez bu au lieu de recracher. Les enjeux sont énormes : vous jouez votre vie, celle des autres (et votre permis de conduire). Pourquoi tenter le diable?

» Une seule ligne de conduite, donc : recrachez. C'est ce que font quasiment tous les dégustateurs expérimentés. Cette habitude vous paraîtra vite la manière normale de déguster du vin. (Et, tant que vous êtes débutant, vous pouvez ainsi faire mine d'avoir une certaine expérience!)

Je crois ce que je bois

Un des divertissements favoris des dégustateurs est la dégustation *à l'aveugle*. Vous imaginez peut-être déjà une pièce sombre, des dégustateurs aux yeux bandés ou autres formes de jeux de société, mais sachez que ce ne sont pas les dégustateurs qui sont aveugles, mais plutôt les bouteilles. Plus exactement, les étiquettes des bouteilles sont cachées par un manchon.

Dans une dégustation à l'aveugle, l'identité des vins reste donc inconnue. Ce mode d'analyse permet d'éviter aux dégustateurs d'être influencés par la réputation d'un vin. Même de très grands dégustateurs essaient parfois d'identifier des vins à l'aveugle, et ces exercices permettent certainement d'affiner encore la précision de leurs capacités d'analyse.

Si vous ne connaissez pas encore assez les vins pour pouvoir être influencé par les étiquettes, cela ne vous concerne pas. Pourtant, une dégustation à l'aveugle est une expérience utile, car elle vous montre comment vous pouvez augmenter votre concentration dans la dégustation.

Le principe du plaisir : découvrir ce que l'on aime

Cette gymnastique de dégustation du vin nous est devenue tellement naturelle que nous l'appliquons à n'importe quel vin que nous découvrons et à n'importe quelle gorgée de n'importe quel vin, sans même nous en apercevoir. Nous nous surprenons même à déguster de la bière ou du jus d'orange, ce qui est parfois embarrassant en public.

Cela nous amène à l'objectif principal qui sous-tend cette opération : le plaisir. Si vous vous apprêtez à boire un vin médiocre, il est préférable de rester dans l'ignorance. Si vous pouvez choisir des vins corrects, leur analyse détaillée vous permettra de trouver progressivement ceux qui vous donnent le plus de plaisir. Si vous ne découvrez pas ce que vous aimez, comment pourriez-vous expliquer ce que vous voulez à un vendeur ? Mais il reste encore une étape, il vous faut en effet apprendre à transformer vos sensations en mots.

Comment décrire les sensations

Ce que vous devez donc parvenir à faire, c'est décrire le goût du vin dans votre bouche. Lors de nos premières séances de dégustation, nous avons remarqué que nous étions souvent dans l'une des deux situations suivantes, également difficiles :

» **soit le vin était si simple que nous ne pouvions rien trouver à dire à son sujet ;**

» **soit les saveurs du vin étaient si nombreuses et si intenses que nous n'arrivions même plus à faire le tri.**

Voici quelques repères de sensations pour vous aider :

Pour les vins blancs et les vins rosés

L'acidité est plutôt ressentie comme de l'agressivité. Le sucré est plutôt ressenti comme de l'onctuosité.

Conseil

La sensation de rondeur est due au sucre résiduel éventuellement contenu dans le vin, mais aussi à l'alcool dilué et au glycérol (un dérivé naturel de la fermentation alcoolique) ou encore au caractère du cépage utilisé.

La subtilité d'un vin bien fait est l'équilibre entre acidité et rondeur.

» **Si un vin est très acide et peu rond, il sera agressif.**

» **Si un vin est peu acide et très rond, il sera lourd.**

Pour les vins rouges

Le tanin est un des composants principaux du vin rouge ; il est donné par la macération de la rafle (la partie verte de la grappe), de la peau du raisin et des pépins avec le jus.

Il donne au vin son caractère et sa longévité.

Le tanin se ressent comme de l'astringence. Cela explique que, lorsque le vin est trop jeune, nos gencives sont un peu agressées.

Le tanin doit trouver son équilibre avec l'acidité et la rondeur :

» **Si le vin est trop tannique, il est rugueux.**

» **Si le vin est tannique et très rond, il est corpulent.**

» **Si l'équilibre est harmonieux entre le tanin, la rondeur et l'acidité, le vin est ferme, charpenté et soutenu.**

En contact étroit...

Conseil

La souplesse et la fermeté sont des *impressions de texture* d'un vin lorsque vous le goûtez. De même que la bouche peut sentir la température d'un liquide, elle peut en sentir la texture. Certains vins donnent véritablement une sensation de souplesse et de douceur dans la bouche, alors que d'autres laissent une impression de dureté ou de fermeté. Dans les vins blancs, c'est essentiellement l'acide qui donne ces impressions de dureté ou de fermeté (ou de vivacité). Dans les vins rouges, c'est le tanin. Lorsque le taux de cet agent de texture est faible, le vin laisse une impression de douceur, voire de trop grande douceur. Le taux d'alcool et les sucres non fermentés contribuent eux aussi à l'impression de douceur.

À la recherche de l'équilibre

Douceur, *acidité* et *taux de tanin*, correspondent aux trois composants principaux du vin. Le quatrième est l'alcool. En mettant de côté l'influence de l'alcool sur l'activité mentale, c'est également un paramètre important de la qualité d'un vin.

L'équilibre indique les relations mutuelles entre ces quatre composants. Un vin est équilibré lorsqu'aucun de ces paramètres ne prédomine, comme ce serait le cas dans un vin trop tannique ou trop doux.

Conseil

Rappelons que le tanin et l'acidité sont des composants qui durcissent le goût d'un vin, qui le rendent plus ferme en bouche, alors que l'alcool et le sucre (s'il y en a) l'adoucissent. L'équilibre général d'un vin correspond donc à la proportion entre son côté dur et son côté doux, et l'équilibre participe à la grandeur du vin. Un vin équilibré est forcément un bon vin puisqu'on prend plaisir à le boire.

La pratique de l'équilibre

Truc

Vous pouvez faire l'expérience suivante pour une première approche de la notion de l'équilibre dans le goût. Préparez du thé très fort. Lorsque vous le goûtez, vous remarquez son goût amer, dû à la présence de tanins. Ajoutez alors du jus de citron; le thé va devenir âpre, parce que l'acide du citron et les tanins du thé se renforcent mutuellement. Ajoutez enfin une grande quantité de sucre. Le sucre contrecarre les effets de l'acide et du tanin, et le thé paraît plus doux.

Qu'est-ce qu'un mauvais vin ?

Snobs

Vous trouverez peut-être cela étrange, mais le fait que vous ayez le droit en votre for intérieur de dire qu'un vin est bon parce que vous l'aimez ne vous autorise nullement à dire qu'un vin est mauvais parce que vous ne l'aimez pas. Dans ce domaine, c'est vous qui définissez vos propres règles, mais vous ne pouvez pas pour autant forcer les autres à s'y conformer.

Dans la réalité, il reste très peu de mauvais vins sur le marché si l'on compare la situation actuelle à celle d'il y a vingt ans. Et encore, dans le cas de nombreux vins dits mauvais il s'agit plutôt de mauvaises bouteilles de vin, des bouteilles manipulées sans précaution ayant entraîné la ruine de leur contenu.

Voici quelques caractéristiques sur lesquelles tout le monde est d'accord pour désigner un mauvais vin. Nous vous souhaitons de ne jamais en rencontrer. Les risques sont d'ailleurs minimes.

» **Fruit blet :** il vous est sans doute déjà arrivé de manger une fraise trop mûre, avec un goût de vieux papier. C'est ce même goût que l'on peut trouver dans un vin s'il a été fait à partir de raisin qui n'était pas frais et sain au moment de la vendange. C'est du mauvais vin.

» **Vinaigre :** dans l'évolution naturelle du jus de raisin, le vin n'est qu'une étape sur le chemin menant au vinaigre. De nos jours, presque tous les vins s'arrêtent à cette étape grâce aux soins apportés par ceux qui les élèvent. Si vous rencontrez un vin qui a franchi la limite menant au vinaigre, c'est évidemment un mauvais vin.

» **Odeur chimique ou organique :** les plus communes de ces odeurs sont l'acétone (le dissolvant du vernis à ongles) et les différents sulfures (œuf pourri, caoutchouc brûlé, mauvaise odeur d'ail). Signes de mauvais vins.

» **Vins oxydés :** de tels vins ont une odeur fade ou même cuite et une saveur dans le même genre. Il a pu s'agir de bons vins, mais l'oxygène de l'air les a attaqués et détruits. Bouteilles défectueuses. L'oxydation est souvent visible rien qu'à la couleur du vin.

» **Arômes et saveurs de brûlé :** lorsqu'un vin a été entreposé ou transporté dans des conditions de température excessive, il prend un goût cuit. Cet accident est souvent accompagné de fuites au bouchon ou bien le bouchon est un peu remonté dans le goulot. C'est une mauvaise bouteille. (Hélas, toutes les autres bouteilles ayant subi le même sort seront sans doute dans le même état.)

» **Goût de bouchon** : ce défaut se caractérise par une odeur de carton mouillé, de moisi, de cave humide... qui empire au contact de l'air. La cause en est un bouchon de liège défectueux. Même les meilleurs vins du monde n'en sont pas protégés. Depuis peu, on voit apparaître sur le marché des bouchons en plastique spécial alimentaire, pour éviter le goût de bouchon. Ils sont plutôt réservés aux vins de consommation courante.

Ma définition d'un grand vin

Éric Beaumard

Il est issu d'un terroir bien précis, est capable de vieillir en se bonifiant, en devenant encore plus subtil. Il est toujours digeste, c'est-à-dire qu'il ne verse pas dans l'excès de la concentration. Il est forcément intense, complexe, long en bouche, tout en finesse, équilibré. Un grand vin ne se comprend pas forcément tout de suite, un peu comme une œuvre d'art.

Un grand vin, c'est la parole de la terre choisie, travaillée comme un jardin, filtrée par le vigneron avec sa sensibilité, ses choix. Il nous donne cette boisson merveilleuse capable d'exalter nos sens, de nous émouvoir avec élégance, tout en traversant le temps.

DANS CE CHAPITRE

Pour distinguer les termes techniques essentiels et les autres

•

Différence entre fermentation en fût et vieillissement en fût

•

ML, pH et autres lies remuées

•

Pourquoi assembler et couper ?

•

Quelques termes techniques pour épater vos amis

Chapitre 3
Une culture cultivée

À propos du vin, le plus frustrant est le jargon technique que d'aucuns s'ingénient à employer pour en parler. Supposons que vous n'ayez qu'un seul objectif : trouver un vin vif et fruité pour le poulet grillé que vous avez prévu pour ce dîner entre amis. Il va falloir vous frayer un chemin dans la jungle des termes techniques employés sur les étiquettes, dans les discours des vendeurs et dans les différents panonceaux des boutiques. Pourquoi rend-on les choses si compliquées ?

Le problème est pourtant simplissime : le vin est un produit double. D'une part, c'est une boisson, qui doit donc être agréable à boire, point final. D'autre part, c'est une forme d'art, quelque chose dont les gens aiment discuter, qu'ils aiment étudier et analyser. Les personnes qui prennent plaisir au vin en tant qu'art (une forme d'art délicieuse) se passionnent tellement pour ce sujet qu'elles en arrivent à oublier que d'autres personnes ne sont pas spécialement initiées et finissent par vous abreuver de masses d'informations sur les techniques de vinification alors que vous n'aviez rien demandé.

Notre but va donc être de séparer le bon grain de l'ivresse en ne conservant parmi toutes ces informations que celles qui sont vraiment essentielles et en oubliant les détails sans importance. Voyons donc quels sont les critères techniques qui décident de la qualité du vin.

Jargon et techniques du vin

Les producteurs de vin emploient de nombreuses techniques qui dépendent des cépages et du type de vin qu'ils désirent obtenir. Ainsi, s'il s'agit de faire de grandes quantités d'un vin vendu moins de 3 €, il y a très peu de chances que ce vin puisse être élevé en fûts de chêne du Limousin, car le seul coût du chêne fait monter d'au moins 1,50 € le coût de revient.

Aucune des techniques utilisées pour la vinification n'est fondamentalement incontournable ; tout dépend du ou des cépages et du type de vin à obtenir. La qualité du vin se résumant en fin de compte à son goût, la complexité des procédures n'a aucun intérêt si elle ne permet pas de créer un vin qui satisfasse les consommateurs.

À retenir

Le *goût* d'un vin dépend de son arôme, de son corps, de sa texture, de sa longueur et de bien d'autres éléments (revoyez le chapitre **2**) et pas seulement de ses saveurs. Par ailleurs, le goût d'un vin comporte toujours une part de subjectivité.

Toutes les techniques ont d'une manière ou d'une autre un effet sur le goût du vin. La plupart des termes techniques utilisés dans les cercles de connaisseurs concernent des procédures qui ont réellement une influence sur le goût d'un vin. Mais ils ne sont que des paramètres de la production d'un vin, donc des portions d'une image globale ; ils n'ont donc chacun qu'une signification limitée.

Un but, un seul : un vin délicieux

Tous les efforts des producteurs de vin n'ont qu'un objectif : faire le vin offrant le meilleur goût possible en fonction du contexte.

Certains vins sont prévus pour être bons immédiatement et d'autres pour être bons plus tard, après maturation (voir le chapitre **10**).

La production d'un vin consiste en deux étapes principales : la culture du raisin, qui correspond à la *viticulture*, et la fabrication du vin, ou *vinification.*

Dans certains cas, ces deux étapes sont réalisées par la même entreprise, et c'est le cas des vins mis en bouteilles au domaine (voir chapitre **9**). Dans d'autres cas, les deux étapes sont totalement indépendantes. Les producteurs de vin les plus importants peuvent être liés par contrat avec des centaines de viticulteurs indépendants qui leur fournissent la matière première. Ces viticulteurs ne produisent pas de vin ; ils se concentrent sur la culture de la vigne afin de fournir le meilleur raisin au client offrant le meilleur prix à la tonne.

Quelques mots-clés de la viticulture

Le domaine de la vinification comporte bien plus de termes techniques que celui de la viticulture. Malgré tout, vous pouvez rencontrer sur les étiquettes des bouteilles ou entendre dans les conversations quelques termes essentiels relatifs à la viticulture :

Conseil

» **Faible rendement.** Un exemple : « Nos raisins proviennent de parcelles à faible rendement. » Ce signe de qualité est lié à un concept très simple : plus un même pied de vigne porte de grappes de raisin (plus son rendement est élevé), moins intenses sont les saveurs que l'on pourra en tirer et plus faible sera donc la qualité des vins.

Dans la plupart des vignobles d'Europe, les rendements maximaux sont définis explicitement par la loi (mais ils sont souvent assez généreux). Aux États-Unis, aucune limite n'est fixée. N'importe quel producteur de vin peut annoncer qu'il utilise des raisins à faible rendement, sachant pertinemment qu'il n'est pas facile pour le consommateur de prouver le contraire. Lorsqu'un vin est faible en saveur ou fait songer à de l'eau, nos soupçons s'éveillent.

» **Maturité.** Un exemple : « Nous avons vendangé les raisins à maturité parfaite. » Réussir à vendanger au moment exact où les raisins sont parfaitement mûrs (une brève période entre vert et trop mûr) est un élément important dans la production du vin. Mais la maturité est un concept très subjectif.

Dans les climats frais, la maturité complète ne se produit que lors de certaines années fastes. Le vin réussit à être excellent malgré tout et il n'est que meilleur ces années-là. Dans les climats chauds, la maturité est facile à atteindre ; la difficulté consiste à éviter au raisin de mûrir trop vite, car une maturité physiologique précoce ne permet pas le plein développement des saveurs (un peu comme un jeune homme physiquement développé, mais immature). Dans certains cas, le producteur vendange avant que le raisin ne soit parfaitement mûr afin d'obtenir plus d'acidité dans le vin. (Nous décrivons comment les raisins mûrissent dans le chapitre 4.) Il n'y a donc pas de définition exacte de la maturité parfaite.

» **Taille et palissage.** Un exemple : « Nous employons une taille Guyot pour assurer une qualité parfaite de nos raisins. » Si une vigne n'est pas domestiquée, elle se développe en tous sens, court sur le sol, grimpe aux arbres, s'accroche partout où elle peut trouver prise (c'est une liane, après tout !). Mais le viticulteur prend soin d'attacher les sarments des vignes à des fils courant le long des rangs ou à des treillis, ce qui permet un palissage. Cette conduite de la vigne permet d'exposer chaque grappe à un ensoleillement maximal afin d'amener le raisin à une maturité optimale. Cela permet également de faciliter le travail des vendangeurs.

Dans la *taille en espalier*, le viticulteur utilise un treillis pour offrir le maximum d'exposition au soleil. La science de la taille des vignes permet de contrôler la proportion entre feuilles et fruits ainsi que leur position. Les viticulteurs veulent faire savoir aux consommateurs qu'ils font tous les efforts possibles pour obtenir une maturité optimale de leur raisin.

» **Microclimat.** Un exemple : « Nos vignobles bénéficient d'un microclimat qui leur assure chaque année une maturité exceptionnelle. » Chaque région viticole a des conditions climatiques qui sont considérées comme la norme dans cette zone (quantité d'ensoleillement, de pluie, de vent, d'humidité, etc.).

Au sein de chaque région, un lieu particulier comme le flanc d'une colline peut posséder un climat local différent de son environnement. Les conditions climatiques spécifiques à une ou plusieurs parcelles forment un *microclimat.* Bien sûr, chaque producteur de vin pense que son microclimat est idéal, du moins essaie-t-il de nous en convaincre.

Conseil

Qu'est-ce qu'un vin bio ?

L'expression « vin bio » était impropre jusqu'en 2012, car la législation bio ne couvrait que la culture des raisins. Un vin bio était donc en réalité un « vin issu de raisins cultivés en agriculture biologique », c'est-à-dire de vignes cultivées sans engrais, ni pesticides, ni désherbants chimiques. Les principaux produits utilisés pour éviter les maladies de la vigne sont le cuivre et le soufre. Pour désherber, le viticulteur enlève les herbes au pied de ses ceps de vigne avec des outils spécifiques qu'il installe sur son tracteur (par exemple, des sortes de disques). Entre les rangs, il va aussi désherber mécaniquement avec un autre outil ou tondre ou rouler l'herbe qui a poussé ou des plantes qu'il a spécialement semées pour qu'elles occupent l'espace en améliorant la qualité du sol.

À partir du millésime 2012, des règles officielles de vinification ont été fixées pour les vins biologiques européens. Les puristes clament qu'elles ne sont pas assez restrictives, notamment sur les possibilités de dérogation, et d'ajouts de produits pendant la fabrication du vin (comme le soufre, le sucre et les produits œnologiques).

Il n'en reste pas moins vrai que, désormais, la présence du logo européen bio sur une étiquette (une feuille verte formée par des étoiles symbolisant les pays membres) signifie que le vin est issu de raisins bio, d'une vinification conforme aux règles européennes de vinification biologique et qu'il a été certifié par un organisme indépendant.

»

»

Qu'est-ce qu'un vin bio ? *(suite)*

françaises consacrées à la production de vin et 15 % des exploitations viticoles (en 2018).

À noter que beaucoup de vignerons, conscients que l'excès de produits chimiques est néfaste pour l'environnement, pour le vin et pour leur santé, appliquent des méthodes bio, mais ne souhaitent pas se certifier pour se laisser la possibilité d'utiliser des méthodes conventionnelles en cas d'échec des solutions bio, par refus des complications administratives ou des frais supplémentaires qu'occasionne la certification.

Mystérieuse biodynamie

Encore plus confidentielle que la viticulture biologique, la biodynamie inspire aussi de plus en plus de vignerons cherchant des solutions pour cultiver sans intrants chimiques. Elle consiste à organiser le travail des vignes en fonction des cycles lunaires et à appliquer sur les vignes, à dose homéopathique, des préparations bien spécifiques issues de plantes ou de matières naturelles, qui renforcent les défenses de la vigne. Le but est d'assurer le bon équilibre de la vigne pour qu'elle soit en mesure de mieux lutter elle-même contre les agressions. La préservation de la biodiversité autour des vignes et dans le sol contribue aussi à cet équilibre. La biodynamie fait l'objet de labels indépendants comme Demeter ou Biodyvin, dont certains encadrent aussi les méthodes de vinification.

Quelques domaines viticoles très réputés font appel à cette approche, sans toutefois la revendiquer.

Termes techniques de la vinification

La vinification comporte deux étapes essentielles : la *fermentation*, qui est la période pendant laquelle le jus de raisin se transforme en vin, et la *maturation* (ou élevage), pendant laquelle le vin se repose et acquiert sa finesse, en somme, se fait beau pour être prêt à nous séduire. Selon le type de vin à réaliser, ce processus peut prendre trois mois ou cinq ans, voire davantage si le banquier du producteur a suffisamment de patience.

Les vinificateurs ont presque autant de possibilités de combiner des éléments que les grands chefs en cuisine ! C'est sans doute une des raisons pour lesquelles tant de choses sont écrites au sujet des processus de vinification. Un des sujets les plus fréquemment traités est certainement la notion de vieillissement en fût de chêne.

La magie du bois

Les *fûts de bois* (qui contiennent environ 225 litres) restent le récipient de choix pour l'élevage des vins. Le vin qui séjourne dans de tels fûts prend le goût du bois de chêne, et c'est un arôme que beaucoup de gens recherchent. Le rôle du bois est aussi de permettre des échanges très lents entre le vin et l'oxygène de l'air, ce qui est bénéfique pour le vin. Cela assouplit ses tanins.

Les fûts de chêne sont coûteux (plus de 500 € pièce). Même les États-Unis ont une préférence pour les fûts en chêne français, qu'ils considèrent comme les meilleurs. L'augmentation du prix de revient qui en résulte fait que la mention du chêne est très rarement oubliée sur l'étiquette lorsqu'elle est applicable. Mais la qualité du chêne est variable. Les fûts peuvent se distinguer par l'origine du bois, leur degré d'utilisation (nombre de vins qu'ils ont contenus, sachant qu'ils marquent de moins en moins le vin d'arômes boisés avec le temps) et par leur propre contenance.

Le chêne français n'a pas fatalement une qualité supérieure à celle du chêne américain, ce qui importe, c'est la préparation du bois. Aux États-Unis, on utilise du bois scié, tandis qu'en France, on se sert de bois fendu. Le sciage rompt les fibres du bois et c'est ce qui donne au vin un caractère agressif. Aux États-Unis, le chêne est séché en étuve, en France, il l'est à l'air libre.

Snobs

Ce sujet est tellement complexe que toute personne qui décrète qu'un vin est meilleur simplement parce qu'il a vieilli en fût de chêne est coupable de simplification grossière. *Il n'y a pas de corrélation automatique entre utilisation de fûts de chêne et qualité d'un vin.*

Le fût a moins la cote

Snobs

Il y a des modes en matière de vinification comme de vêtements. Ces dernières années, les arômes très boisés sont moins prisés. Certains viniculteurs s'orientent vers des contenants plus grands appelés foudres. Certains expérimentent aussi les contenants en terre cuite ou grès, appelés amphores ou jarres, mais qui sont beaucoup plus grandes que celles que vous pouvez voir dans les musées d'antiquités romaines !

Fermentation ou maturation en fût de chêne ?

Dans votre exploration du monde du vin, vous croiserez tôt ou tard celui qui vous expliquera que sa dernière découverte a été fermentée ou élevée en fût de chêne, alors que vous n'aviez rien demandé. Ce qu'il dit est-il important et devez-vous en tenir compte ?

L'expression *fermentation en fût de chêne* signifie que le jus de raisin non fermenté a été placé dans les fûts (presque toujours en chêne) et qu'il s'y est transformé en vin. L'expression *élevé en fût de chêne* indique que du vin déjà fermenté a été versé ensuite dans les fûts et qu'il y est resté, pour sa maturation, pendant une période allant de quelques mois à plusieurs années.

Conseil

De nombreux vins fermentent dans les fûts et y restent plusieurs mois après la fin de la fermentation, ce qui fait que fermentation et maturation se rejoignent et se succèdent. On peut donc en conclure que la mention spécifique « élevé en fût de chêne » peut signifier que la fermentation n'a pas eu lieu en fût, mais très certainement dans une cuve en acier inoxydable.

La fermentation des vins rouges est habituellement réalisée dans de grandes cuves en acier ou même en bois, puis la maturation s'effectue dans de petits fûts de chêne, une fois que le vin a été débarrassé des peaux. (Certains vins rouges légers et très fruités peuvent ne pas avoir du tout le goût de chêne.)

Vous pouvez avoir intérêt à vérifier si un vin blanc a été fermenté en fût ou s'il y a été uniquement élevé. Paradoxalement, un vin dont seule la fermentation a eu lieu en fût de chêne peut offrir moins d'arôme de chêne qu'un vin dont la maturation s'est déroulée en fût de chêne, même s'il y a passé plus de temps. Par exemple, un Chardonnay fermenté et vieilli en fût peut avoir passé onze mois au total dans le chêne alors qu'un Chardonnay vieilli en fût peut n'avoir passé que cinq mois dans le chêne tout en ayant la même teneur en goût de chêne. En règle générale, les vins blancs fermentent et vieillissent en fûts. Les vins rouges fermentent en cuves (en acier inoxydable pour la plupart, le ciment étant devenu plus rare) et sont élevés ensuite en fûts de chêne.

Snobs

De nombreux spécialistes qui prétendent en connaître plus que vous sur le vin, et notamment les vendeurs chez certains détaillants, inversent la situation en prétendant qu'un vin qui a fermenté en fût a un goût de chêne plus prononcé. Si vous êtes très exigeant quant à la saveur du chêne dans votre vin, vous finirez par acheter le mauvais vin si vous suivez de tels conseils. Pour des raisons économiques, certains vinificateurs utilisent des copeaux de bois pour donner au vin un goût boisé sans utiliser de coûteux fûts. Ils n'ont pas à le préciser sur l'étiquette donc le consommateur n'en est pas informé.

Sulfiter or not sulfiter ?

Sulfiter, c'est utiliser du soufre (ou sulfites). L'apport de soufre en cours de vinification est une question qui agite le monde du vin (relisez le chapitre **1** pour comprendre son utilité et ce qu'on lui reproche). Il peut être utilisé dès la fin de la vendange pour éviter que les raisins ne s'oxydent au contact de l'air (pensez à un morceau de pomme qui jaunit si on le laisse à l'air libre). Il peut aussi être ajouté en cours de vinification, ou au moment de la mise en bouteille.

Les doses finales que le vin peut contenir sont réglementées et variables selon la couleur du vin, son caractère plus ou moins sucré et le cahier des charges auquel il se réfère. Rappelons que la mention « contient des sulfites » (ou *contains sulfites* en anglais) est obligatoire pour les vins dont la teneur en soufre est supérieure à 10 mg/litre.

Pour les pays de l'Union européenne, les seuils maximaux sont désormais définis à 150 mg/litre pour les rouges secs, 200 mg/litre pour les blancs et rosés secs, 250 mg/l pour les blancs et rosés sucrés, et enfin 300 à 400 mg/litre pour les liquoreux. Plus le vin est sucré, plus le risque qu'il se mette à refermenter est élevé. Les vins sucrés sont donc plus chargés en dioxyde de soufre.

La nouvelle réglementation applicable aux vins biologiques européens, en vigueur depuis le millésime 2012, prévoit des doses maximales inférieures (100 mg/litre pour les rouges, 150 mg/litre pour les blancs, etc.). Certains labels vont encore plus loin comme Demeter (70 mg/l pour les rouges, 90 mg/l pour les blancs et rosés secs, etc.).

Au nez, lorsqu'il est trop présent, le soufre engendre dans le verre une odeur rappelant celle d'une allumette qu'on craquerait… une odeur pas très séduisante !

Autres termes techniques de vinification

Vous pouvez devenir rapidement un expert en œnologie et ainsi épater vos amis avec ces quelques termes techniques. (Ne croyez pas pour autant que les procédures correspondantes créent obligatoirement un vin de haute qualité. L'intérêt de chacune des procédures dépend du vin à réaliser.) Ne croyez pas pouvoir discerner en le dégustant si un vin a été ou non élevé en fût.

» **Les lies.** Un exemple : « Notre vin est resté onze mois sur lie. » Les lies sont les différents solides qui précipitent en fin de fermentation. Dans les lies se trouvent les cellules de levures mortes qui ont terminé leur travail de transformation du raisin en vin, la pulpe des grains et, dans le cas des vins rouges, les pépins et les peaux. Lorsqu'on parle de la durée de contact avec les lies, c'est d'abord des cellules de levures mortes dont il s'agit. Ces cellules peuvent en effet interagir avec d'autres éléments du vin afin de créer des saveurs complexes. (Dans certains cas, le producteur remue périodiquement les lies dans le vin pour intensifier le processus.) Un vin blanc qui est resté longtemps au contact des lies possède généralement plus de volume et son côté fruité en est légèrement diminué.

» **Fermentation malolactique (FML).** Un exemple : « Notre vin a subi une fermentation malolactique complète. » La fermentation malolactique est une fermentation secondaire qui transforme l'acide malique contenu dans le vin en acide lactique, un acide plus faible. Elle a pour résultat que le vin est plus doux. Cette fermentation secondaire se produit souvent de manière naturelle, mais le viniculteur peut la bloquer.

Les vins rouges subissent presque toujours une fermentation secondaire. Pour les vins blancs, c'est une question de style qui dépend du producteur. Un vin blanc qui doit devenir vif et sec avec des saveurs franches de fruits, tel qu'un Riesling, atteindra mieux ce style sans fermentation secondaire. Dans certains cas, cette fermentation peut donner une saveur grasse au vin blanc. Elle est d'ailleurs une étape clé pour créer de délicieux blancs, à supposer que vous appréciiez le style de vin qui en résulte.

» **pH.** Un exemple : « Le pH de ce vin est de 3,4. » Le terme chimique pH a exactement la même signification qu'en chimie générale. (« Notre crème de soin pour peaux sensibles a un pH équilibré. ») Si vous désirez une explication technique, reportez-vous à votre cours de chimie. Rappelons simplement que le pH mesure le degré d'acidité ; un vin avec un pH faible (3,4 ou moins) est plus acide qu'un vin avec un pH supérieur.

» **Collage et filtration.** Un exemple : « Notre vin est non collé et non filtré. » La plupart des vins sont filtrés en fin de période de maturation, quelque temps avant la mise en bouteilles. Cette procédure permet de clarifier le vin, c'est-à-dire d'en enlever toute substance en suspension et de la stabiliser par suppression de toutes les levures, bactéries et autres micro-organismes qui pourraient faire encore évoluer le vin une fois qu'il est mis en bouteilles.

Une croyance partagée par certains amoureux des vins naturels leur fait dire que le collage et le filtrage enlèvent des caractères au vin. Ils pensent qu'un vin ni collé ni filtré est toujours meilleur. C'est un problème complexe. (D'ailleurs, il y a différents degrés de collage et de filtrage, et on peut appliquer un collage léger et un filtrage doux.)

» **Assemblage.** Un exemple : « Nous assemblons cinq cépages pour augmenter la richesse de notre vin. » L'assemblage consiste à mélanger plusieurs vins issus de cépages différents qui ont fermenté de manière indépendante. On parle également d'assemblage lorsqu'on mélange plusieurs lignes de fûts (plusieurs lots) d'un vin issu d'un même cépage afin de créer un lot homogène avant la mise en bouteilles.

De nombreux vins traditionnels européens tels que le Rioja rouge, le Bordeaux rouge, le Châteauneuf-du-Pape et le Champagne sont des vins assemblés dont la personnalité est le fruit du mélange judicieux de plusieurs cépages.

Quand la viticulture se raisonne

Conseil

De plus en plus de vignerons se réclament de l'agriculture raisonnée. Celle-ci cherche à favoriser le développement durable sur l'exploitation et à limiter l'emploi de produits chimiques dans les vignes, mais sans les bannir totalement (ce qui est le cas de l'agriculture biologique ou biodynamique). Pour le vigneron, c'est un changement n'impliquant pas un bouleversement total de la production. Mais ce qui est considéré comme raisonnable n'est pas vraiment quantifié et varie selon l'appréciation des vignerons. Heureusement des démarches plus structurées se développent, avec l'avantage de mettre en œuvre des cahiers des charges et marques collectives comme Haute Valeur Environnementale (HVE) ou Terra Vitis. L'application des cahiers des charges est contrôlée par des organismes certificateurs. (voir le chapitre **9** sur les étiquettes pour en savoir plus).

DANS CE CHAPITRE

Genres, espèces, variétés et clones

Les sols préférés des vignes

Espèces menacées et mariages mixtes

Principaux cépages et styles correspondants

Chapitre 4
Les secrets des cépages

Ne seriez-vous pas extrêmement déçu d'apprendre qu'un scientifique fou a inventé la formule permettant de fabriquer du vin sans utiliser de raisin ? Une idée à faire frémir, tant le raisin est une des choses les plus fascinantes de l'univers du vin.

La vue d'un paysage de vignobles est quelque chose d'unique pour un amoureux du vin. La conduite des vignes et les vendanges ont une signification rituelle pour les vignerons et les producteurs de vin du monde entier. Le raisin forme le lien physique et affectif entre la terre et le vin.

En outre, les raisins sont matière à un classement simple qui permet de ne pas se perdre parmi les milliers de vins qui existent.

Au commencement était le raisin

Le mystère est mince à propos des ingrédients qui donnent au vin le goût qu'il a. Presque tout vient du raisin. Sous la bienveillance de mère Nature et grâce à la complicité d'un producteur, le raisin est responsable du style, de la personnalité et, en partie, de la qualité de chaque vin, car le raisin est le point de départ du vin.

À retenir

Le ou les cépages qui sont à la base d'un vin forment la source principale de ses caractéristiques, aussi bien au niveau de son aspect que de ses arômes, de son goût et de sa teneur en alcool, en tanins et en acides.

Genres ou espèces ?

Lorsque nous parlons de cépage, nous désignons le fruit d'un type spécifique de vigne : par exemple, il existe un cépage Cabernet-Sauvignon et un cépage Chardonnay.

Conseil

Le terme scientifique pour cépage est *variété*. Une variété est une subdivision d'une espèce. La presque totalité des vins est produite à partir de variétés qui appartiennent à l'espèce *vinifera*, une subdivision du genre *Vitis*. Cette espèce a ses origines en Europe et dans l'ouest du continent asiatique ; d'autres espèces de vignes qui s'éloignent de *vinifera* tout en appartenant au même genre *Vitis* sont originaires du continent nord-américain.

Il existe des vins produits à partir de raisins d'autres espèces que *vinifera*. Par exemple, le cépage Concord sert à produire du vin du même nom ainsi que du jus de fruits et de la gelée ; il appartient à l'espèce qui pousse à l'état sauvage aux États-Unis nommée *Vitis lambrusca*. Malheureusement, les raisins de cette espèce sont caractérisés par un arôme spécial dont aucun cépage de l'espèce *vinifera* n'est affligé : c'est le fameux arôme dit foxé ou encore noahté. Il existe très peu de vins faits avec des variétés autres que *vinifera* à cause de leurs arômes très impopulaires. Ces raisins sont parfaits pour faire du jus de raisin ou de la gelée, un point c'est tout.

Une variété de variétés

Les capacités infinies de variation de la nature ne se limitent pas aux flocons de neige et aux empreintes digitales. Au sein du genre *Vitis* et de l'espèce *vinifera*, il existe plus de dix mille variétés. Si vous pouviez vous procurer un vin de chacun de ces cépages et que vous en buviez un chaque jour, il vous faudrait 27 ans pour les goûter tous !

La menace du phylloxera

Conseil

S'il existait des listes d'espèces en voie d'extinction à la fin du XIXe siècle, *vinifera* en aurait certainement fait partie. Un minuscule insecte nommé *phylloxera* a infesté l'Europe, en provenance des États-Unis, puis infecté méthodiquement toutes les racines des vignes *vinifera*, et détruit un énorme pourcentage des vignobles du continent européen.

À ce jour, aucune parade n'a encore été trouvée pour protéger les racines de l'espèce *vinifera* contre le phylloxera. L'espèce a pu être sauvée, par greffe, de plants *vinifera* sur des racines d'autres espèces originaires d'Amérique du Nord qui étaient plus résistantes à ce parasite. Cette pratique consistant à greffer la partie porteuse de fruits de *Vitis vinifera* sur la racine d'une espèce résistante au phylloxera se poursuit dans toutes les régions du monde dans lesquelles le phylloxera sévit encore, ce qui permet heureusement de produire des vins fameux. (La partie portant les fruits se nomme le *scion* et la racine, la *souche*.) Chaque cépage maintient son caractère propre bien qu'il soit greffé sur une racine étrangère. De plus, les éventuels arômes désagréables de la

Cette dégustation marathon ne sera pas nécessaire. Parmi ces dix mille variétés, certains cépages permettent de faire des vins extraordinaires, d'autres permettent de faire des vins corrects et d'autres enfin produisent des vins que vous pouvez oublier. Une grande partie des dix mille variétés sont des cépages inconnus ; les vins qui en sont issus entrent rarement dans les circuits commerciaux internationaux.

Un passionné doué d'un grand esprit d'aventure et disposant de beaucoup de temps peut aller explorer les petites routes d'Espagne, d'Italie ou de Grèce pour découvrir 1 500 variétés différentes (ce qui ne représente que quatre années de dégustation). Plus sérieusement, au cours d'une vie de dégustateur, le nombre de cépages que vous risquez de rencontrer dépassera rarement la cinquantaine.

Mais que fait le cépage ?

De nombreux attributs permettent de distinguer chacune des cinquante variétés principales de raisin. Ces attributs entrent dans deux catégories : la personnalité et les performances. Les traits de personnalité sont les caractéristiques du fruit, par exemple ses arômes. Les facteurs de performances permettent de considérer la croissance de la vigne et les modalités de maturation du raisin.

Les traits de personnalité et les facteurs de performances d'un cépage ont bien sûr une influence sur le goût et le style du vin qui en est issu.

Traits de personnalité des cépages

À retenir

La première distinction entre les cépages concerne la couleur de la peau du raisin. Les cépages sont soit blancs, soit rouges (noirs) selon la couleur de la peau des fruits lorsqu'ils sont mûrs. Quelques cépages rouges se distinguent de plus par le fait qu'ils ont une pulpe rouge au lieu d'une pulpe blanche.

Les cépages se distinguent également par :

» **leurs composants aromatiques :** certains cépages comme le Muscat offrent des arômes floraux (qui sont transmis au vin) alors que d'autres cépages donnent des arômes végétaux (tel le Sauvignon Blanc).

  D'autres encore offrent des arômes très neutres et permettent donc de produire des vins assez neutres (c'est le cas du cépage Trebbiano employé dans de nombreux vins blancs italiens) ;

» **le taux d'acidité :** celui-ci diffère d'un cépage à l'autre. Certains cépages sont naturellement disposés à offrir des taux d'acidité élevés au moment des vendanges, ce qui influence évidemment le vin ;

» **l'épaisseur des peaux des raisins et la taille des grains** : un raisin dont la peau est épaisse délivrera plus de tanins qu'un raisin à la peau fine, de même que les grains de petit diamètre contiennent moins de jus chacun.

Conseil

Les peaux des raisins noirs, les pépins et les rafles (les grappes sans les raisins) contiennent du tanin, cette substance assez amère qui est une contribution essentielle au style des grands vins rouges. Les rafles sont en général mises de côté avant la fermentation, de sorte que leur tanin n'entre pas en ligne de compte. Les vins blancs sont généralement produits uniquement à partir du jus, sans contact avec les peaux, ni les pépins, ce qui écarte presque totalement la présence de tanin. En revanche, pour la fermentation des vins rouges, les peaux et les pépins restent en contact avec le jus et transmettent leur tanin au vin. Les tanins sont un ensemble complexe : certains d'entre eux sont bénéfiques au vin auquel ils donnent de la fermeté et du caractère, d'autres lui sont néfastes, car ils le chargent d'arômes amers et astringents. C'est tout l'art du vinificateur de faire le tri entre bons et mauvais tanins. En employant la même méthode de vinification, un cépage ayant une peau épaisse ou de petits fruits (donc une proportion peau/fruit plus forte) produira un vin plus tannique.

Les traits de personnalité de chaque cépage sont aisément transmis dans les vins qui en résultent. Un vin produit avec du Cabernet-Sauvignon contient très souvent plus de tanins et un taux d'alcool légèrement inférieur qu'un vin issu du cépage Merlot, tout simplement du fait de la nature même des cépages.

Facteurs de performances des cépages

Les facteurs de performances des différents cépages ont une importance essentielle pour le vigneron, car ils déterminent la facilité relative avec laquelle il pourra les cultiver sur ses terres. De plus, ces facteurs ont un effet sur la saveur et sur le style des vins, selon le lieu géographique où le cépage est planté.

À chaque cépage correspond une période idéale de maturité. Ainsi, un cépage caractérisé par un mûrissement lent, planté dans une région aux étés courts et frais, ne mûrira pas suffisamment ; le vin aura une saveur acide et végétale (comme les légumes verts). En revanche, un cépage qui mûrit rapidement, planté dans un climat très chaud, aura tendance à mûrir trop vite, ce qui donnera un vin ayant des saveurs surmûries (comme celles des fruits blets) et un fort taux d'alcool.

D'autres paramètres relatifs au raisin ont un impact direct sur le goût du vin :

» **la densité des grappes :** certains cépages se caractérisent par des grappes très denses et très compactes. À faire pousser un tel cépage dans un climat chaud et humide, mieux vaut se préparer à passer tout l'été à se battre contre le mildiou qui trouve là un terrain favorable pour progresser de grappe en grappe. Si les grappes ont réussi à moisir un peu malgré les efforts déployés pour les protéger, le vin aura un goût de poussière et de moisi ;

» **la quantité de feuilles :** d'autres cépages tendent à développer trop de feuilles et de pousses. Toute cette verdure peut créer de l'ombre inutile aux grappes et les empêcher de mûrir correctement, ce qui frustre les saveurs du vin. Si de plus le cépage donne un vin naturellement acide, le vin deviendra franchement âpre.

Conseil

Les raisons qui font que certains cépages s'adaptent à merveille à certains endroits sont tellement complexes que les vignerons ne les connaissent pas encore exactement. La quantité de chaleur et de fraîcheur, de vent et de pluie, et même l'angle selon lequel les rayons du soleil viennent frapper les coteaux cultivés, affecte la qualité du vin. Sachez simplement qu'il n'existe pas deux vignobles dans le monde qui offrent la même combinaison de facteurs. C'est d'ailleurs pour cela que l'on parle de terroir (voir chapitre **5**). Dans ce domaine, aucune généralisation n'est possible.

Tel raisin, tel vin

Le producteur de vin dispose de différentes méthodes pour corriger, dans certaines limites, les déficiences et les excès du raisin. Il peut augmenter le taux d'acidité du jus si les raisins sont trop mûrs ou bien y ajouter du sucre pour simuler un niveau de maturité que la nature lui a refusé cette année-là. (Ce sucre ajouté deviendra lui aussi de l'alcool.) En stockant le jus ou le vin dans des fûts en chêne, il ajoute des arômes de chêne et autres saveurs qui ne sont pas à l'origine dans les raisins. Pour l'essentiel, c'est ce qui se trouve dans le raisin que l'on retrouve dans le vin. La personnalité de chaque cépage, tempérée par les performances que permet le lieu de culture, dessine le profil général du vin.

« Cher Chardonnay, que diriez-vous de ce sol calcaire ? »

Conseil

Un des éléments principaux du terroir est évidemment l'adéquation entre cépage et nature du sol. Certaines compatibilités bien connues entre le cépage et le sol se sont établies au cours des siècles. Le Chardonnay apprécie les sols calcaires ou la craie, mais le Cabernet-Sauvignon préfère les sols pierreux (les graves). Le Pinot Noir adore le calcaire, et le Riesling, les schistes et les ardoises. Ce sont bien sûr les sols des régions dans lesquelles chacun de ces cépages parvient à exprimer le meilleur de lui-même.

La nature du sol affecte la vigne de plusieurs manières (en plus de lui offrir un support mécanique) : le sol représente le moyen de transport de l'alimentation de la vigne ; il influe sur la température du vignoble en conservant plus ou moins sa chaleur ; enfin, il fournit un système de drainage de l'eau. Parmi ces trois fonctions du sol, celle qui est considérée comme la plus déterminante est la fonction de drainage, l'influence sur la température étant considérée comme la moins importante.

Une généralisation prudente à ce sujet permet de dire que les meilleurs sols sont ceux qui offrent un bon drainage sans être particulièrement fertiles. (Un exemple extrême est le sol – si cela peut encore être appelé un sol – de la région de Châteauneuf-du-Pape dans la vallée du Rhône : ce n'est qu'une étendue de pierres.) L'expérience a montré que la vigne devait avoir besoin de se battre pour produire ses meilleurs raisins. Un terrain bien drainé et peu fertile pousse la vigne à s'enraciner profondément, quel que soit le cépage concerné. Cet enracinement profond lui permet de mieux résister aux aléas climatiques et de produire

Noblesse et tiers état au royaume du raisin

Les abeilles ont leurs reines, les meutes de loups leurs meneurs, les gorilles leurs chefs et les humains leurs familles royales. Dans le royaume du raisin, il y a aussi des nobles. C'est ainsi que les hommes désignent certains des cépages dont ils tirent du vin. Les cépages nobles (ainsi appelés entre gens du milieu) sont ceux qui ont le potentiel de produire de grands vins et pas seulement des vins corrects. À chaque cépage noble correspond au moins une région du monde dans laquelle il exprime cette noblesse. La qualité des vins produits dans les régions de prédilection peut être telle que certains sont tentés de cultiver le même cépage dans des régions qui en sont très éloignées. Le cépage noble peut parfois conserver une certaine noblesse dans ces conditions. Mais le plus souvent, ce n'est pas le cas. La facilité d'adaptation n'est pas un signe distinctif de noblesse.

Les cépages nobles s'expriment de manière somptueuse dans un certain nombre de régions :

- **Chardonnay** et **Pinot Noir** en Bourgogne et Champagne ;
- **Cabernet-Sauvignon** et **Merlot** dans la région de Bordeaux ;
- **Syrah** dans la vallée du Rhône ;
- **Chenin Blanc** dans la vallée de la Loire ;
- **Nebbiolo** dans le Piémont italien ;
- **Sangiovese** en Toscane ;
- **Riesling** dans les vallées de la Moselle et du Rhin en Allemagne et en Alsace.

À la recherche du cépage parfait

Conseil

Si vous assistez à des discussions entre gens du métier, vous finirez sûrement par les entendre parler de *clones* et de sélection de *cépages*. Doit-on redouter l'arrivée du meilleur des mondes de la vigne ?

En termes de botanique, un clone est une subdivision d'une variété. Vous vous souvenez de ce que nous avons dit sur les différences d'un cépage à l'autre. Eh bien, la personnalité ne s'arrête pas au cépage. Dans un même cépage, tel que le Chardonnay, on peut trouver des différences d'une lignée à l'autre. Certaines vignes mûriront plus vite que d'autres ou produiront des raisins offrant des arômes légèrement différents.

La reproduction de la vigne est normalement réalisée de manière asexuée à partir d'une bouture (une marcotte à partir d'un pied mère) qu'on laisse prendre racine (jusqu'à ce que le nouveau plant soit suffisamment mûr pour être greffé sur une racine résistant au phylloxera). Les nouvelles pousses sont identiques à la plante mère au niveau génétique. Évidemment, les vignerons choisissent une plante idéale (en vitesse de maturité, saveur, résistance à la maladie, parmi d'autres critères). C'est ce qu'on appelle la sélection par *clonage*.

De nos jours, ces opérations sont en général réalisées dans des universités et autres instituts de recherche dans lesquels les plantes mères sont analysées à fin de recherche de virus avant tout clonage. Les pépinières s'approvisionnent en plantes mères dans ces institutions, puis les vignerons achètent leurs plants de vigne dans ces pépinières en choisissant parmi les clones disponibles.

Heureusement, il n'en va pas encore de même pour les hommes !

La sélection massale

Conseil

À la sélection par clonage, certains vignerons préfèrent une autre méthode appelée sélection massale. Elle consiste à choisir, dans leur propre vignoble, des greffons en les prélevant sur leurs plus beaux pieds de vigne. L'intérêt est de mieux préserver la qualité de leurs vignes, surtout lorsqu'ils ont de vieilles vignes, et aussi de garder une diversité végétale.

Les cépages de demain

Les cépages sont identifiés comme l'une des pistes pour adapter la culture de la vigne au changement climatique et limiter l'usage des pesticides (produits de traitement utilisés pour lutter contre certaines maladies de la vigne). Deux voies sont poursuivies.

Des scientifiques et des pépiniéristes mettent au point des « cépages résistants » (ou variétés résistantes). Ils sont appelés ainsi, car ils sont obtenus par croisement de variétés qui ont montré leur bonne capacité à résister à certaines maladies. C'est une mise au point très longue. Certaines de ces créations variétales, considérées comme satisfaisantes tant pour leur capacité de résistance aux maladies que pour leur goût sont déjà cultivées et vinifiées de façon pour l'instant confidentielle.

Une autre voie très différente consiste à explorer le vivier des très nombreux cépages anciens qui ont été abandonnés au fil du temps pour privilégier les cépages les plus connus ou les plus faciles à cultiver. Certains de ces vieux cépages sont conservés dans des conservatoires de cépages, mais des passionnés traquent aussi des spécimens qui sont restés dans de très vieilles vignes. On appelle ces cépages, « cépages autochtones », « cépages oubliés » ou ncore « cépages modestes ». C'est un univers de diversité très enthousiasmante et prometteuse. Certains cépages oubliés ont été adoptés par des vignerons. Goûtez par exemple le Manseng noir (de Plaimont en IGP Côtes-de-Gascogne), le Ribeyrenc (Domaine Thierry Navarre en Languedoc), le Persan (de Nicolas Gonin en IGP Isère ou du domaine Giachino en Savoie), le Bouysselet (du Château La Colombière dans le vignoble de Fronton, près de Toulouse)... entre autres !

Les principaux cépages blancs

Nous allons étudier les principales variétés de *Vitis vinifera* les plus utilisées de nos jours, et découvrir les principaux cépages blancs et rouges. Nous en profitons bien sûr pour donner quelques indications sur les types de vins que chaque cépage permet de produire. Les vins peuvent exister soit comme vins de cépage, soit comme vins de terroir pour lesquels le cépage n'est même pas mentionné (pratique usuelle en Europe). Certains cépages sont également utilisés en partenariat avec d'autres, parfois de manière visible, parfois de manière cachée.

Les différences essentielles entre les variétés de raisin blanc concernent le taux d'acidité et les arômes et saveurs (voir le chapitre **2**).

Chardonnay

La variété de raisin blanc la plus appréciée de nos jours est bien le Chardonnay. Cette popularité ne l'empêche pas d'être un régal, et le Chardonnay permet de produire les meilleurs vins blancs secs du monde comme les bourgognes blancs. De plus, le Chardonnay est un composant essentiel du champagne.

Le Chardonnay est cultivé dans presque toutes les régions viticoles du monde. Pour deux raisons : cette variété s'adapte relativement bien à des climats très divers ; et le nom *Chardonnay* a un fort pouvoir de séduction commerciale de nos jours.

Les arômes du raisin Chardonnay se marient bien au goût des fûts de chêne. De plus, les bourgognes blancs (qui servent de modèles) sont en général vieillis en fûts de chêne et les amateurs apprécient souvent le style qu'ils donnent aux vins. Le goût du chêne est si répandu dans le Chardonnay que certains amateurs le confondent avec les saveurs propres au cépage Chardonnay. Si votre verre de Chardonnay a des saveurs de grillé, de fumé, de noix, d'épices ou de vanille, ces saveurs sont à mettre sur le compte du chêne et non pas du raisin Chardonnay !

Snobs

Le Chardonnay délivre des arômes de fruits qui vont de la pomme (dans les régions de production fraîches) aux fruits tropicaux, et notamment à l'ananas lorsque la culture est faite en climat chaud. Il peut également offrir des arômes de terre, de champignons ou de minéraux. Son acidité est moyenne à forte. Il est généralement riche et corsé.

Attention

Le Chardonnay peut être utilisé seul pour produire un vin ; d'ailleurs, les grands vins issus du Chardonnay (sauf le champagne et autres vins pétillants) sont produits à 100 % à partir de Chardonnay.

Gewurztraminer

Le nom de ce cépage signifie « cépage épicé ». Il serait originaire de Tramin dans le sud du Tyrol. Certains chercheurs lui ont trouvé des origines grecques. En Allemagne, il est cultivé depuis le XVIe siècle au moins.

Ce cépage merveilleux permet de produire de grands vins blancs très aromatiques et de couleur intense. Ses arômes font fréquemment penser à la rose et au fruit du litchi. Pour découvrir un bon Gewurztraminer, procurez-vous une bouteille en provenance d'Alsace. Malgré ses arômes de fleurs et de fruits et ses saveurs fruitées prononcées, il reste un vin blanc fascinant et délicieux lorsque le terroir et le vigneron l'ont doté d'un style élégant. Même lorsqu'il est sec, il procure une sensation de douceur. Lorsqu'il est vendangé en surmaturité, il peut donner des vins liquoreux et revendiquer pour certains les dénominations vendanges tardives ou sélection de grains nobles.

Pinot Gris

Le cépage *Pinot Gris* fait partie de la famille des variétés de Pinot : il existe du *Pinot Blanc*, du *Pinot Noir*, du *Pinot Meunier* et du *Pinot Gris*.

Autrefois, certains faisaient entrer le Chardonnay dans ce groupe en l'appelant *Pinot Chardonnay*; nous savons dorénavant que le Chardonnay n'a aucune relation avec cette famille de cépages.

Le Pinot Gris, prétend-on, provient par mutation du Pinot Noir. Bien qu'il soit considéré comme un raisin blanc, la couleur de sa peau est assez sombre pour une variété blanche.

Les vins produits à partir de Pinot Gris sont fréquemment plus sombres que la plupart des autres blancs ; pourtant, les vins *Pinot Grigio* sont assez pâles. Les vins Pinot Gris ont un corps moyen à puissant avec une acidité faible et des arômes assez neutres. Dans certains cas, les saveurs et les arômes font penser à des peaux de fruits telles que les peaux de pêche ou les écorces d'orange.

Le Pinot Gris est un cépage très important dans le nord-est de l'Italie ; on le trouve également en Allemagne sous le nom de *Ruländer*. La seule région en France dans laquelle le pinot gris a une certaine importance est l'Alsace. Il s'y appelait aussi tokay, mais depuis le 1er avril 2007, ce nom ne peut plus figurer sur l'étiquette pour qu'il n'y ait pas de confusion possible avec le célèbre vin tokaj de Hongrie, qui est issu d'une région du même nom, mais pas du cépage tokay pinot gris.

Riesling

Les grands vins allemands produits à partir du Riesling ont fait la réputation mondiale de ce noble cépage. Mais, en dehors de l'Allemagne, le Riesling ne montre cette grande classe que dans certains rares endroits. C'est le cas de l'Alsace, de l'Autriche ainsi que du district des Finger Lakes et de l'État de Washington aux États-Unis.

Truc

Un préjugé très répandu consiste à croire que les Riesling sont des vins sucrés, et c'est fréquemment le cas ; pourtant de nombreux Riesling ne le sont pas. Ceux d'Alsace, par exemple, sont secs, comme de nombreux Riesling allemands et quelques-uns aux États-Unis. (Comme tous les autres vins, le Riesling peut être vinifié plus ou moins sec selon les objectifs du producteur.) Si l'information sur le style sec ou pas du vin ne figure pas clairement sur l'étiquette, interrogez le producteur ou le vendeur.

Une forte acidité qui lui permet d'avoir une teneur plus ou moins forte en sucres résiduels sans jamais paraître lourd et sirupeux, un taux d'alcool moyen à élevé, une puissance aromatique affirmée avec des notes de fruits, de fleurs et de minéraux, sont les traits caractéristiques du riesling. Sa fraîcheur et sa vivacité sont de grands atouts.

Lorsque les grains de raisins sont touchés par le botrytis, le riesling peut donner des vins intensément moelleux comme les « alsace riesling sélection de grains nobles ».

Si vous voulez sortir des sentiers battus, dirigez-vous plutôt vers le rayon des Riesling plutôt que vers celui des Chardonnay chez votre caviste préféré.

Sauvignon Blanc

Alors que le Chardonnay est apprécié par tous les amateurs, le Sauvignon Blanc est l'objet d'une controverse à propos de son caractère spécial.

Tout d'abord, le Sauvignon Blanc est très acide, ce qui est parfait si vous appréciez les vins vifs, mais beaucoup moins intéressant si vous ne les supportez pas. Par ailleurs, ses arômes et saveurs ont une forte connotation d'herbes, ce qui paraît délicieux et séduisant à certains amateurs, alors que d'autres considèrent que ces arômes sont trop envahissants.

Les vins issus du Sauvignon Blanc offrent une structure légère à moyenne et sont généralement secs. Les productions européennes sont fréquemment offertes sans goût de chêne. En Californie, un goût de chêne est souvent demandé et les vins sont parfois proposés en demi-secs, une sorte de tentative de les faire se rapprocher du grand frère Chardonnay.

En dehors des saveurs d'herbes, le Sauvignon Blanc délivre des arômes minéraux et végétaux et même, dans les climats chauds, des arômes de fruits tels que le melon mûr ou les fruits exotiques.

La France offre deux régions d'excellence pour le Sauvignon Blanc : le Bordelais et la vallée de la Loire. Dans le Bordelais, il sert à produire le bordeaux blanc – qui entre également dans les assemblages de Sauternes et de Barsac –, et dans la vallée de la Loire, deux des blancs les plus réputés, le Sancerre et le Pouilly-Fumé (tous ces vins sont décrits au chapitre **13**). Dans le bordeaux blanc, le Sauvignon Blanc est parfois combiné avec le cépage Sémillon; certains vins issus d'un mélange à parts égales de ces deux cépages sont parmi les meilleurs du monde. Le Sauvignon Blanc est également un cépage important dans le nord-est de l'Italie, en Californie, en Afrique du Sud et en Nouvelle-Zélande.

12 cépages blancs méconnus à découvrir

Éric Beaumard

» Albariño

Le célèbre Vinho Verde, ce vin blanc du nord du Portugal, ainsi que les vins blancs de la région de Rias Baixas en Galice au nord-ouest de l'Espagne en sont issus. Il est irremplaçable sur les coquillages comme les palourdes ou les couteaux ou encore sur la salade de poulpe frais relevée d'une pointe de piment.

» Assyrtiko

Ce cépage grec fait d'excellents vins sur l'île de Santorin. Il est pourvu d'une bonne acidité, d'un côté salin et minéral. C'est vraiment un cépage à découvrir, exquis sur les salades de fruits de mer, les poissons grillés et les fromages de chèvre.

» Chenin blanc

J'aime ce cépage de la Loire (où on l'appelle aussi pineau de la Loire) pour son excellente capacité de vieillissement, sa très grande finesse aromatique et sa faculté à s'effacer devant le terroir où il s'enracine. Il prend donc des arômes très différents selon son sol d'origine. Il est aussi intéressant vinifié en sec qu'en vin liquoreux.

»

12 cépages blancs méconnus à découvrir *(suite)*

» **Donzelinho branco**

Son nom signifie « damoiseau blanc ». C'est un cépage blanc précoce du nord du Portugal. Il est surtout utilisé dans l'assemblage des vins de Porto blancs de qualité, mais aussi dans ceux de l'appellation (DOC) Douro ou en Tràs-os-Montes. J'ai découvert ce cépage en allant régulièrement à Pinho, dans le Douro, assembler les portos d'un ami. Il nous donne des vins élégants, tendus, éclatants et floraux avec des notes typiques de lavande.

» **Fiano di Avellino**

C'est l'autre cépage typique des meilleurs vins blancs de la région de Campanie en Italie. Délicat et subtil, il fait des vins aux arômes floraux pleins de charme. Idéal sur les poissons, il est aussi délicieux sur les pâtes aux fruits de mer.

» **Greco di Tufo**

Ce cépage italien s'épanouit en Campanie sur les pentes du Vésuve. Le sol volcanique permet de maintenir son acidité malgré le climat très chaud. C'est ma découverte récente. Il fait des vins exaltants pour leur grande fraîcheur, leur minéralité, leur intensité, leurs arômes originaux de fleurs blanches et de fruits blancs. Idéal sur les crustacés, les poissons à chair blanche.

» **Grüner Veltliner**

Il est implanté en Autriche, et particulièrement sur la rive gauche du Danube. Les vins qui en sont issus sont secs, riches, amples, dotés de notes de poivre blanc et d'arômes mellifères. Ils s'accordent très bien avec les viandes blanches et les gibiers.

» **Petite arvine**

Ce cépage suisse donne naissance à des vins structurés aux notes salines, ou exotiques quand il est cueilli à maturité. Sec, il accompagne les poissons de rivière. En version liquoreuse, il est délicieux avec des soufflés aux fruits exotiques, de la glace au safran ou un risotto à la truffe blanche.

» **Petit manseng**

» 12 cépages blancs méconnus à découvrir *(suite)*

de type doux, mais toujours vif, dont le vignoble s'étend sur les contreforts des Pyrénées. Il convient très bien au passerillage grâce au vent d'autan, ce vent sec et chaud qui souffle dans la région et concentre les arômes en séchant les grains. Avec ses notes d'ananas confit, de vanille, de truffe blanche, il se marie aux desserts à l'ananas ou à la pomme et si en plus ils sont accompagnés d'une boule de glace à la truffe blanche, c'est tout simplement sublime !

» **Roussane**

J'aime ses arômes amples, ses notes d'ananas confit et d'abricot. Allié à la Marsanne, il donne les très grands vins blancs de la vallée du Rhône septentrionale que sont les Hermitage. Ces vins peuvent vieillir dix à vingt ans et se minéralisent avec le temps. On retrouve ce cépage en Savoie, sous le nom de bergeron.

» **Vermentino**

Cépage d'origine italienne, implanté également en Corse (où il se nomme Vermentinu ou Malvoisie) et en Provence où il s'appelle aussi Rolle. J'aime ses superbes arômes floraux et mellifères avec une pointe minérale. Parce qu'il garde son acidité, il donne des vins raffinés qui font merveille avec les poissons de roche de la Méditerranée et les risottos aux champignons.

» **Viognier**

Cépage séduisant pour sa richesse aromatique. Son terroir de prédilection est le nord de la vallée du Rhône : les sols acides de Condrieu et de Château-Grillet. Ses notes d'abricot sec, de violette et de réglisse lui donnent une grande sensualité. Superbe à l'apéritif, il fonctionne aussi très bien avec des plats aux arômes

Les principaux cépages rouges

Présentons maintenant les principaux cépages rouges. Ils se distinguent pour l'essentiel par leur concentration en tanins, leur combinaison d'arômes et de saveurs et le taux d'alcool qu'ils peuvent fournir au vin.

À retenir

Les cépages que nous décrivons ici servent aussi bien à des vins de cépage qu'à des vins de terroir (qui ne mentionnent pas nécessairement le cépage). Reportez-vous au chapitre **5** pour le tableau donnant les noms des cépages cultivés dans les terroirs les plus réputés.

Cabernet-Sauvignon

Cépage noble, le Cabernet-Sauvignon s'adapte merveilleusement à de nombreuses régions pourvu que le climat ne soit pas trop frais. Il tient sa réputation des grands vins du Médoc (fréquemment issus d'un assemblage avec du Merlot et du Cabernet-Franc : voir le chapitre **13**). De nos jours, la Californie est une autre région produisant beaucoup de Cabernet-Sauvignon, sans compter les vignobles du sud de la France, de l'Italie, de l'Australie, d'Afrique du Sud, du Chili, etc.

Le Cabernet-Sauvignon produit des vins forts en tanins et moyennement à bien corsés. Ses arômes sont généralement ceux du *cassis*. Le cépage offre également des nuances végétales lorsque le climat ou la latitude ne permettent pas de vendanger le raisin à pleine maturité.

Attention

Comme le Chardonnay, le Cabernet-Sauvignon a une telle réputation que son nom suffit à le vendre. En conséquence, le Cabernet-Sauvignon existe dans toutes les gammes de prix et de qualité. Les versions d'entrée de gamme sont en général douces, contredisant ainsi le caractère tannique du cépage, et offrent de vagues arômes de fruits (pas spécialement du cassis), avec au mieux un corps moyen. En revanche, les meilleurs vins sont riches et fermes avec une grande profondeur et toutes les saveurs caractéristiques du Cabernet. Un Cabernet-Sauvignon sérieux peut vieillir quinze ans ou plus.

Du fait de son côté très tannique (et suite aux expériences d'assemblage réalisées dans le Bordelais), le Cabernet-Sauvignon est souvent assemblé avec d'autres cépages moins tanniques, fréquemment le Merlot. En Australie, une pratique peu habituelle consiste à assembler Cabernet-Sauvignon et Syrah (voir aussi chapitre **16**).

Merlot

Les vins issus du cépage Merlot se caractérisent par une couleur profonde, beaucoup de corps et d'alcool, mais un faible taux de tanins. Les arômes et les saveurs sont ceux de la prune ou parfois du chocolat.

C'est le Merlot et non le Cabernet-Sauvignon qui est actuellement le cépage le plus répandu dans le Bordelais, mais cette domination est assez récente. Les bordeaux légendaires du XIXe siècle étaient des assemblages à dominante Cabernet. Ce n'est qu'après la Seconde Guerre mondiale que les bordeaux de la rive droite (l'est de la région), basés principalement sur le Merlot, ont pris le pas (vous trouverez tous les détails sur le bordeaux dans le chapitre **13**). Le Merlot est le cépage du célèbre Pétrus en appellation Pomerol.

Le Merlot est d'une approche plus aisée que le Cabernet-Sauvignon parce qu'il est moins fort en tanins. (Certains producteurs considèrent le Merlot comme non satisfaisant à lui tout seul et l'assemblent avec du Cabernet-Sauvignon, du Cabernet-Franc et d'autres.)

Le Merlot est également cultivé à grande échelle dans le nord-est de l'Italie, dans l'État de Washington, en Californie, à Long Island, et de plus en plus au Chili.

Nebbiolo

Nebbiolo est un noble qui ne fait aucun effort pour s'adapter! En dehors de quelques sites clairsemés du nord-ouest de l'Italie, notamment la région du Piémont, le Nebbiolo ne sait produire aucun vin remarquable. Pourtant l'extraordinaire qualité du Barolo et du Barbaresco, deux vins du Piémont, montre quelle grandeur on peut atteindre dans les conditions idéales.

Le cépage Nebbiolo est fort en tanins et en acidité. Il peut en résulter un vin âpre. Il offre heureusement assez d'alcool pour adoucir les choses. Sa couleur est sombre lorsque le vin est jeune, mais des nuances orangées se font jour au bout de quelques années.

Ses arômes sont fruités (fraise, confiture), terreux et boisés (goudron, truffe) et même herbeux (menthe, eucalyptus).

Les versions légères du Nebbiolo telles que le Nebbiolo d'Alba, le Roero ou le Nebbiolo delle Langhe doivent être bues jeunes, alors que les grands (Barolo et Barbaresco) méritent au moins six ans de garde.

Pinot Noir

Feu André Tchelitscheff, producteur de certains grands Cabernet de Californie, nous confia un jour que s'il pouvait tout reprendre de zéro, il choisirait le Pinot Noir à la place du Cabernet-Sauvignon. Il n'est sans doute pas seul dans ce cas. Alors que le Cabernet est un vin qu'un producteur se doit de produire, bon, robuste, fiable, ne donnant pas trop de difficultés et offrant des qualités superbes, le Pinot Noir est délicat, troublant, énigmatique et stimulant. Un grand Pinot Noir peut être à l'origine d'un des meilleurs vins du monde, telle la Romanée Conti.

Les prototypes des vins issus du Pinot Noir sont les bourgognes rouges provenant de petits vignobles qui sont autant d'écrins renfermant des trésors constitués de 100 % de Pinot Noir. On trouve du bon Pinot Noir dans l'Oregon et en Californie. La production reste assez limitée, car ce cépage est très délicat au niveau de la qualité du sol et du climat.

La couleur du Pinot Noir est paradoxalement plus pâle que celle du Cabernet ou du Merlot. Le taux d'alcool est assez fort, l'acidité est moyenne à forte, et les tanins sont moyens à faibles (le vieillissement en fût de chêne peut développer ses tanins). Les saveurs et les arômes peuvent être très fruités, une sorte de mélange de baies rouges, ou bien terreux et boisés, en fonction des conditions de culture et de vinification.

Sangiovese

Ce cépage italien a fait ses preuves en Toscane, et notamment dans les districts de Brunello di Montalcino et Chianti (et sa popularité ne cesse de croître aux États-Unis). Il est présent en Corse sous le nom de Niellucio.

Le Sangiovese produit des vins d'une acidité moyenne à forte et d'un taux moyen de tanins ; le corps peut être léger à fort en fonction du lieu exact de culture et des modalités de vinification. Les arômes et saveurs sont fruités, notamment de cerise avec des nuances florales de violette, le tout s'agrémentant parfois d'un soupçon de noisette.

Syrah/Shiraz

C'est dans la partie septentrionale de la vallée du Rhône que le cépage Syrah donne le meilleur de lui-même. Les vins issus des appellations Hermitage et Côte-Rotie ont servi de modèles pour des vins d'Italie, d'Australie, de Californie et d'Afrique du Sud issus de ce cépage.

La Syrah produit des vins sombres et très charpentés, forts en tanin et offrant des arômes et des saveurs de viande fumée, de poivre grillé, de goudron ou même de caoutchouc brûlé (difficile à croire, mais vrai). En Australie, ce cépage, nommé *Shiraz*, permet de produire une large gamme de vins : des vins doux à corps moyen et aux saveurs de fraise qui offrent un profil diamétralement opposé à la majestueuse Syrah du nord de la vallée du Rhône (voir la section concernant l'Australie chapitre **16**, pour d'autres détails au sujet du Shiraz).

La Syrah ne requiert pas d'assemblage avec un autre cépage pour compléter ses saveurs, mais elle peut être unie avec des cépages traditionnels du sud de la France (Grenache, Cinsault, Mourvèdre).

Gamay

Cépage roi dans le Beaujolais, il donne des vins avec beaucoup d'arômes fruités, parfois épicés, une couleur profonde et peu de tanins. En France, il est aussi planté en Côte Roannaise ou encore en Touraine.

Il est sans aucun rapport avec les cépages Gamay et Napa Gamay de Californie. Hors de nos frontières, on le trouve notamment en Suisse et au nord de l'Italie.

Sa faculté à donner des vins faciles à boire le rend peu noble aux yeux de certains amateurs. Mais planté sur certains types de sols comme ceux de Morgon en Beaujolais, il peut donner des vins de grand caractère et de garde.

11 cépages rouges à découvrir ou redécouvrir

Éric Beaumard

» Barbera

Originaire du Piémont, la barbera est le cépage rouge le plus planté en Italie. Il donne des vins légers, fruités et délicats, bien pourvus en acidité, dotés de tanins discrets.

» Cabernet Franc

Ce cépage est très présent dans la vallée de la Loire, mais aussi sur la rive droite de Bordeaux. Il est même le principal cépage de vins célébrissimes comme le Château Cheval Blanc et le Château Ausone. Il donne aux vins une structure tannique élégante et une belle puissance aromatique avec un fruité très présent. Bien vinifié, il fait des vins digestes, raffinés, biens tendus avec une très bonne capacité de vieillissement. Lorsqu'il est assemblé avec le Merlot, il apporte au vin une incontestable finesse. On le retrouve au Chili, en Californie et en Espagne. En France, c'est le cépage roi des appellations Chinon, Bourgueil et Saumur-Champigny.

» Cinsault

On le redécouvre en Languedoc, dans l'appellation Terrasses-du-Larzac, pour son caractère équilibré. D'intensité plutôt pâle, il rayonne au nez avec des notes épicées de garrigues et d'oranges amères. Il donne des vins rosés élégants et très aromatiques en Provence, lorsqu'il est issu de rendements raisonnables.

» Corvina veronese

Il supporte très bien le passerillage. C'est le cépage de base de l'amarone en Vénétie. Il donne un grand vin rouge aux arômes puissants et épicés qui

»

11 cépages rouges à découvrir ou redécouvrir *(suite)*

a la particularité d'être doux sans être muté. Magnifique sur un civet de lièvre ou un risotto aux truffes noires.

» **Grenache**

D'origine ibérique, il est très implanté dans le Languedoc-Roussillon et dans la vallée du Rhône. Châteauneuf-du-Pape est sa terre d'élection. Il y donne des vins spirituels et soyeux, riches et puissants, d'une finesse remarquable, avec une très grande capacité de vieillissement. Avec des rendements très maîtrisés, il donne le meilleur de lui-même. Découvrez-le aussi dans d'autres vins des Côtes du Rhône comme les Gigondas, Vacqueyras, Beaumes-de-Venise et Rasteau ou dans les vins du Priorat en Espagne.

» **Malbec**

Aussi appelé Cot ou Auxerrois, c'est le cépage des vins de Cahors, mais aussi d'Argentine. Il donne des vins puissants, concentrés, avec des arômes de fruits et de violette, d'une grande subtilité lorsque les raisins ont été récoltés à bonne maturité.

» **Mourvèdre**

On dit que le mourvèdre doit voir la mer pour bien mûrir. S'il est présent dans les côtes-du-rhône méridionaux et notamment les Châteauneuf-du-Pape, c'est surtout le cépage dominant des vins rouges de Bandol. Il donne des vins épicés et fruités dotés d'une capacité de vieillissement remarquable.

» **Nerello Mascalese**

Il a des similitudes avec le Cabernet-Franc. On le trouve sur les flancs de l'Etna en Sicile. C'est un cépage subtil, délicat et aérien.

» **Nero d'Avola**

Ce cépage de Sicile fait des vins puissants, structurés, charpentés, pulpeux en fruits, riches, séveux avec des notes d'amandes amères.

»

11 cépages rouges à découvrir ou redécouvrir *(suite)*

» Tempranillo

C'est le grand cépage espagnol de référence pour les rouges. Avec le temps, les vins prennent des arômes de kirsch. Les plus célèbres vins espagnols comme les vins de Vega Sicilia Unico et le Pingus en sont issus. Il accompagne des plats forts en goût. Avec un gigot de 7 heures, l'accord est superbe.

» Touriga nacional

C'est le cépage majeur de la vallée du Douro, au Portugal, là où s'élaborent les portos. C'est le cépage le plus adapté à ce terroir hors norme. Il donne un fruit intense avec une structure tannique imposante. Il « tient » les portos. Il leur apporte de la profondeur et de la concentration. Sans lui, pas de grands portos.

DANS CE CHAPITRE

L'information cachée derrière le nom des vins

•

Le mythe des vins de cépage

•

Le culte secret du terroir

•

Les vins de marque et génériques et les noms de propriétaires

Chapitre 5

Noms de cépages ou noms de terroirs ?

En France s'applique une classification commune à tous les vins produits dans l'Union européenne.

Les trois catégories sont :

» **vin de France ;**

» **Indication géographique protégée (IGP) ;**

» **vin d'appellation d'origine protégée (AOP).**

Les vins AOP représentent le niveau de qualité le plus élevé. C'est la version européenne de l'appellation d'origine contrôlée (AOC), un signe d'origine qui a été institué en France en 1935, au départ pour lutter contre les fraudes. Il existe près de 400 AOP de vin ou d'eau-de-vie en France. À chaque AOP/AOC correspond un cahier des charges qui délimite très précisément la zone de production, les cépages autorisés, les rendements maximaux voire des règles de vinification. Une AOC/AOP est justifiée par le fait que le vin tire sa spécificité de son terroir d'origine (paysage, histoire, traditions...).

Les indications géographiques protégées (IGP) ont remplacé les vins de pays. La catégorie IGP est en théorie plus modeste parce qu'un peu moins restrictive dans sa façon de définir l'origine (une IGP n'a pas besoin, par exemple, de prouver un même ancrage historique et autorise plus de cépages). Mais il se peut que certains vins IGP soient des grands vins. C'est le cas pour certains producteurs audacieux désireux d'utiliser d'autres cépages que ceux prévus par l'AOC ou dont les vins sont jugés trop atypiques par rapport aux normes de l'appellation. Il arrive ainsi que des vins IGP soient plus chers que des vins AOC. C'est le cas des vins du Domaine de Trévallon à Saint-Étienne-du-Grès dans la vallée des Baux : ils contiennent une proportion importante de cabernet sauvignon alors que l'appellation Vallée-des-Baux ne l'autorise pas. Être des simples IGP Alpilles ne les empêche pas d'être convoités par les amateurs du monde entier.

Le vin de France est une catégorie qui, au départ, était conçue pour élaborer des produits pour l'exportation. Une façon de simplifier notre système d'appellations jugé comme un frein pour séduire des consommateurs néophytes (la plus grande partie des consommateurs de vins). Un vin de France peut être composé d'un assemblage de vins provenant de différentes régions viticoles françaises, ce qui permet d'assurer une régularité de goût ou de produire à moindre coût. Mais il peut aussi provenir d'une seule et même région ou d'une seule parcelle d'un domaine. Cette catégorie est donc aujourd'hui choisie aussi bien par des vins de marque (voir en fin de ce chapitre) que par des domaines qui apprécient la liberté qu'elle offre.

Certains « vins de France » sont réalisés avec des techniques très qualitatives. Le vigneron profite de la liberté qu'offre la catégorie pour donner libre cours à sa créativité, choisir un cépage absent du cahier des charges des appellations qu'il pourrait revendiquer, et le vinifier comme il l'entend. Les vins de France de ce type affichent un look souvent peu conventionnel dans leurs étiquettes et des noms de cuvée amusants (nous avons déjà bu des vins s'appelant « tu vin plus aux soirées », « *You fuck my wine* », « gama-sutra » ou « *Tout bu or not tout bu* »).

Ne pas confondre sur l'étiquette la catégorie Vin de France avec la mention «produit de France» qui indique juste la provenance du vin.

L'identification des vins

Toutes sortes de mentions peuvent apparaître sur les étiquettes des bouteilles de vin, et notamment :

» le nom du *cépage* dont le vin est tiré ;

» un nom de marque, qui est souvent le nom de la société ou du négociant éleveur qui a produit le vin (le *producteur*) ;

» parfois un nom de baptême donné par le producteur (par exemple «Aramis») ;

» le nom du ou des *lieux géographiques* dans lesquels le vin a mûri (parfois le nom de la région, suivi du nom du vignoble).

Vient ensuite le *millésime* (l'année des vendanges), qui est intimement lié à l'identité du vin, et enfin une mention éventuelle du style «réserve» qui possède dans certains cas une signification légale, mais n'a aucune valeur dans d'autres.

Truc

Maintenant que nous sommes entrés dans l'ère de l'information, plus un producteur est fier de ses produits, plus il vous donne d'informations sur l'étiquette de ses vins. Un producteur sérieux veut vous faire savoir qu'il n'a rien à cacher. Soyez vigilant face à une étiquette qui reste très discrète sur le contenu de la bouteille. Il est possible que le producteur n'ait pas tellement d'autres arguments pour vous convaincre que le prix bas de la bouteille.

Les connaisseurs apprécient ce flot d'informations sur les étiquettes, car ils savent comment les exploiter. Mais pour ceux qui font leurs premiers pas dans le monde du vin, il y a de quoi se perdre au milieu de tant d'informations. Tous ces détails sont-ils utiles ? Nous pensons que dans le cas des bouteilles de vin, la réponse est définitivement affirmative : le mieux est l'information la plus complète. Ce livre devrait pouvoir vous aider à la décoder !

Les deux modes de dénomination

Les vins que vous pouvez rencontrer chez votre caviste ou sur la carte des vins des restaurants se réfèrent à l'un des deux modes de détermination suivants : soit le nom est tiré du *cépage principal* servant à faire ce vin, soit il est tiré du *lieu de vendange*. En associant cette information au nom du producteur ou de l'éleveur, nous disposons d'une identification permettant de parler des vins.

Par exemple, le Merlot Gérard Bertrand est un vin produit par le producteur Gérard Bertrand dont le nom est tiré du cépage Merlot (rappelons qu'un cépage est une variété de raisin). Le Côtes-de-Beaune-Villages Chanson est issu des chais de la maison Chanson et son nom indique qu'il vient de la région de l'appellation Côtes-de-Beaune-Villages, donc de Bourgogne.

Vous distinguerez vite certains cépages (voir chapitre **4**) et certains lieux d'origine, mais ne pas y parvenir immédiatement n'est pas une catastrophe. Toutes ces informations sont données dans les chapitres **13** à **17**.

Bonjour, je m'appelle Chardonnay

Un vin de cépage (*varietal wine* pour les Anglo-Saxons) est un vin dont le nom est déduit du cépage principal ou du seul cépage à partir duquel il est produit.

Des conditions sont à remplir pour qu'un vin puisse porter le nom d'un cépage. Dans chaque pays (et, aux États-Unis, dans chaque État), des lois spécifiques définissent le pourcentage minimal du cépage qui peut transmettre son nom au vin. Le but est de donner au nom du vin une garantie d'authenticité.

Conseil

Dans les pays de l'Union européenne, le pourcentage du cépage principal doit être au minimum de 85 %. En Californie, il est de 75 % (en conséquence, un Chardonnay californien peut contenir jusqu'à 25 % d'autres cépages). Dans l'Oregon, le pourcentage minimal est de 90 % (sauf pour le Cabernet, pour lequel le pourcentage est de 75 %).

Dans l'État de Washington, le pourcentage est de 75 % et en Australie de 85 %.

Pourquoi donner le nom du cépage à un vin ?

Le raisin est le matériau de base du vin. En dehors de ce qu'il absorbe éventuellement lorsqu'il séjourne dans un fût de chêne (des arômes, des saveurs et du tanin) et de certains procédés de vinification (voir au chapitre **3**), le vin provient essentiellement du jus de raisin. Il semble donc logique de déduire le nom du vin du raisin dont il est fait.

Cette coutume récente convient d'ailleurs aux consommateurs modernes qui aiment disposer de la liste des ingrédients des produits. Quel type d'huile est utilisé dans cette vinaigrette préparée? Combien de matières grasses contient cette soupe? Y a-t-il des nitrites dans ce jambon? Quels sont les ingrédients de ce vin? Les faits, rien que les faits.

Attention

De manière moins consciente, les noms de cépages permettent de mettre en place une certaine démocratie. Le Chardonnay est du Chardonnay et cela donne a priori autant de chances au Chardonnay d'un pays qu'à celui d'un autre. Dans le monde très hiérarchisé du vin, dans lequel certaines régions ont plus de prestige que d'autres grâce à leur longue histoire, les vins de cépages se présentent comme égalitaires (comme dans une société sans classe, mais non au sens où le vin n'aurait pas de classe).

Les vins de cépage ne sont pas une invention américaine, mais on pourrait le croire dans la mesure où ils sont extrêmement répandus aux États-Unis et qu'ils s'y vendent très bien. La grande majorité des vins de Californie, de New York, de Washington et de l'Oregon utilisent des noms de cépages. De même les nouvelles régions viticoles que sont l'Australie, l'Amérique du Sud et l'Afrique du Sud utilisent le nom du cépage principal. On voit même apparaître certains vins des régions viticoles historiques telles que la France qui utilisent ce mode d'appellation, notamment pour des vins destinés à être exportés aux États-Unis.

Les amateurs de vin (mais pas les grands connaisseurs) considèrent généralement qu'un vin de cépage doit être normalement meilleur qu'un vin sans nom de cépage. Nous pouvons comprendre l'origine de cet a priori, mais nous pensons qu'il est totalement injustifié. Le fait qu'un vin porte le nom d'un cépage ne donne aucune garantie de qualité.

Comment les États-Unis en sont arrivés là

Pendant plusieurs décennies après l'abolition de la prohibition en 1933, les vins produits aux États-Unis utilisaient les noms de certains vins européens tels que *Chianti*, *Bourgogne*, *Champagne* et *Chablis* (il en existe encore, mais leur nombre décroît rapidement). Ces vins n'avaient pas nécessairement une ressemblance quelconque avec les véritables Chianti, bourgognes, champagnes ou Chablis, mais de tels noms permettaient de les repérer aisément dans les rayonnages. Les appellations n'étaient soumises à aucun contrôle gouvernemental. N'importe qui pouvait utiliser n'importe quel nom pour le vin qu'il produisait.

Il y a plusieurs décennies que les viniculteurs de Californie ont commencé à donner à leurs vins des noms de cépages et les amateurs avertis se sont alors sentis plus à l'aise avec les vins. Pourtant, à cette époque, si la loi exigeait une proportion de cépage principal qui ne dépassait pas 51 %, elle donnait un repère aux consommateurs qui n'avaient ainsi pas l'impression de boire le produit d'une simple marque commerciale.

Les chais qui ont, les premiers, utilisé des noms de cépages étaient les plus innovateurs, ce qui signifie généralement qu'ils étaient producteurs des meilleurs vins. Aussi, les vins de cépage étaient-ils meilleurs, plus authentiques et plus intéressants que les vins génériques.

Snobs

De nos jours, les vins de cépage sont très répandus aux États-Unis. Un vin de cépage que vous y achèteriez actuellement n'est plus nécessairement de grande qualité : vous êtes assuré d'acheter un vin produit par quelqu'un qui est conscient du pouvoir d'attraction commerciale du nom du cépage, et vous vous trouveriez dans la même situation que voici quelques décennies, c'est-à-dire sans savoir exactement ce que vous allez boire.

Bonjour, mon nom est Bordeaux !

Truc

À la différence des vins des *nouvelles régions viticoles* telles que les États-Unis, la plupart des vins européens tirent leur nom de la région ou de la localité (ou même de la parcelle de vignoble) où a poussé la vigne dont ils sont issus sans attacher grande importance (sur l'étiquette, s'entend !) au nom des cépages qui y sont plantés. En effet, la plupart des vins européens proviennent des mêmes cépages que les vins américains (Chardonnay, Cabernet-Sauvignon, Sauvignon Blanc, etc.), mais cela n'est presque jamais indiqué sur l'étiquette. L'étiquette mentionne par exemple *Bourgogne*, *Bordeaux*, *Sancerre* et autres : le lieu où le raisin a mûri.

Serait-ce une volonté délibérée de rendre le monde du vin inaccessible à des amoureux ne connaissant que la langue anglaise, n'ayant jamais visité l'Europe et ayant séché plusieurs cours de géographie lorsqu'ils étaient étudiants ?

Au contraire ! Le système européen des appellations est en fait conçu pour fournir davantage d'informations sur les vins et une meilleure compréhension de leurs compositions. Mais pour en tirer le meilleur profit, vous devez apprendre à découvrir les différentes régions viticoles d'Europe (voir chapitres **14** à **15** pour toutes ces informations).

Et comment les pays d'Europe en sont arrivés là

Si le raisin est le matériau de base du vin, il faut bien qu'il pousse en de très nombreux endroits. Le même raisin va s'exprimer différemment selon le type de sol, la quantité d'ensoleillement, de pluie, la pente du terrain et bien d'autres paramètres spécifiques à chaque lieu. Et si le raisin est différent, le vin est différent. Un vin peut donc être considéré comme l'expression du lieu dans lequel a poussé le raisin. D'une manière ou d'une autre, le lieu d'origine affecte toujours les caractéristiques du raisin.

En Europe, les vignerons et les producteurs héritent de plusieurs siècles d'expérience dans la recherche des cépages qui conviennent le mieux à chaque terrain. Ont donc été définies de manière systématique et officielle les relations entre chaque lieu et des cépages puis mentionnées dans les textes des appellations contrôlées. Ainsi, le nom d'un lieu dédié à la viticulture et à la production de vin en Europe suffit à déterminer le ou les cépages qui permettent de produire du vin à cet endroit. L'étiquette sur les bouteilles ne mentionne généralement pas le ou les cépages. Ce qui pose à nouveau la question : est-ce une volonté de rendre le vin incompréhensible aux extra-Européens?

Les mariages des cépages et des régions les plus connus en Europe

Nom du vin ou de la région	Pays	Cépages
Alsace	France	Riesling, Gewurztraminer, Pinot gris et noir
Beaujolais (rouge)	France	Gamay
Bordeaux rouge	France	Cabernet-Sauvignon, Merlot, Cabernet-Franc*
Bordeaux sec (blanc)	France	Sauvignon Blanc, Sémillon, Muscadelle*
Bourgogne rouge	France	Pinot Noir
Bourgogne blanc	France	Chardonnay
Chablis	France	Chardonnay
Champagne	France	Chardonnay, Pinot Noir, Pinot Meunier*
Châteauneuf-du-Pape	France	Grenache, Mourvèdre, Syrah et autres*
Chianti	Italie	Sangiovese (80 % minimum)
Côtes du Rhône méridionaux	France	Grenache, Mourvèdre, Carignan et autres*

»

»

Les mariages des cépages et des régions les plus connus en Europe *(suite)*

Nom du vin ou de la région	Pays	Cépages
Côte-Rôtie	France	Syrah
Pouilly-Fuissé	France	Chardonnay
Sancerre	France	Sauvignon Blanc
Sauternes	France	Sémillon, Sauvignon Blanc, Muscadelle*
Valpolicella	Italie	Corvina, Molinara, Rondinella*

* *Indique que le vin est assemblé à partir de plusieurs cépages.*

Histoires de terroirs

Terroir est un mot profondément ancré dans le langage français. Il est d'ailleurs difficile d'en trouver des traductions fidèles, par exemple en anglais, et c'est pourquoi on utilise le terme français partout dans le monde. Ce n'est pas un signe de snobisme, mais juste un désir d'efficacité.

Des terroirs à tiroirs

En voyageant à l'étranger, on constate aisément que la perception de l'espace et de la distance varie selon le pays. Si quelqu'un nous indique le chemin d'un restaurant en répondant : «Vous y êtes presque, c'est tout droit», il est permis de supposer qu'il est situé trois rues plus loin, alors qu'il peut bien se trouver à plusieurs kilomètres.

La surface couverte par un lieu d'appellation pour un vin européen est très variable. Certains lieux correspondent réellement à une parcelle de cadastre de quelques centaines de mètres carrés alors que d'autres correspondent à des régions entières. Les mots qui sont utilisés pour décrire les terroirs permettent de deviner

»

»

Des terroirs à tiroirs *(suite)*

l'échelle à considérer. Voici les différents noms de lieux en ordre décroissant de taille, autrement dit en ordre de précision croissant :

Pays ; Région ; District ; Sous-district ; Commune ; Vignoble ou parcelle.

La définition du terroir n'est pas figée. Pour l'essentiel, on associe à ce concept une surface géographique, qui sera plus ou moins vaste selon les besoins. Le mot est dérivé du mot terre, dans le sens d'une petite portion de la surface de notre planète.

Conseil

Mais le mot *terroir* sert à définir quelque chose de bien plus riche que le simple objet d'étude du géomètre. Le terroir est la combinaison unique de tous les facteurs naturels donnés : la nature du sol et du sous-sol, le climat (soleil, pluie, vent, etc.), la pente du terrain et son altitude, la somme de ces paramètres caractérisant un lieu particulier. Il y a de grandes chances qu'il n'existe pas deux vignobles sur toute la planète pour lesquels tous les paramètres soient identiques. Nous pouvons donc considérer le terroir comme la combinaison unique des facteurs naturels de l'environnement d'un vignoble. Le terroir est le principe fondamental qui régit le concept européen consistant à donner au vin le nom de l'endroit où le raisin a mûri. Le nom du terroir indique indirectement les cépages qui ont été utilisés pour ce vin (car les cépages sont définis pour chaque lieu par la loi) et, c'est ce qui est essentiel, chaque terroir influence le caractère des raisins de manière unique. Le nom le plus approprié qu'un vin puisse donc porter est le nom de l'endroit où les raisins ont été cultivés, et pas seulement le nom de ces raisins.

Ce n'est visiblement pas un désir d'obscurantisme ; c'est une manière toute différente de voir les choses que celle qui consiste à nommer les vins selon les cépages.

Des noms de terroirs pour les vins des nouvelles régions vinicoles ?

La France a sans doute inventé le principe consistant à nommer les vins d'après les terroirs, mais ni elle, ni l'Union européenne n'ont le monopole de cette pratique. Des vins produits ailleurs qu'en Europe peuvent également tirer leur nom de leur origine, en général en indiquant un nom géographique quelque part sur l'étiquette (ce qui se nomme une *appellation d'origine* dans le langage du vin). L'utilisation de la notion d'appellation d'origine dans les nouvelles régions viticoles comporte quelques particularités.

Des noms de cépages pour les vins européens

Conseil

Alors que, parmi les vins européens, la plupart portent un nom qui dérive de leur lieu de naissance, d'autres indiquent un nom de cépage.

Par exemple, en Italie, certaines appellations d'origine comportent par tradition le nom du cépage : le nom *Trentino* (le lieu) *Pinot Grigio* (le cépage) est un exemple. Le nom d'un vin peut être également la combinaison d'un lieu et d'un cépage comme dans Barbera d'Alba, un cépage Barbera cultivé à Alba.

En France, les vins d'Alsace indiquent toujours leur nom de cépage : sur l'étiquette, on lit « alsace riesling grand cru » ou « alsace-gewurztraminer ».

Les vins allemands indiquent souvent le nom du cépage en complément du nom du lieu d'origine.

Les vins IGP peuvent revendiquer un cépage. Ainsi on pourra trouver un IGP pays d'Oc Chardonnay ou un IGP Cévennes viognier.

Même si le nom du cépage est indiqué pour un vin européen, la partie essentielle du nom du vin pour ceux qui le produisent reste le lieu d'origine.

Tout d'abord, vous devez lire attentivement l'étiquette d'un vin en provenance d'une des nouvelles régions viticoles pour en trouver l'origine (américaine, australienne, chilienne ou sud-africaine, par exemple). C'est le nom du cépage qui prévaut.

Il faut également savoir que les noms des lieux correspondent à quelque chose de bien plus précis en Europe que dans l'ensemble des nouvelles régions viticoles. Si l'étiquette d'un vin américain indique qu'il provient de Napa Valley, ce nom évoquera pour vous quelque chose si vous avez effectivement visité cette vallée, que vous avez apprécié ses restaurants et que vous rêvez de passer le restant de vos jours dans l'une de ces merveilleuses maisons en haut d'une colline du côté de Silverado Trail. Mais, au niveau légal, l'indication *Napa Valley* signifie seulement qu'au moins 85 % des raisins proviennent d'une zone définie comme la zone viticole de Napa Valley. Ce nom ne définit nullement le type de vin qui peut y être produit, ni les cépages qui y sont cultivés, alors que c'est le cas pour un nom européen. (Soyons heureux que le nom du cépage soit écrit en gros sur l'étiquette.)

Truc

Une appellation d'origine comme *Californie* ne vous dit pratiquement rien de la provenance du vin. La Californie est un État gigantesque et les raisins peuvent venir de régions par trop différentes sans sortir des limites de cet État. Il en va de même pour tous les vins australiens ; par exemple ceux qui se nomment *South Eastern Australia* (sud-est de l'Australie), ce qui correspond à une zone à peine moins étendue que la France et l'Espagne *réunies*.

Vins de marque

Vous pouvez rencontrer de temps à autre un vin dont le nom ne découle ni du cépage principal, ni du lieu d'origine.

De nombreux vins comportent un nom de marque, même certains de ceux dont le nom dépend du cépage, comme *Délices* (nom de marque) *Sauvignon* (cépage), et ceux dont le nom découle du lieu d'origine, comme *Bolla* (marque) *Soave* (lieu) ou encore les vins ayant une indication d'origine comme Colombelle (nom de marque), IGP Côtes de Gascogne (appellation). Certains cumulent marque, cépage et origine, par exemple Les Jamelles (marque), Chardonnay (cépage), IGP Pays d'Oc (appellation). Le nom de marque peut correspondre tout simplement au nom de la société qui produit le vin. Il peut s'appliquer à toute une gamme de vins.

À retenir

Le négociant très connu Louis Jadot commercialise sous son nom du Beaujolais, du Pouilly-Fuissé, du Mâcon-Villages et bien d'autres vins.

Certains vins n'ont pourtant qu'un nom de marque. En France, par exemple, le Vieux Papes est le prototype du vin de marque.

Attention

Les vins qui ne comportent qu'un nom de marque, sans nom de cépage, ni de lieu (en dehors du pays d'origine), correspondent normalement aux vins les moins chers et sont très ordinaires. Dans le cas des vins européens de ce genre, ils ne peuvent porter la mention de l'année (le *millésime*), car les lois de l'Union européenne interdisent à ces vins le privilège de porter un millésime.

Partie 2

Rencontres du troisième cep

Dans cette partie…

La précédente partie vous a permis d'acquérir les notions essentielles : cépages, types de vins et règles de dénomination. Vous voilà fin prêt à appliquer cette science sur le terrain. Partons à l'abordage des bouchons, verres à vin, cartes des vins des restaurants et autres boutiques spécialisées. Vous n'aurez plus rien à craindre à leur sujet une fois cette partie assimilée. Les plus fines inscriptions sur les étiquettes vous seront elles-mêmes devenues familières.

DANS CE CHAPITRE

Comment se prémunir contre les forces d'intimidation

•

Le problème du vin en supermarché

•

Le choix d'un bon détaillant

•

Le choix du bon vin

Chapitre 6
Pour bien acheter du vin

À moins d'entretenir une relation de dépendance permanente avec un connaisseur indulgent, un jour arrivera où vous serez seul au moment d'acheter une bouteille de vin ou d'en commander une dans un restaurant. Si les circonstances sont favorables, le commerçant ou le sommelier sera un passionné pour lequel c'est un point d'honneur que de rendre le bon vin accessible aux autres. Cela dit, avec de la chance, vous pouvez aussi recevoir par surprise la Légion d'honneur ou bien apprendre que vous héritez d'une grand-tante inconnue. Les probabilités sont à peu près les mêmes.

Acheter du vin peut être intimidant

Le sens commun nous indique a priori qu'acheter quelques bouteilles de vin devrait être bien moins angoissant que de demander un prêt à son banquier ou de se rendre à un entretien d'embauche. En effet, pourquoi s'en faire à ce point ? Ce n'est que du jus de raisin.

Mais notre propre expérience nous indique qu'il en va tout autrement. Souvenons-nous notamment de toutes ces heures passées à détailler ces étagères remplies de bouteilles dont les étiquettes auraient aussi bien pu être écrites en latin, tellement ce langage nous semblait impénétrable.

Heureusement, notre enthousiasme pour le vin nous a permis de persévérer. Nous avons fini par découvrir qu'acheter du vin pouvait être une activité agréable.

Nous avons également découvert une chose étrange concernant ces bouteilles de jus de raisin fermenté : l'activité qui consiste à rechercher, à acheter ou à vendre ces bouteilles peut facilement transformer des individus avenants et sensibles soit en victimes, soit en bourreaux, selon qu'ils essaient de vous prouver qu'ils en savent plus que vous ou qu'ils tentent de cacher ce qu'ils ne savent pas. Cette situation n'est pourtant pas inéluctable.

Snobs

Les nombreuses informations concernant le vin évoluent constamment, un nouveau millésime arrive chaque année, avec des centaines de nouveaux intermédiaires, de nouveaux vins, des progrès dans la technologie de la vinification, etc. Ainsi, personne ne peut prétendre qu'il connaît tout à tout moment et personne ne doit se laisser submerger par le doute devant la masse d'informations qu'il ne contrôle pas.

Truc

Notre expérience personnelle nous a prouvé que le moyen le plus efficace de se sentir à l'aise et surtout de vivre des expériences agréables lors de l'achat de vin consistait à maîtriser l'étendue de ses propres connaissances, et rester conscient de ses lacunes. Éviter de prétendre savoir ce qu'on ignore permet d'éviter l'angoisse devant ce que, réellement, on ignore. Ainsi, acquérir une bouteille de vin peut devenir ce que cela aurait toujours dû être : un simple acte d'achat.

Les lieux de commercialisation du vin

Acheter soi-même du vin dans un magasin n'a pas que des inconvénients. Les magasins offrent en général une plus large sélection de vins que les restaurants ; le vin y est meilleur marché ; vous avez la satisfaction de pouvoir tenir les bouteilles entre vos mains et comparer leurs étiquettes ; le vendeur ne reste pas à vos côtés pour écouter ce que vous en pensez lorsque vous le goûtez.

Parmi les inconvénients, notez que vous devez fournir vos propres verres et que vous devez ouvrir vous-même la bouteille (le chapitre **8** décrit tout cela). Mais surtout, le vaste choix offert peut vous rendre perplexe.

Vous pouvez acheter du vin dans différents lieux de vente, de l'hypermarché au détaillant spécialisé, en passant par le supermarché, l'épicier du coin ou sur Internet. Chaque type de magasin a ses avantages et ses inconvénients en termes de choix, de prix et de services.

Dans certains pays, le vin fait l'objet de nombreuses lois concernant son négoce, et les gouvernements décident où et comment le vin peut être commercialisé (et même parfois avec des contraintes horaires). Votre liberté de choix sera donc aussi fonction de votre lieu de résidence.

Hyper et supermarchés

Quand le vin est vendu en ces lieux, la mystique dont il fait naturellement l'objet s'évapore dans les rayons. Qui a encore du temps à perdre à hésiter sur le choix d'un vin lorsqu'il y a au même moment des choses bien plus critiques à gérer : le temps de répit qu'il vous reste avant que les enfants ne se transforment en monstres et la recherche de la file d'attente la moins longue aux caisses ? Les prix sont évidemment très raisonnables dans les hypermarchés.

Snobs

Nous savons que certains professionnels et amoureux du vin désapprouvent la vente de vin en de tels lieux. Ils considèrent le vin comme un produit sacro-saint qui doit être traité comme une boisson toute spéciale. Consolez-vous en sachant que vous n'avez aucun risque de les rencontrer lorsque vous déambulez dans le rayon des vins de votre hypermarché favori.

Conseil

En septembre et octobre, les grandes surfaces proposent rituellement des foires aux vins d'automne. Généralement, la sélection des vins est un peu différente de l'assortiment habituel. Si en plus le directeur du magasin ou le chef de rayon vins est un passionné, on peut même y faire quelques trouvailles et bonnes affaires.

Grandes surfaces spécialisées

Une deuxième catégorie de magasins offre une surface consacrée aux vins égale et même supérieure à celle des hypermarchés. Il s'agit des grandes surfaces spécialisées. En complément d'un grand choix de vins, vous y trouverez des alcools, voire des boissons gazeuses et différents accessoires pour organiser vos réceptions. Ces magasins sont spacieux et généralement compétitifs.

Mais ne vous attendez pas à un quelconque service. Dans ces libres-services, vous aurez du mal à trouver quelqu'un pour vous guider et vous conseiller. En général, vous devrez vous débrouiller seul.

Un autre inconvénient est que la prétendue vaste sélection de vins est en réalité limitée. En effet, la majorité des vins qui peuvent être mis en place dans de tels magasins doivent pouvoir être produits dans des quantités suffisantes pour assurer un suivi de l'approvisionnement. Si vous cherchez un vin rare, comme un de ceux que les amoureux passent des heures à décrire en termes choisis, ce genre de lieu n'est pas adapté.

Truc

En résumé, les grandes surfaces spécialisées sont idéales pour acheter son vin quotidien. Si vous désirez apprendre tout en achetant votre vin, ou si vous avez besoin qu'on vous propose une grande variété de vins pour satisfaire une curiosité insatiable, vous vous tournerez probablement vers d'autres types de magasins.

Kit de survie en supermarché

Truc

Si vous achetez votre vin dans un supermarché qui n'offre aucun conseil, en voici quelques-uns :

1. Essayez de vous rappeler le nom de quelques vins qui ont été recommandés dans un article spécialisé. Mieux encore, ayez l'article ou la liste sur vous.
2. Demandez conseil à un ami connaisseur ou demandez-lui de vous accompagner (en supposant que vous ayez des goûts similaires).
3. Si le supermarché est dans une région productrice de vin, repérez les vins de cette région en rayon : il arrive que le chef de rayon vin fasse des efforts particuliers pour mettre en valeur les vins du coin.
4. Choisissez le vin dont l'étiquette vous inspire le plus. Vous n'avez rien à perdre.

Cavistes

Les boutiques spécialisées ou cavistes sont généralement de petite taille et vendent du vin, des alcools, des tire-bouchons (voir aussi chapitre **8**) et des verres à vin. Vous pouvez également trouver quelques aliments, plutôt orientés gourmet que restauration rapide.

Si le vin devient pour vous une occupation sérieuse, ces détaillants seront vraisemblablement vos fournisseurs réguliers dans la mesure où ils offrent bien d'autres avantages que les grandes surfaces. Nous seulement vous y trouverez presque toujours du personnel compétent, mais aussi une bonne sélection de vins dans toutes les gammes de prix.

Certaines boutiques prévoient une zone spéciale (ou même une pièce distincte) pour les vins les plus chers. Dans certains cas, il s'agit d'une cave voûtée et, dans d'autres, simplement de l'arrière-boutique.

Sites Internet

Désormais, Internet s'apparente à une cave géante vu la quantité impressionnante de sites de vente de vin en ligne. Sachez distinguer les sites qui proposent du vin, mais aussi d'autres produits alimentaires des sites spécialisés, qui sont l'équivalent virtuel des surfaces spécialisées ou des cavistes.

L'achat sur Internet ne permet aucun contact avec la bouteille avant achat, n'offre aucune chance de déguster le vin, prive des conseils personnalisés d'un bon caviste et n'est pas adapté pour acheter la bouteille à ouvrir pour le dîner du jour. Mais il présente nombre d'avantages : l'accès à un grand nombre d'informations sur le vin, le choix démultiplié, la possibilité de comparer les prix et de commander à n'importe quelle heure.

Si la commande se fait en quelques clics, la livraison peut s'avérer compliquée. Rappelons que le vin est un produit fragile, sensible à la chaleur. On ne maîtrise pas forcément les conditions de stockage d'un point relais dans lequel le colis échouera faute d'avoir pu être réceptionné à la sortie du camion. Au moment de commander, n'oubliez pas de penser à la logistique : serez-vous là pour recevoir le colis, avez-vous un lieu adapté au stockage...

Stratégies pour bien acheter au détail

Comme pour tout autre détaillant spécialisé, les critères principaux restent le choix, le service, les conseils et les prix. Dans le cas du vin, pourtant, les conditions de stockage des bouteilles sont un critère supplémentaire essentiel. Nombre de villes disposent d'un ou plusieurs magasins spécialisés tenus par des cavistes vraiment passionnés et dynamiques, qui se mettent en quatre pour dénicher des vins de producteurs intéressants. Comme en bons passionnés qu'ils sont, ils aiment partager leur passion du vin, n'hésitez pas à les questionner, vous apprendrez forcément quelque chose. Nous espérons évidemment que vous habitez dans une ville dotée de ce genre de cavistes en or !

Truc

Aucun détaillant ne semble correspondre à ces critères dans votre environnement habituel? Dans ce cas, optez pour la vente à distance ou en direct chez le producteur.

Jugez les prix et les services

Truc

Tant que vous êtes acheteur débutant, la meilleure stratégie consiste à tenir d'abord compte des services et des conseils plutôt que des prix. Il est toujours préférable d'acheter pour quelques dixièmes d'euros de plus des vins qui vous ont été recommandés par un spécialiste digne de confiance (ce sont des vins que vous aimerez sans doute) que d'acheter des vins au prix le plus bas en faisant une fausse économie, notamment si le magasin n'a aucun conseiller spécialisé ou si les conseils qu'il donne sont peu fiables.

Évaluez le choix disponible

Vous ne pourrez pas déterminer lors de votre première visite si un magasin offre la sélection qui vous convient. Si vous remarquez qu'il propose de nombreux vins issus de plusieurs régions différentes dans plusieurs gammes de prix, vous pouvez lui accorder le bénéfice du doute. Lorsque cette sélection vous paraîtra trop limitée, vous pourrez toujours changer de magasin.

Testez la qualité des conseils

Certains vendeurs connaissent non seulement les vins qu'ils vendent, mais également un grand nombre de vins en général. D'autres en connaissent moins que leurs propres clients. Vous attendez d'un marchand de vins qu'il maîtrise son sujet au moins aussi bien qu'un boucher sait trancher ses pièces. N'hésitez pas à poser des questions (comme : « Pouvez-vous me parler un peu de celui-ci ? » ou encore : « En quoi ces deux vins diffèrent-ils ? ») et jugez en conséquence avec quel enthousiasme et quelle précision votre interlocuteur peut vous répondre.

Cherchez à savoir si le vendeur a une connaissance personnelle et une véritable expérience des vins qu'il vous conseille ou s'il ne fait que citer les notations des dégustateurs professionnels. Auquel cas, ses conseils ont peu de chances d'être pertinents.

Faites confiance une ou deux fois à un vendeur pour vérifier si ses choix vous satisfont. S'il n'a pas suffisamment de capacité d'écoute ou d'expérience pour vous conseiller un vin adéquat, il suffit de changer de vendeur. Cela ne vous coûtera qu'une ou deux bouteilles. Cela revient en tout cas bien moins cher que de choisir un mauvais médecin ou un mauvais avocat !

Intéressez-vous au stockage du vin

Vous ne devez jamais oublier une chose essentielle au sujet du vin : c'est une denrée périssable. Bien sûr, il ne va pas pour autant couler comme un camembert ni se transformer en nid de bactéries comme de la viande. D'ailleurs, certains vins, en général les plus chers, peuvent heureusement se bonifier avec l'âge. Mais si le vin est mal stocké, ses saveurs en souffriront. (Pour tout conseil au sujet du stockage du vin à domicile, reportez-vous au chapitre **10**.)

Truc

Au moment de choisir votre détaillant, si vous prévoyez d'acheter du vin en grande quantité ou des vins chers, vérifiez au plus tôt les conditions de stockage. Les vins ne doivent jamais être à proximité d'une source de chaleur, par exemple à côté d'un radiateur (qui leur permettrait de cuire à feu doux tout l'hiver), ni dans les combles (qui les laisseraient rôtir au soleil tout l'été). Lorsque le magasin possède un bon système de stockage, le propriétaire des lieux sera ravi de vous le présenter, d'une part parce qu'il en est fier, et d'autre part parce qu'il a beaucoup investi dans la mise en place de ce système.

Truc

Dans toute boutique de bonne tenue, vous constaterez que les bouteilles sont stockées couchées (sauf pour les petits vins, qui n'en ont cure). Ainsi, le bouchon reste humide, et donc étanche. En séchant, le liège finirait par laisser pénétrer l'air dans la bouteille, ce qui ferait tourner le vin.

Malheureusement, le problème des mauvaises conditions de stockage ne commence pas chez le détaillant. Il arrive que le grossiste ou le distributeur n'offrent pas les conditions de stockage optimales. Il est même possible que des conditions météorologiques particulières aient endommagé le vin, avant même que celui-ci soit arrivé chez le distributeur. Un bon détaillant vérifiera la qualité du vin avant de l'acheter et le renverra au lieu de le proposer à la vente s'il découvre des problèmes après avoir été livré. Il reprendra sans sourciller vos marchandises endommagées. (Pour plus de détails sur le stockage idéal, voyez le chapitre **10**.)

Goûtez à l'aventure

Lorsque nous avons commencé à acheter du vin, l'étendue de nos connaissances était l'équivalent du vocabulaire d'un enfant de 2 ans. Nous achetions sans cesse les mêmes vins parce qu'ils représentaient des choix faciles ; nous savions ce que nous pouvions en attendre et nous les aimions suffisamment pour continuer avec eux. En fait, nous nous sommes ainsi enfermés par peur d'essayer des vins inconnus.

Nous avons alors compris que, pour que le vin soit réellement passionnant, il nous fallait partir à l'aventure.

Truc

Si vous voulez être en mesure de bien découvrir l'extrême variété des vins qui existent dans le monde, vous devez faire des essais. La découverte d'un nouveau vin est exaltante. De temps à autre, vous subirez une déception, mais vous vous consolerez en ajoutant ce vin à la liste de ceux qu'il ne faut plus acheter.

Sachez décrire vos désirs

La scène que nous relatons ci-dessous se produit – à peu de chose près – quotidiennement dans tout magasin de vins (et dix fois plus le samedi).

Le client : « Je me souviens que l'étiquette était beige. J'ai bu ça dans un petit restaurant la semaine dernière. »

Le marchand de vins : « Savez-vous de quel pays provenait ce vin ? »

Le client : « Non, mais je me rappelle seulement qu'il y avait une fleur sur l'étiquette. »

Le marchand de vins : « Vous rappelez-vous l'année ? »

Le client : « C'était un vin jeune, mais je ne suis pas sûr. En me promenant dans les rayons, je le reconnaîtrais peut-être. »

Il va sans dire qu'avec aussi peu d'indices il arrive très rarement que le client trouve ce qu'il recherche.

Truc

Chaque fois que vous faites la découverte, dans un restaurant ou chez des amis, d'un nouveau vin que vous appréciez, notez le plus d'informations possible à son sujet, photographiez-le. Ne faites pas confiance à votre mémoire. Le jour où vous y repenserez dans un magasin, il est fort possible que vous ne vous rappeliez plus les nombreux détails qui sont indispensables au vendeur. Dès l'instant où celui-ci peut comprendre ce que vous désirez, il peut vous donner ce vin, ou, s'il ne l'a pas, vous conseiller un vin qui s'en approche.

C'est toujours un grand avantage que de pouvoir expliquer au vendeur le plus précisément possible quel type de vin vous avez apprécié ou désirez essayer. Souvent, en indiquant le type de plat que vous souhaitez accompagner, vous lui donnerez des indices supplémentaires (le chapitre **11** aborde les mariages vins/mets).

Annoncez une fourchette de prix

Le prix d'une bouteille de vin peut varier de 2,50 à 250 €, voire 1000 € ou encore plus lorsque les vins sont rares et recherchés par les amateurs du monde entier. Vous avez tout intérêt à annoncer la couleur au plus tôt en indiquant au vendeur ce que vous avez prévu de dépenser. Un bon vendeur offrant un choix correct doit pouvoir vous proposer plusieurs vins dans votre budget.

À retenir

Un bon vendeur sait que son intérêt est de fidéliser sa clientèle plutôt que d'essayer de vendre à tout prix une bouteille qui dépasse les prévisions de dépense de son client. Si, par exemple, vous avez l'intention d'acheter du vin à 8 € la bouteille, campez sur vos positions. Il y a de nombreux vins tout à fait agréables dans cette gamme de prix.

Pour bien acheter en surfant sur Internet

Il existe plus de 500 sites de vente de vins sur Internet recensés en France. Aux sites généralistes, préférez les sites spécialisés, qui offrent des garanties sur le contrôle des bouteilles mises en ligne et une expertise sur les domaines et les millésimes. Ils peuvent être :

» des sites de vignerons qui ont une boutique en ligne (ils sont de plus en plus nombreux) ;

» des sites de cavistes ou de négociants qui ont développé un site de vente en ligne pour élargir leur clientèle (www.lavinia.fr, www.nicolas.com, www.lerepairedebacchus.com ou www.vintageandco.com ; www.millesima.fr ; www.chateaunet.com) ;

» des sites spécialistes dans la vente sur Internet (www.wineandco.com ; www.millesimes.com, www.vinatis.com). Certains proposent un catalogue permanent. D'autres sites fonctionnent sur le principe des ventes privées avec des offres ponctuelles à durée limitée souvent très tentantes (www.ventealapropriete.com, www.lecarredesvins.com, www.1jour1vin.com, www.samedivin.com...) ; d'autres se spécialisent sur une région (Bordeaux, Bourgogne, Languedoc...) ou sur un type de vins (les millésimes anciens, les vins issus de l'agriculture biologique, les vins originaux comme www.vins-etonnants.com...) ;

» des plateformes proposant des vins de différents vignerons qui ont été sélectionnés comme www.lesgrappes.com ;

» des sites proposant des abonnements à des « box » comprenant deux ou trois bouteilles que l'on peut ensuite commander en plus grosse quantité si l'on a apprécié. C'est plus un cadeau sympathique à offrir à un amateur novice qu'une réelle source d'approvisionnement ! (par exemple, www.lepetitballon.com).

» des sites de ventes aux enchères de vin comme www.idealwine.com pour dénicher des bouteilles rares, des vieux millésimes.

Les amateurs qui ont tendance à trop acheter se servent aussi de ce genre de site pour faire de la place dans leur cave. On peut donc y faire des trouvailles.

En matière de transport, les mêmes réserves s'appliquent que pour la vente par correspondance. Lisez bien les conditions de vente du site avant de vous engager.

Snobs

Au restaurant ou chez des amis, une bouteille vous a enthousiasmé... Des applis se proposent de vous dénicher d'autres bouteilles à partir de la photo de l'étiquette. Par exemple Vivino, ou Twil.

Acheter en direct chez le producteur

Pour acheter directement chez le producteur de vin, trois approches sont possibles :

» Vous pouvez rendre visite au producteur et repartir avec le vin. C'est l'idéal ! L'un des meilleurs et des plus agréables moyens d'apprendre à connaître un vin consiste à aller visiter la région dans laquelle il est produit et, mieux encore, à rencontrer ceux qui le produisent.

» Vous pouvez commander sur sa boutique en ligne et s'il n'en a pas, téléphoner ou écrire pour obtenir un bon de commande.

» Vous pouvez vous rendre sur un salon ou une foire où il vend en direct.

Il arrive fréquemment que les petits producteurs vendent un pourcentage non négligeable de leur production en direct. Dans certaines contrées, la vente directe peut représenter plus de la moitié des ventes totales.

Truc

L'achat en direct offre deux avantages majeurs : le plaisir d'aller chercher le vin directement à sa source et le sentiment agréable de devenir un des supporters intimes de ceux qui produisent ces vins tant appréciés. Il ne permet pas toujours de faire des économies. Tout dépend de la politique tarifaire du producteur qui parfois s'aligne sur les prix cavistes quand c'est son débouché principal.

Conseils d'achat de vieux vins pour ne pas se réjouir en vain

L'achat de vins vieux peut être risqué. Pour éviter d'acquérir un vin trop vieux, tenez compte de ces quelques conseils :

- Achetez auprès de maisons réputées (et qui désirent le rester). Elles connaissent en général l'histoire des vins qu'elles vendent et donc leur provenance.
- N'achetez qu'aux particuliers de confiance.
- Cantonnez-vous s'il le faut aux vins réputés pour leur longue garde. Si possible, allez inspecter l'objet de vos désirs avant achat. Vérifiez l'ouillage (la quantité de vin évaporé). Sauf pour un ancêtre (plus d'une trentaine d'années), plus de deux centimètres d'ouillage sont l'indice d'un mauvais stockage (trop chaud et/ou trop sec). Des fuites aux bouchons sont également mauvais signe.
- Vérifiez la robe. Un blanc devenu franchement sombre ou un rouge qui a viré au brun sont le signe d'une oxydation. (Pour les rouges, placez une lampe torche sous le cul de la bouteille pour juger de la véritable couleur de la robe.) Mais ne jugez pas hâtivement les grands vins rouges et les Sauternes, dont la robe sombre peut cacher un corps en pleine forme. Si vous hésitez, demandez à quelqu'un de plus expert pour juger de ces choses.
- Si vous achetez à distance en quantité, demandez au correspondant d'indiquer la couleur qu'il voit et de juger l'ouillage.
- Comme en tout domaine, méfiez-vous des prix trop bas.
- Demandez leur avis à vos relations avant de vous jeter sur le bon de commande.

Après toutes ces précautions, priez et débouchez. Que serait la vie sans aléas ?

Acheter du vin qui n'existe pas encore

Vous avez peut-être déjà remarqué des publicités proposant d'acheter du vin en primeur, c'est-à-dire d'acheter un vin qui n'est pas encore en vente chez les cavistes et même pas encore en bouteilles. C'est une grande spécialité du Bordelais.

Le vin d'un millésime est vendu dès l'année suivante, alors qu'il est encore en élevage. Il ne sera réellement livré qu'un ou deux ans plus tard. Le prix est attractif par rapport à ce qu'il sera lors de la commercialisation réelle des bouteilles. Pour le producteur, c'est un moyen de financer l'élevage du vin (vous achetez moins cher, mais vous contribuez à sa trésorerie). À Bordeaux, ces vins sont le plus souvent vendus par l'intermédiaire de négociants. Pour les grands bordeaux, le prix est largement influencé par les critiques spécialisés et les professionnels qui goûtent les vins en primeur, lors de grandes dégustations professionnelles organisées en avril à Bordeaux (les dégustateurs goûtent jusqu'à 200 vins par jour, sachant que ces vins non finis sont très marqués par leurs tanins et ceux des fûts de chêne dans lesquels ils séjournent depuis quelques mois). Depuis que les grands vins sont devenus des produits spéculatifs, il n'est pas rare que la qualité d'un millésime soit surcotée et que deux ans plus tard, l'écart avec le prix de vente primeur soit minime.

Mieux vaut donc éviter de s'enflammer, sauf si vous êtes bien conseillé ou avez pu juger de la qualité d'une cuvée sur plusieurs millésimes. Si vous achetez pour revendre, soyez prudent à moins que vous n'ayez l'âme d'un joueur de poker.

Des négociants ou des domaines viticoles proposent désormais des vins en primeur dans d'autres régions que le Bordelais.

Il existe aussi l'achat sur souches (par exemple aux États-Unis). Il consiste à s'engager sur l'achat de vins dont les raisins n'ont même pas encore été vendangés. Le risque est évidemment encore plus grand sauf si le vin est produit en si petite quantité qu'il n'est pas disponible autrement.

»

Acheter du vin qui n'existe pas encore *(suite)*

Les vignerons produisant des cuvées particulièrement recherchées du fait de leur excellence et de leur rareté vendent par allocation (c'est souvent le cas pour les grands bourgognes). Si l'on fait partie de la liste des privilégiés, on est assuré d'avoir chaque année ses bouteilles. Mais il n'est pas donné à tous les vignerons d'avoir des bouteilles si recherchées qu'elles sont déjà vendues avant même d'exister !

DANS CE CHAPITRE

Montrer que c'est vous qui commandez

•

Comment survivre aux rituels du service du vin

•

Choisissez le vin adéquat

•

Dans un restaurant à l'étranger

Chapitre 7

Commander du vin au restaurant

Lorsque vous commandez du vin dans un restaurant, vous le goûtez immédiatement et obtenez aussitôt la juste récompense de votre bon choix. Vous recevrez les compliments de vos amis ou de votre famille pendant tout le repas et vous pourrez entrer chez vous la tête haute. En revanche, si vous avez mal choisi... un sentiment pénible va vous envahir : vous allez ruminer toutes sortes d'excuses dans votre tête pour tenter d'éviter le ridicule de la situation. Mais consolez-vous : à la prochaine occasion, vous ne referez pas l'erreur de commander ce maudit vin !

Acheter du vin dans un restaurant

De très rares restaurants possèdent une boutique de vins associée dans laquelle vous pouvez admirer les bouteilles, détailler les étiquettes, consulter des ouvrages ou des magazines sur le vin et enfin faire votre choix et faire apporter la bouteille élue à table. Mais dans la plupart des autres restaurants, vous devez vous contenter d'une feuille de papier qui vous indique le nom des vins et le prix de la bouteille. Souvent, même ces rares informations sont rendues incompréhensibles. Bienvenue dans la jungle des cartes des vins !

Ces cartes des vins peuvent véritablement rendre perplexe : soit elles n'en disent pas assez sur le vin, soit ce qu'elles disent n'a aucun sens. Soit il n'y a rien de bon à boire, soit le choix est tellement vaste que vous ne pouvez pas vous décider. De plus, les cartes ne sont en général pas à jour ; vous passez un quart d'heure à choisir le vin que vous allez commander pour vous entendre annoncer qu'il n'y en a plus ce soir (c'est peut-être le cas depuis plusieurs mois).

Lorsque vous lisez une carte des vins, il y a de grandes chances qu'un nombre important des vins mentionnés vous soit inconnu. Si la liste est longue, vous n'aurez sans doute pas le courage de la parcourir de bout en bout. Mais n'abandonnez pas trop vite. Avec quelques conseils et un peu d'aide, vous pouvez naviguer dans les flots tumultueux des cartes des vins.

Repérez les restaurants qui aiment le vin

Éric Beaumard

Observez les verres, c'est un moyen très efficace de mesurer l'amour que le restaurateur porte au vin ! S'ils ne sont pas du tout adaptés au vin, il y a fort peu de chances pour que la carte des vins soit intéressante. Fuyez les restaurants utilisant des verres très décoratifs, très compliqués voire colorés, ou, à l'inverse, des verres très basiques, sans pied.

Comment le vin est vendu dans les restaurants

Même si certains s'y prennent maladroitement, tous les restaurateurs veulent que vous achetiez leurs vins. Ils en retirent en effet un profit certain.

De nombreux restaurants font pourtant sans le savoir (par manque d'intérêt réel pour le vin) tout pour empêcher la vente de leurs vins. Mais les choses évoluent (hélas lentement). Les différents vins qui peuvent être proposés dans un restaurant se répartissent en trois catégories (mais tous les restaurants n'offrent pas les vins de chacune de ces catégories) :

- **La *cuvée maison* : y correspondent en général un vin blanc et un vin rouge, et parfois un rosé. Vous pouvez en commander un verre, à la carafe ou au pichet. C'est le choix le plus facile, mais c'est souvent un vin de qualité passable sur lequel le restaurateur réalise une énorme marge ;**
- **La *carte des vins sélectionnés (du jour, de la semaine ou du mois)* : proposés au verre (mais aussi à la bouteille). Le choix est plus large que pour les cuvées maison et la qualité est généralement meilleure. Le restaurateur peut y mettre en avant ses coups de cœur du moment. Méfiez-vous tout de même si les informations sur les vins se bornent à l'appellation et ne précisent pas le domaine ;**
- **La *carte des vins standard* du restaurant : il peut s'agir de simples feuilles ou d'un vrai livre. Elle est toujours classée par couleurs de vin et par région ou appellation. On doit absolument y trouver la région de production, l'appellation, le nom du producteur, le millésime et le prix.**

Focus

Parfois la carte des vins est pauvre en vins au verre ou en demi-bouteille alors que vous êtes seul ou pas assez nombreux pour écouler une bouteille. Commandez quand même la bouteille qui vous fait plaisir et demandez à emporter la bouteille entamée une fois le repas terminé. Vous passerez peut-être pour un radin, mais, d'une part, la bouteille vous appartient une fois que vous avez payé l'addition et, d'autre part, le lendemain soir, déguster un bon verre de vin chez vous sera un moment des plus agréables !

Commander du vin au verre est une bonne idée, notamment si vous ne voulez pas boire qu'un verre ou deux ou si vous êtes un groupe d'amis qui voulez tester plusieurs vins. Mais vous devez faire attention. Dès que vous commandez plus de deux ou trois verres, vous paierez plus cher que si vous aviez commandé une bouteille.

Pourquoi si peu de vins sont-ils vendus au verre ?

Ce serait idéal de pouvoir disposer d'un choix encore plus vaste pour les vins au verre («Voyons voir, nous allons essayer celui-ci, puis celui-là, puis...»). Mais le restaurateur se retrouverait avec un grand nombre de bouteilles entamées risquant de se détériorer. Il existe des systèmes de conservation permettant d'injecter du gaz inerte pour en chasser l'oxygène. Même si leur prix baisse, ils sont encore coûteux. Une autre solution consiste à s'approvisionner en vins vendus en Bag-in-Box®, mais le choix des vins de qualité conditionnés ainsi est limité. Le travail supplémentaire que nécessite pour le restaurateur la gestion d'un grand nombre de bouteilles ouvertes est l'autre limite à un choix très vaste de la carte des vins au verre. Seuls les bars à vins dont c'est vraiment la vocation proposent une large offre de vins au verre.

La longueur de la carte est-elle bon signe ?

Éric Beaumard

A priori, une longue carte des vins est plutôt engageante, mais pas toujours ! Mieux vaut dans certains cas une carte courte, régulièrement renouvelée avec des vins bien choisis dont les appellations, producteurs, millésimes, prix sont bien précisés, qu'une carte très abondante avec des vins stockés depuis trop longtemps, dont les meilleurs vins sont épuisés depuis un moment.

Aucune carte des vins ne ressemble à une autre, sauf dans le cas des chaînes de restaurants ou encore lorsque la carte a été établie par le grossiste qui, dans ce cas, a évidemment mis en valeur les vins qu'il désire vendre.

Parfois, la carte des vins est étrangement brève. Dans ce cas, il devient difficile de passer beaucoup de temps à faire l'intelligent pour l'analyser.

Comment naviguer parmi les tarifs

Truc

Très fréquemment, les vins sont classés dans l'ordre ascendant des prix en commençant par le vin le moins cher de chaque catégorie. Le restaurateur fait le pari que vous n'oserez jamais commander le premier vin d'une catégorie, par peur de sembler avare. Il suppose que vous allez choisir le deuxième, le troisième ou le quatrième vin en descendant dans la colonne des prix ou que vous irez même plus bas encore si vous avez besoin d'augmenter votre assurance quant à la qualité du vin que vous allez commander. Cela dit, parfois le vin le moins cher peut correspondre à une découverte, un vin d'un cépage méconnu ou d'une appellation injustement méprisée.

Le prix du vin au restaurant

À retenir

La plupart des restaurateurs tirent une partie importante de leurs bénéfices des ventes de vins et d'apéritifs. En France, le prix de vente est malheureusement très élevé. Il est multiplié en moyenne par 4 ou 5 par rapport à son prix d'achat. Certains établissements n'hésitent pas à le multiplier par 7, voire 10 !

En admettant que le restaurateur doive prendre en compte le stockage des vins, les verres, la casse, le service, etc., le total de ces coûts d'exploitation ne justifie pas, aux yeux de la plupart des amateurs de vin, cette extraordinaire envolée des prix.

Certains restaurateurs intelligents se sont rendu compte qu'en baissant le prix des vins, ils en vendaient plus, et en retiraient donc plus de bénéfices. Nous recommandons vivement cette pratique. À noter aussi que sur les grands vins vendus autour de 30 euros ou plus, le coefficient multiplicateur est en général plutôt de 2,5 car sinon, les bouteilles seraient encore plus inaccessibles !

Pour juger de la présentation de la carte des vins

Truc

Plus une carte des vins semble figée et immuable, plus elle risque de ne pas être à jour. Une carte qui n'évolue pas est le signe que peu de clients de ce restaurant s'intéressent réellement aux vins. Il y a de grandes chances que de nombreux vins proposés ne soient plus en stock. À l'inverse, les restaurants qui offrent des cartes mises à jour fréquemment sont des lieux où l'on peut découvrir de bonnes bouteilles.

Comment demander conseil

Après avoir analysé la carte des vins, vous pouvez parfois vous trouver désemparé, aucun nom de vin ne vous ayant inspiré.

Truc

Voici quelques astuces pour demander de l'aide sans perdre la face :

- Sélectionnez deux ou trois vins sur la carte et annoncez leur nom au serveur ou au sommelier en lui disant : « J'hésite entre ces vins. Pouvez-vous m'en recommander un ? » Incidemment, vous définissez en même temps votre fourchette de prix ;
- Demandez s'il existe des demi-bouteilles (37,5 cl) même si ce n'est pas mentionné sur la carte. Les demi-bouteilles offrent plus de possibilités dans votre commande : ainsi, si vous êtes quatre, commandez une demi-bouteille de blanc et une demi-bouteille de rouge (ou une entière) ;
- Rappelez quel plat vous avez choisi et demandez des suggestions de mariage du vin.

Donnez-vous du temps pour pouvoir en prendre

Truc

Demandez au serveur d'apporter la carte des vins dès sa première apparition. Ainsi, vous lui montrez que vous maîtrisez la carte des vins (que ce soit vrai ou non), mais surtout cela vous donne plus de temps pour l'étudier. Commandez votre vin en même temps que vos plats, ou même avant ; vous risquez sinon de commencer votre plat principal avec de l'eau.

Si vous êtes livré à vous-même

Gardez en mémoire les quelques règles suivantes qui vous permettront de choisir un vin se mariant avec votre repas :

» Évitez soigneusement un vin qui écrase le goût des aliments. Ne choisissez pas non plus un vin trop léger par rapport au plat. Dans le cas des plats de viande légers tels que le poulet ou dans le cas des poissons comme le saumon, choisissez un vin rouge relativement léger tel qu'un bourgogne. Avec des fruits de mer ou des poissons légers, vous vous tournerez vers un blanc plutôt vif tel qu'un chablis ou un soave. Un blanc charnu sera idéal avec un homard (ces différents vins sont décrits en détail dans les chapitres **13** à **17**) ;

» Certains plats tels que le poulet ou les pâtes se marient aussi bien avec le blanc qu'avec le rouge. Informez-vous sur la sauce qui accompagne le plat pour vous aider dans votre choix. Sa texture et son épaisseur sont des critères déterminants. Ainsi, des pâtes préparées avec une sauce tomate à la viande seront meilleures avec du rouge alors que des pâtes avec une sauce à la crème légère et des légumes se marieront mieux avec un vin blanc ou un vin pétillant ;

» Les mets riches en saveurs, tels que les ragoûts, les rôtis, le gibier, le canard, se marient de préférence avec des vins rouges corsés ;

» Les mets épicés tels que ceux des restaurants chinois, indiens ou mexicains s'accordent bien aux rosés ou aux vins d'Alsace comme le Riesling ou le Gewurztraminer (ou à la bière) ;

» Les différentes règles ci-dessus sont des suggestions. Suivez d'abord votre instinct et conservez un esprit d'aventure.

- **Gérez le seau à glace.** Si votre vin blanc a été placé dans un seau à glace par le serveur alors que vous pensez qu'il est trop froid, ôtez-le du seau ou demandez au serveur de le faire. Ce n'est pas parce que le seau est posé sur la table (ou près de la table) que la bouteille doit obligatoirement se trouver dedans !
- Parfois un vin rouge qui est trop chaud peut être placé cinq ou dix minutes dans le seau à glace. (Faites très attention ! Il peut se refroidir très vite. Si le serveur vous regarde de travers parce que vous refroidissez un vin rouge, ignorez-le.)
- **Demandez à aérer le vin si besoin.** Si le vin rouge que vous avez commandé semble avoir besoin d'être aéré pour adoucir un peu ses tanins (voir chapitre **8**), le fait d'avoir débouché la bouteille n'aura pas un effet suffisant (le goulot ne donne pas assez de passage d'air). La meilleure solution consiste à demander à verser le vin dans une carafe ou dans les verres. Cette recommandation est tout aussi valable pour les grands vins blancs que vous aurez à votre table.
- **Gardez la bouteille près de vous.** Évitez de dépendre du serveur pour remplir les verres. C'est une manière de garder le contrôle des opérations.
- **Réagissez immédiatement si le vin semble défectueux.** Refusez toujours une bouteille qui a une odeur ou une saveur désagréable (sauf si vous l'avez apportée vous-même !). Un restaurant correct accepte toujours d'échanger une bouteille, même s'il pense que son contenu n'est pas défectueux.

Gardez le contrôle des niveaux

Attention

Dans certains restaurateurs, les serveurs ont pour mission de remplir les verres le plus souvent possible, en s'arrangeant pour que la bouteille soit vide avant le plat principal. Cela peut se réaliser aisément si les verres sont de grande taille. En vidant la bouteille, le serveur peut vous demander : « Je vous en apporte une autre ? » En jugeant la quantité de vin qui reste dans les verres de vos invités et leur désir apparent d'en boire encore, vous pouvez décider de ne pas commander d'autre bouteille. Vous aurez pourtant tendance à accepter pour éviter de paraître radin.

Dans les restaurants à l'étranger

Si vous vous rendez dans des pays dans lesquels on produit du vin tels que l'Italie, l'Allemagne, la Suisse, l'Autriche, l'Espagne, le Portugal, les États-Unis ou l'Afrique du Sud, essayez de goûter des vins locaux. Ils seront toujours en meilleur état que ceux qui ont été importés et leurs prix seront plus doux. Ne commandez pas en priorité du vin français en Italie ou du vin californien à Paris. Goûter les vins d'un pays est aussi une façon de le découvrir !

DANS CE CHAPITRE

La phobie du bouchon et autres barrières à franchir pour accéder au vin

•

Le fameux tire-bouchon à deux lames

•

Quelques exercices de respiration pour vos bouteilles

•

Tulipes, flûtes, ballons et autres noms pittoresques

•

Conseils pour servir et stocker le vin

Chapitre 8
Ouvrir une bouteille et servir le vin

Ne vous est-il jamais arrivé de casser un bouchon ou de le voir s'émietter sous le regard navré de vos amis ou d'avoir toutes les peines du monde à l'extraire ? Cela arrive à tout le monde de temps à autre à partir du moment où vous prenez le risque de déboucher une bouteille de vin.

La probabilité de ce genre d'incidents est nulle avec des vins conditionnés en Bag-in-Box® (poche plastique sous vide d'air – ce qui facilite la conservation du vin – contenant 3 ou 5 litres, protégée par un emballage carton et dotée d'un robinet). Les vins conditionnés de cette manière sont bon marché, ce qui est une bonne raison pour en acheter. Ce conditionnement est pratique, car le vin s'y conserve plusieurs semaines, et il évite les allées et venues à la benne à verre pour jeter les bouteilles vides. Mais il interdit l'accès à tous les meilleurs vins du monde, car tous ces vins sont contenus dans des bouteilles fermées par des bouchons en liège. S'armer des outils adéquats est la solution.

Tout d'abord : faire sauter la capsule

Certaines capsules peuvent avoir un aspect très agréable, ce qui est bien. En revanche, certaines capsules sont difficiles à ôter, ce qui l'est moins.

De plus en plus de chais, dans les nouvelles régions viticoles, utilisent des capsules en plastique coloré plutôt qu'en métal. D'autres choisissent de coiffer le bouchon d'une pellicule transparente ou de cire (jolie, mais difficile à enlever).

Quel que soit son matériau constitutif, lorsque nous ouvrons une bouteille de vin, nous misons sur la sécurité en ôtant la totalité de la capsule. Ainsi, aucun contact n'est à craindre avec le vin. (Dans ce cas, nous préférons les véritables capsules en métal, car elles sont plus faciles à enlever que celles en plastique.)

Une fois la capsule enlevée, nettoyez soigneusement le goulot avec un tissu humide, car le bouchon a pu souffrir de la condensation qui s'est développée sous la capsule – signe que le vin a été stocké dans des conditions favorables pour que le bouchon reste humide (voir chapitre **10** d'autres informations concernant le stockage des vins).

Snobs

Certains amateurs préfèrent ne pas enlever toute la capsule par respect pour la bouteille – ce qui correspond d'ailleurs à un usage très répandu. Ils utilisent un petit outil bien pratique qui permet de couper proprement le tour de la capsule, mais un couteau fait aussi bien l'affaire.

Tirez sur les bouchons

Que l'on souffre de phobie du bouchon ou non, n'importe qui peut venir à bout de pratiquement tous les bouchons s'il est armé d'un tire-bouchon adéquat.

Reconnaissons que pouvoir accéder au contenu d'une bouteille de vin est une chose importante. L'étape qui mène à ce contenu est bien plus agréable si le tire-bouchon est adapté. Être obligé de se battre à mains nues avec un bouchon récalcitrant lorsqu'on est armé d'un mauvais outil n'est pas la préparation mentale la plus adaptée pour goûter ensuite le vin avec sérénité.

Le tire-bouchon pour les Nuls

Truc

Le tire-bouchon le plus facile à utiliser reste le tire-bouchon à vis Screwpull. Il a été inventé au début des années 1980 par un ingénieur nommé Herbert Allen qui semblait apparemment fatigué de voir qu'un morceau de liège de 10 centimes pût lui tenir tête.

Figure 8.1

Le tire-bouchon à vis.

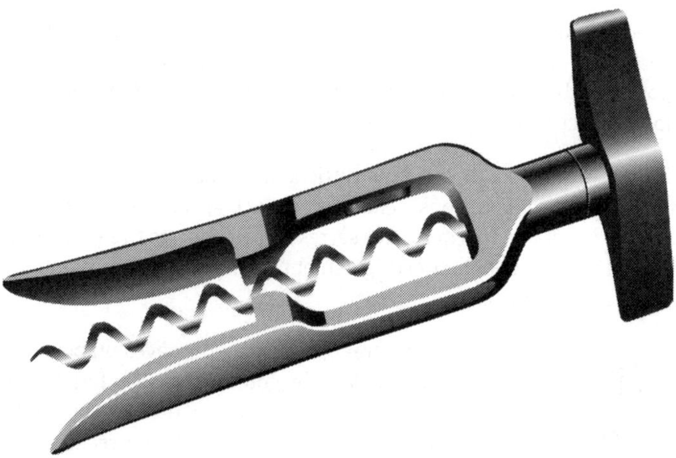

Le tire-bouchon à vis Screwpull mesure environ 15 centimètres de long. Il est constitué d'une tête solidaire d'une vis de 10 centimètres de long (voir figure 8.1). Pour l'utiliser, une fois que vous avez enlevé la capsule, vous posez les épaules sur le goulot et vous les maintenez tout en vissant la partie mobile et en poussant légèrement sur le bouchon. Vous faites ainsi descendre la vis dans le bouchon. Continuez à visser dans le même sens. Vous verrez le bouchon émerger comme par magie de la bouteille. Pour enlever le bouchon du tire-bouchon, maintenez les leviers et tournez dans le sens inverse.

Son utilisation est très simple et ne nécessite pas une grande force musculaire, et il est approprié à 95 % des bouchons que nous rencontrons. Il est vendu avec un coupe-capsule.

Le tire-bouchon à deux lames

Ce tire-bouchon est constitué de deux lames métalliques de longueurs différentes (voir figure 8.2). Pour l'utiliser, vous faites glisser les deux lames entre le bouchon et le goulot en commençant par la lame la plus longue). Vous exercez un mouvement d'avant en arrière en même temps que vous enfoncez avec souplesse l'appareil jusqu'à ce que le tire-bouchon repose sur le haut du bouchon. Il suffit ensuite de faire tourner lentement le tire-bouchon tout en tirant.

Le gros avantage du tire-bouchon à lames est l'extraction du bouchon sans le détériorer. Vous pouvez ainsi réutiliser les bouchons pour boucher vos bouteilles de vinaigre maison ou faire une très jolie collection de bouchons de grands crus.

Truc

Bien qu'il soit plus difficile à manipuler que les autres tire-bouchons, celui à lames excelle dans le cas des bouchons très durs, très serrés et où les autres tire-bouchons abdiquent. Il est également idéal dans le cas des bouchons fragilisés.

Attention

N'utilisez pas un tire-bouchon à lames avec un bouchon ayant trop de jeu dans le goulot. Vous ne feriez rien d'autre que de pousser le bouchon dans la bouteille. En pareil cas, il vous faut un autre outil pour récupérer le bouchon (nous en parlerons un peu plus loin).

Figure 8.2

Le tire-bouchon à lames.

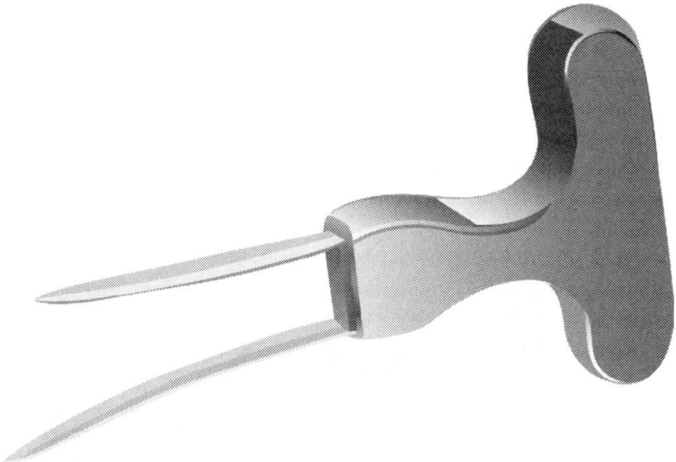

Le tire-bouchon à lames coûte une dizaine d'euros. Ce modèle semble très prisé dans certaines régions, notamment la Californie, sans que nous sachions le motif de cette préférence.

Le tire-bouchon des professionnels de la restauration

Le troisième tire-bouchon que nous recommandons est celui qui est utilisé presque universellement dans les restaurants, c'est pourquoi il s'appelle tire-bouchon du sommelier. Sur son corps métallique se greffent trois pièces mobiles dans le style d'un couteau suisse. Un levier, une vis d'environ 5 centimètres de longueur utile et un petit couteau (voir figure 8.3). Ce couteau sert notamment à découper la capsule.

L'utilisation du tire-bouchon du sommelier nécessite un peu de pratique (peut-être est-ce encore une autre raison de la phobie du bouchon ?), mais c'est un outil très efficace et peu encombrant. Commencez par prendre fermement le goulot avec votre main secondaire (la gauche en général) ; l'astuce consiste alors à guider la vis au centre du bouchon grâce à une ouverture dans votre poing qui maintient le goulot. Une fois que la vis est totalement descendue dans le bouchon, placez le levier sur le goulot et appliquez un effet de levier pour extraire le bouchon. Terminez le débouchage en tirant verticalement le tire-bouchon.

Figure 8.3

Le tire-bouchon du sommelier.

Truc

Si le bouchon se brise et qu'une partie reste dans le goulot, c'est le tire-bouchon du sommelier qui est le plus approprié pour enlever les parties restantes. Utilisez-le comme indiqué ci-dessus, mais en insérant la vis en biais dans le goulot. Dans la plupart des cas, vous parviendrez à enlever les morceaux de liège restants.

Si vous n'y parvenez pas, poussez-les délicatement dans la bouteille. Vous pouvez ensuite enlever les morceaux de liège avec une cuillère une fois que vous avez versé le vin dans les verres (dans ce cas, servez-vous en premier). Sinon, il suffit de transvaser le vin dans une carafe en le faisant passer dans un filtre à café ou une passoire à thé.

Le tire-bouchon n'est pas toujours nécessaire !

Un tire-bouchon est indispensable pour ôter les bouchons synthétiques (ils bouchent en général des vins bon marché à boire jeunes), les bouchons «technologiques» (fabriqués à partir de liège traité pour éviter les goûts de bouchon, puis broyé et moulé), les bouchons agglomérés (faits à partir de morceaux de liège). Il sera inutile pour les bouchons en verre (encore rares du fait de leur prix élevé) et les capsules à vis ! Adaptées à des vins fruités, éclatants de fraîcheur et destinés à être bus rapidement, ces dernières restent associées à l'idée de vins bon marché ce qui freine leur développement. Pourtant quelques grands domaines les utilisent pour certaines cuvées à boire dans leur jeunesse.

Quel génie a eu l'idée d'utiliser le liège ?

Nous avouons ne pas savoir comment se nomme le premier génie qui a choisi d'obturer une bouteille de vin avec un morceau de liège. Nous savons cependant que le moine français Dom Pérignon a répandu l'utilisation du bouchon de liège pour fermer les bouteilles de champagne.

Cette idée de génie est restée insurpassable. En effet, l'écorce du chêne-liège a des propriétés très intéressantes : elle est compressible (ce qui permet d'insérer le bouchon dans le goulot d'une bouteille) et elle est élastique (ce qui lui permet de reprendre forme pour obturer correctement le goulot). Le liège constitue donc un moyen idéal pour empêcher toute pénétration d'air dans les bouteilles de vin, ce qui permet de les garder pendant de nombreuses années. N'oubliez jamais de stocker les bouteilles de vin horizontalement afin de maintenir le bouchon de liège imbibé. Lorsque vous conservez une bouteille verticalement (notamment dans une atmosphère sèche) au-delà d'un mois, le bouchon sèche, perd son élasticité, et finit par laisser l'oxygène entrer dans la bouteille et endommager le vin. En revanche, vous pouvez laisser une bouteille verticale pendant un mois sans causer de dommage au vin. Le liège a aussi pour atout d'être un matériau naturel et d'être recyclable.

»

»

Quel génie a eu l'idée d'utiliser le liège ? *(suite)*

Il possède un inconvénient : certains bouchons peuvent développer des moisissures qui endommagent le vin, quelle que soit la position de stockage de la bouteille. C'est le « goût de bouchon » tant redouté. Heureusement, il se fait plus rare grâce à une amélioration des procédés de production de la filière liège. Un autre inconvénient est d'ordre pratique : si l'on ne possède pas de tire-bouchon au moment où l'on souhaite ouvrir la bouteille, le bouchon se transforme en une barrière frustrante. Dans ce cas, on regrette de ne pas avoir opté pour une capsule à vis !

Gardez vos bouchons !

Approuvé

Matériau naturel, obtenu grâce à l'écorce d'un arbre, le liège est issu d'un long processus de fabrication, nécessitant un savoir-faire éprouvé. Il faut attendre 9 ans entre chaque écorçage. Pour que l'écorce devienne bouchon, il y a encore de multiples étapes. Dommage donc de voir le bouchon finir dans une poubelle après qu'il a rempli sa mission d'obturation et de protection d'une bouteille ! La filière de recyclage s'organise de mieux en mieux, car les bouchons peuvent être transformés en isolants très efficaces, entre autres. Des associations locales ou certaines chaînes de cavistes organisent des collectes. Repérez-les sur le site planete-liege.org.

Une ouverture solennelle : le champagne

Ouvrir une bouteille de champagne est généralement une fête. Comment résister à l'atmosphère joyeuse qui se crée autour de ces verres frais et pétillants ? Peut-il exister une boisson plus solennelle ? S'il en existe une, nous ne l'avons jamais rencontrée.

N'imitez pas les pilotes de Formule 1 !

Attention

Une partie du plaisir que nous apportent les vins pétillants est le débouchage. Si la bouteille vient d'être transportée, il est préférable de la laisser reposer au moins une journée. En effet, il est difficile de contrôler la poussée du bouchon si le gaz a été remué. (Vous n'ouvririez pas non plus une bouteille de limonade chaude et venant d'être secouée. Les vins pétillants ont une pression bien supérieure aux limonades, il faut donc les laisser reposer plus longtemps encore.)

Truc

Si les circonstances ne vous permettent pas d'attendre, la solution de secours consiste à calmer quelque peu le gaz en trempant la bouteille dans un seau à glace pendant une demi-heure. (Remplissez le seau à moitié de cubes de glace et à moitié d'eau glacée.)

Dans tous les cas, soyez vigilant lorsque vous ôtez le muselet en acier qui maintient le bouchon. Nous avons toujours un trou dans le plafond de notre cuisine provoqué par un bouchon sauteur. Pour plus de sûreté, gardez une main fermement sur le dessus du goulot en même temps que vous ôtez la vrille du muselet. Arrangez-vous pour ne jamais pointer la bouteille en direction des autres personnes ou des objets fragiles.

Attention

N'utilisez évidemment jamais un tire-bouchon pour ouvrir une bouteille de vin pétillant. La pression du gaz en se libérant d'un seul coup risque de projeter le bouchon avec le tire-bouchon, éventuellement dans votre visage.

Un « psitt » vaut mieux qu'un « pop »

Attention

Si vous aimez entendre le fameux *pop*, tirez fortement sur le bouchon. Notez que vous perdez en général une petite quantité de ce précieux breuvage qui va s'écouler hors du goulot sous forme de mousse. Par ailleurs, le bruit peut interférer avec les conversations de vos invités. Enfin, dans certains milieux, ce n'est pas un signe de distinction.

Il est pourtant facile de déboucher une bouteille de vin pétillant en ne lui faisant émettre qu'un discret chuintement au lieu du *pop* attendu. Maintenez la bouteille à 45 degrés en utilisant un torchon humide, si elle est mouillée. (Essayez de bloquer le cul de la bouteille dans le creux de votre hanche.) Faites tourner la bouteille tout en maintenant fermement le bouchon, ce qui vous permet de mieux contrôler la poussée. Lorsque vous sentez que le bouchon commence à sortir, repoussez-le fortement comme si vous ne vouliez pas le laisser sortir. Vous arriverez ainsi à déboucher la bouteille lentement en lui faisant émettre un sifflement bref.

Attention

De temps à autre, vous rencontrerez un bouchon qui tient trop fermement. Vous pouvez passer le goulot de la bouteille sous l'eau pendant une minute ou deux. Cela permet généralement de ramollir le bouchon suffisamment pour permettre de déboucher la bouteille.

Vous pouvez enfin acquérir des gadgets qui ressemblent à des pinces ; il en existe trois sortes : la pince à champagne, l'étoile à champagne et la clé à champagne. Vous devez les placer autour de la partie du bouchon qui dépasse du goulot ; tous les bouchons des vins pétillants ont une forme de champignon. Au pire, vous pouvez utiliser une pince crocodile, mais le fait d'avoir à fouiller dans la boîte à outils risque de casser un peu l'ambiance.

Quels vins doivent être aérés ?

Un vin très tannique ou peu expressif peut gagner à être aéré. Pour les vieux vins riches en dépôts, on parle plutôt de décantation. Il s'agit alors de séparer le dépôt du vin lui-même. Si vous avez besoin d'aérer votre vin, transvasez doucement le vin dans un flacon, une carafe à décanter (récipient, généralement en verre, dont la contenance permet de recevoir une bouteille de vin tout entière).

Vins rouges jeunes très tanniques

Truc

Les vins rouges jeunes, notamment ceux qui sont très tanniques (revoyez le chapitre **2** au sujet du tanin), tels que les bordeaux, la plupart des Côtes du Rhône et des vins italiens ainsi que les Cabernet-Sauvignon et les

Zinfandel rouges des nouvelles régions viticoles du monde, profitent d'une aération qui permet à leurs tanins de s'adoucir, ce qui arrondit le vin. Les vins très tanniques peuvent être aérés trois et quatre heures à l'avance.

Vins vieux rouges avec sédiments

De nombreux vins rouges produisent des sédiments qui deviennent visibles à partir de huit à dix ans de vieillissement. Les sédiments ou dépôts ont un goût assez amer (c'est d'abord du tanin). De plus, voir flotter des particules sombres dans le vin n'est pas du plus bel effet.

Attention

Plus le vin est vieux, plus vous devez faire preuve de délicatesse. Ne donnez pas trop d'aération à un vin vieux qui semble fragile. (Vérifiez la couleur du vin au travers de la bouteille avant de le décanter ; si la couleur est pâle, c'est que le vin est sans doute proche de sa durée de vie maximale.) En effet, les saveurs des très vieux vins décroissent rapidement, au bout de dix à quinze minutes d'exposition à l'air.

Quelques vins blancs

Une aération peut être profitable à certains très bons vins blancs secs, tels que les bourgognes et les bordeaux blancs ainsi que les meilleurs vins d'Alsace. Vous pouvez ainsi ouvrir un Corton-Charlemagne jeune (grand bourgogne blanc) et constater qu'il n'offre pas beaucoup d'arômes ni de saveurs ; c'est qu'il a besoin d'aération. Décantez le vin et goûtez-le une demi-heure plus tard. Si la pièce n'est pas trop chauffée, il est inutile de placer le décanteur au réfrigérateur. Dans la plupart des cas, c'est un tout autre vin que vous allez découvrir.

Lorsque le vin gazouille

Truc

Pour limiter les doses de soufre, certains vins rouges, blancs ou rosés, sont embouteillés avec un peu de gaz carbonique qui a un rôle protecteur. Si l'on verse le vin dans le verre et qu'on le boit sans attendre, on sent alors des petites bulles sans que le vin soit véritablement effervescent, on dit qu'il est perlant. Cela peut surprendre. Pour «dégazer» le vin, il suffit soit de le carafer et de remuer plusieurs fois de suite la carafe, soit de verser le vin dans le verre et de le faire tourner. Dans les deux cas, il faut prévoir au moins 3 ou 4 minutes d'attente pour que le vin repose avant d'être enfin dégusté !

Doit-on choisir les verres avec soin ?

Si vous consommez du vin pour vous rafraîchir pendant votre repas sans y prêter particulièrement attention, le verre que vous allez utiliser pour boire n'est pas essentiel, mais il peut tout de même contribuer à améliorer le plaisir (un verre en verre dans un pique-nique, c'est tellement plus agréable, sans compter que ça limite les déchets !).

Pour les grands vins, il est évident qu'ils se mettent en valeur dans des verres qui leur sont appropriés. Essayez le même vin dans trois ou quatre verres de formes différentes, le résultat est surprenant : vous dégusterez trois ou quatre vins différents.

Truc

Pour déguster un bon vin lors d'une occasion particulière, lorsque vous avez invité des amis qui désirent parler avec vous du vin ou que vous avez invité votre chef de service, vous choisirez des verres à pied. Ce n'est pas une simple question d'élégance ou de convention : un bon vin se savoure mieux dans un bon verre. Essayez vous-même.

Vous pouvez comparer les verres à des haut-parleurs stéréo. N'importe quel vieux haut-parleur vous permet d'entendre la musique tout comme n'importe quel verre vous permet d'apporter le vin jusqu'à vos lèvres. Mais (à supposer que vous sachiez reconnaître la différence et que cela vous importe) vous n'apprécierez certainement pas aussi bien la musique au niveau esthétique et émotionnel que si vous utilisez de bons haut-parleurs. Il en va de même pour le vin et les verres à vin. Ce n'est que dans des verres à pied de bonne qualité que vous pouvez apprécier tous les arômes et toutes les saveurs complexes d'un vin. Autrement dit, qui veut la fin veut les moyens.

Tout d'abord, la bonne couleur

À moins que vous ayez envie de jouer à un jeu pervers avec vos amis connaisseurs, vous devez utiliser des verres à vin transparents. (Si vous souhaitez absolument utiliser des verres à moutarde affublés d'une décalcomanie, faites-le, à condition que le verre lui-même soit transparent.). Tous les jolis verres colorés sont du plus bel effet dans le salon chinois de votre tante, mais ils sont inadaptés à l'appréciation des véritables couleurs du vin. Enfin, les verres noirs qui ont eu une certaine popularité voici quelque temps sont plus appropriés à une initiation à la magie noire qu'à la dégustation d'un vin.

Contenance, épaisseur et forme

Croyez-le ou non, la saveur d'un vin change selon le type de verre dans lequel on le boit. Nous avons failli déclencher une émeute lors d'une soirée de dégustation que nous avions organisée tout simplement parce que les dégustateurs croyaient que nous leur servions des vins différents alors que nous nous étions contentés de leur servir le même vin dans des verres très différents. Nous avons ainsi appris qu'en ce qui concerne les verres, trois paramètres sont déterminants : la contenance, l'épaisseur de la matière et la forme.

Contenance (taille)

Les petits verres constituent une hérésie pour les vins rouges et blancs secs ; ils sont inutilisables dans la pratique. En effet, vous ne pouvez pas faire tournoyer le vin dans le verre sans qu'il déborde, et cela vous empêche de pouvoir réellement apprécier son bouquet. Par ailleurs, un petit verre est rapidement vide et il faut le remplir plus souvent. Vous n'utiliserez des petits verres que pour les vins doux naturels, les vins de dessert ou les eaux-de-vie qui offrent une telle quantité d'arômes que vous pouvez éviter de faire tournoyer le vin. Par ailleurs, ils se boivent en petite quantité.

En règle générale, plus le verre est large, mieux il est adapté aux :

» **Vins rouges : le verre doit pouvoir contenir 35 centilitres au minimum, les meilleurs vins nécessitant une capacité de 50 à 70 centilitres ;**

» **Vins blancs : la capacité minimale est de 30 à 35 centilitres ;**

» **Vins pétillants : une capacité de 25 à 35 centilitres suffit.**

Épaisseur du verre

Les très fins verres en cristal sont bien plus chers que les verres en verre ordinaire. C'est une des raisons pour lesquelles peu de gens y ont recours – et c'est également une raison pour laquelle certains les utilisent.

La meilleure raison qui peut pousser à utiliser des verres en cristal est que le vin a meilleur goût. Nous ne savons pas si l'élégance du cristal a simplement un effet sur l'ambiance esthétique de la dégustation ou s'il existe des raisons plus scientifiques.

Éric Beaumard

Optez pour la finesse !

Un verre à bord fin affine le vin. C'est exactement la même chose pour le café, il est toujours meilleur dans une tasse en porcelaine fine que dans une tasse en grès épais !

Forme : tulipe, flûte, ballon et autres noms pittoresques

Une *tulipe* est une fleur, et une *flûte* est un instrument de musique, n'est-ce pas ? Eh bien, la tulipe est également le nom d'un verre qui sert pour les vins pétillants (figure 8.4). C'est un verre haut sur pied, allongé et resserré à son ouverture. Cette forme permet de mieux maintenir les bulles en les empêchant de quitter trop vite le vin (vous devinez donc que la fameuse coupe de champagne est à proscrire).

La *flûte* constitue également un verre adéquat pour boire du vin pétillant à cause de sa forme allongée et de son ouverture relativement étroite (figure 8.5) ; elle est légèrement moins bonne que la tulipe, car elle ne se resserre pas à l'ouverture. La *trompette* s'ouvre, ce qui la rend moins appropriée aux vins pétillants, mais son esthétique est particulièrement agréable (figure 8.6).

Truc

Les bulles ne sont pas si snobs. Pas de flûte pour servir le champagne ou le crémant ? Pas d'angoisse, un verre à vin de qualité est tout aussi recommandé.

Le verre *ballon* est tout à fait correct pour permettre l'aération de nombreux vins rouges tels que les bourgognes, le Barolo et d'autres grâce à sa forme ample.

Snobs

Si vous avez opté pour un verre à pied, évitez de le saisir à pleine main par la partie haute. Pour passer pour une personne chic et connaisseuse en vin, prenez-le par le pied. C'est la seule façon de pouvoir humer le vin, de le faire tourner dans le verre pour qu'il libère ses arômes et cela évite surtout de le réchauffer !

Figures 8.4, 8.5 et 8.6

La tulipe, la flûte et la trompette (de gauche à droite).

La plupart des vins rouges tels que les bordeaux, le Chianti et les Cabernet-Sauvignon, Merlot et Zinfandel s'apprécient mieux dans un verre légèrement ovale à l'ouverture rétrécie (figure 8.7). Cela correspond au verre à bordeaux. D'autres vins rouges, notamment les bourgognes, le Barolo et le Pinot Noir, préféreront un verre de plus grande contenance (figure 8.8). C'est le verre à bourgogne.

Figures 8.7 et 8.8

Le verre à bordeaux et le verre à bourgogne.

Soignez vos verres en cristal !

Éric Beaumard

Les produits pour lave-vaisselle contenant de la silicone laissent les verres « gras », ce qui est dramatique pour le vin, surtout pour les bulles du champagne. Mieux vaut donc les laver à la main, avec de l'eau bien chaude. Et attention aux torchons qui peluchent : ils sont évidemment à proscrire ! Optez pour des torchons en lin.

Température de service : ni trop chaud, ni trop froid

Conseil

De même qu'un verre adéquat augmente le plaisir de la dégustation, la température idéale est un critère essentiel d'une bonne dégustation. Nous avons fréquemment goûté le même vin à différentes températures (et, croyez-le ou non, à différentes pressions atmosphériques) et nous avons apprécié le vin dans un cas, mais pas dans l'autre !

La plupart des vins rouges se dégustent à une température de 16 à 18 °C. Voici quelques dizaines d'années, cela correspondait à la température qui régnait dans les chambres (ainsi est né le terme *chambré*). De nos jours, les pièces sont plutôt à une température de 20 à 21 °C, n'est-ce pas ? Un vin rouge servi après un tel chambrage manquera de vivacité et donnera en général l'impression d'être trop chaud, à cause de la sensation de brûlure due à l'alcool.

Certains placent la bouteille pendant une quinzaine de minutes dans le réfrigérateur pour redonner de la vivacité à un vin rouge qui a souffert de la chaleur. Il faut dans ce cas ne pas laisser le vin trop se refroidir. Un vin rouge servi trop froid se laisse envahir par les tanins et l'acidité, ce qui est véritablement désagréable. Les vins rouges légers et fruités tels que les beaujolais sont délicieux lorsqu'ils sont légèrement rafraîchis à environ 14 à 15 °C.

Truc

Vous vous demandez peut-être comment savoir si la bouteille est à 14 ou à 15 °C ? Vous pouvez vous procurer un thermomètre digital spécialement conçu pour être placé autour de la bouteille. Vous pouvez alors lire la température selon un code de couleurs. Vous pouvez également acheter un thermomètre plus classique que vous placez dans la bouteille ouverte (par son goulot). Nous disposons des deux modèles et nous n'utilisons ni l'un ni l'autre. Nous préférons juger de la température en prenant la bouteille à la main. La pratique mène à la perfection.

De même que de nombreux vins rouges sont servis trop chauds, de nombreux vins blancs sont servis trop froids si l'on en juge d'après les expériences faites dans de nombreux restaurants. Plus un vin blanc est de grande qualité, moins il doit être refroidi afin de vous permettre de bien en apprécier les saveurs.

- » Les grands vins blancs se servent entre 14 et 16 °C.
- » Les vins blancs simples peuvent être servis plus frais, entre 9 et 13 °C.
- » Les rosés se servent entre 10 et 12 °C.
- » Les vins doux et moelleux se servent entre 9 et 12 °C.
- » Les vins liquoreux ou vins de dessert tels que les Sauternes et le porto s'apprécient à une température identique à celle des meilleurs vins blancs (pour les Sauternes de 14 à 16 °C) ou des meilleurs vins rouges (pour le porto de 16 à 18 °C).
- » Le champagne et les vins mousseux s'apprécient à 8 °C.

Pour éviter d'avoir à boire du champagne tiède, ayez toujours à disposition un seau à glace. Vous pouvez également remettre la bouteille dans le réfrigérateur dès que vous avez fini de servir.

Conservation des bouteilles entamées

Un bouchon spécial permet de conserver efficacement le champagne ou tout autre vin pétillant pendant une journée au réfrigérateur. Mais que faire dans le cas d'une bouteille de vin rouge ou de vin blanc entamée ?

Rassurez-vous, il existe plusieurs moyens plus ou moins sophistiqués pour conserver une bouteille entamée et éviter son oxydation :

- » Si l'entame représente au maximum la moitié de la contenance de la bouteille, vous pouvez transvaser celle-ci dans une demi-bouteille propre que vous rebouchez ensuite. Nous achetons parfois du vin en demi-bouteille afin d'être sûr de disposer de quelques demi-bouteilles à portée de main ;
- » Il existe une pompe miniature assez peu onéreuse et très pratique que vous pouvez acheter chez les détaillants. La pompe aspire

l'oxygène de la bouteille, le bouchon en caoutchouc dont elle est dotée empêchant ensuite l'oxygène de revenir dans la bouteille. Vous pouvez ainsi conserver un vin pendant une semaine, mais cela ne fonctionne pas pour tous les vins ;

» Rebouchez la bouteille entamée et placez-la dans le réfrigérateur. Cette méthode très simple convient aussi bien aux blancs qu'aux rouges. Terminez-la le lendemain ou le surlendemain en la sortant du réfrigérateur toujours un peu à l'avance si c'est un rouge, pour ne pas la consommer trop froide. Toutefois, au-delà de 2 jours, le vin risque de s'être éventé ;

» Depuis quelques années, un appareil astucieux, mais relativement cher, est apparu : le Coravin. Grâce à une très fine aiguille que l'on passe à travers le bouchon, l'appareil permet de prélever du vin hors de la bouteille sans ôter le bouchon et insuffle un peu de gaz à la place. Cet appareil est très apprécié par ceux qui ont des bouteilles coûteuses. Ils peuvent ainsi prendre leur temps pour les consommer.

DANS CE CHAPITRE

Le langage des étiquettes de vin

•

La vérité sur les mentions impressionnantes comme « réserve » et « mis en bouteille au château »

•

Les vins millésimés et non millésimés

•

Les sigles AOC, DOC, DO, AOP, IGP et autres

Chapitre 9
Savoir lire les étiquettes

Imaginez-nous debout en train de patienter au poste de douane d'un aéroport après plus de 6 heures de voyage, pendant qu'un préposé sourcilleux étudie nos passeports. Sauf en de rares exceptions, l'étiquette ne donne pas beaucoup plus d'informations qu'un passeport, et la jolie image qui l'agrémente n'a pas plus de rapport avec le contenu que la photo de notre passeport n'en a avec notre figure défaite par la fatigue d'un long voyage.

Ce que raconte l'étiquette d'un vin

Toute bouteille de vin commercialisée doit porter une étiquette et cette étiquette doit donner un maximum d'informations sur le contenu. Certaines des informations sont obligatoires pour obéir à la législation du lieu de production du vin alors que d'autres informations doivent être fournies pour s'adapter à la législation du pays de vente. Lorsque les obligations sont différentes pour un vin exporté, cela peut rendre la vie bien difficile au rédacteur de l'étiquette !

L'avant et l'arrière d'une bouteille ronde

Beaucoup de bouteilles de vin comportent deux étiquettes. L'étiquette principale, placée sur le devant dans les rayons, donne le nom du vin et sert à attirer votre regard ; l'étiquette secondaire, à l'arrière, appelée « contre-étiquette », donne des informations complémentaires qui vont de la suggestion très pratique telle que « se marie merveilleusement avec tous les aliments » à des données toutes scientifiques telles que « l'acidité totale de ce vin est de 6,02 et son pH de 3,34 ».

Si l'on réfléchit un peu à la question, on peut se demander comment reconnaître l'avant et l'arrière d'une bouteille ronde !

Apparemment, plusieurs gouvernements n'ont pas résolu ce paradoxe. Ils rendent obligatoire la présence de certaines informations sur l'étiquette principale de toutes les bouteilles de vin, taux d'alcool, type de vin (rouge ou blanc) et pays d'origine, mais ils ne définissent pas ce qu'est l'étiquette principale. Il en résulte que certains producteurs placent toutes les informations obligatoires sur la plus petite des deux étiquettes et disent qu'il s'agit de l'étiquette de devant. Ils créent ensuite une étiquette toute en couleurs, très attractive et ne comportant presque rien d'autre que le nom du vin, et en font l'étiquette arrière. Vous imaginez facilement laquelle des deux étiquettes est mise devant dans les rayonnages par les vendeurs.

Cette situation n'est pas pour autant révoltante. Il est plus agréable de faire tomber son regard sur des étiquettes richement ornées que de naviguer parmi des séries infinies d'étiquettes austères. D'ailleurs, il est facile de prendre en main la bouteille désirée et de la tourner pour regarder l'autre étiquette. Enfin, nous nous réjouissons à l'idée que les producteurs et importateurs de vins parviennent à trouver un moyen de concilier leurs propres exigences avec celles des gouvernements. En effet, tous les mots et images placés sur les étiquettes sont décortiqués par les autorités pour vérifier qu'il n'y a ni connotation sexuelle, ni information pouvant induire des confusions quant à l'origine du vin, ni même la moindre suggestion selon laquelle le vin serait bon pour la santé.

Les mentions obligatoires

Les informations devant obligatoirement figurer sur les étiquettes sont différentes d'un pays à l'autre. Pour les producteurs qui exportent, c'est un vrai casse-tête !

Attention

À l'intérieur de l'Union européenne, certains pays ajoutent des mentions obligatoires à la législation commune. Les règles en vigueur dans un pays s'appliquent aux vins produits et vendus dans le pays, mais aussi aux vins importés.

Figure 9.1

L'étiquette d'un vin français.

En France, les informations suivantes sont obligatoires :

» La dénomination de vente : nom de l'appellation ou du vin de pays ; catégorie du produit (par exemple « Bordeaux, appellation Bordeaux contrôlée » ou « Indication géographique protégée Val de Loire » ou « vin de France »).

» La provenance (par exemple « produit de France »).

» Le degré d'alcool en pourcentage du volume (% vol.).

» L'identité de l'embouteilleur et le cas échéant, de l'importateur.

» Le volume en ml (la bouteille standard est de 75 cl).

» Le numéro de lot.

» L'avertissement destiné aux femmes enceintes sous la forme d'un logo ou d'une phrase.

» L'étiquetage des allergènes : le soufre (ou anhydride sulfureux) est signalé par la mention *contains sulfites*. Depuis 2012, les produits à base de lait et d'œufs utilisés en œnologie doivent être signalés s'ils sont décelables à l'analyse.

» La teneur en sucre, obligatoire pour les vins mousseux.

Snobs

En Europe, la plus importante des informations est l'indication du niveau de qualité du vin, ce qui correspond réellement au statut de ce vin dans la hiérarchie définie par l'UE pour les noms de terroirs. Tout vin issu d'un État membre de l'UE doit indiquer l'une ou l'autre des informations suivantes sur son étiquette :

» le nom d'origine répertorié est accompagné d'une phrase officielle confirmant que ce nom est bien un nom d'origine répertorié (par exemple Lubéron, appellation d'origine protégée) ;

ou

» une phrase indiquant que ce vin est du vin de table, ce qui correspond à un statut inférieur à celui mentionnant une origine contrôlée (par exemple, « Vin de France »).

Appellations d'origine

Un lieu de production répertorié correspond à une appellation d'origine. Elle définit non seulement des limites géographiques, mais également des cépages autorisés, des méthodes de viticulture et des méthodes de vinification. Une appellation est donc une définition permettant de produire un vin déterminé. Les différents gouvernements des pays européens contrôlent les appellations des vins de différentes manières dans le but de s'assurer que ceux qui portent une appellation d'origine sont bien conformes aux définitions légales correspondantes.

À retenir

Depuis que la législation sur les vins s'est harmonisée en UE (voir l'encadré sur la classification des vins européens ci-contre), les vins européens correspondant à des vins de qualité produits dans une région déterminée sont soit des appellations d'origine protégées (AOP), soit des indications géographiques protégées (IGP). Mais les anciennes dénominations peuvent subsister sur certaines étiquettes (voir tableau 9-2).

La classification des vins européens

Conseil

Désormais, les étiquettes des vins européens ne devraient plus comporter que trois niveaux de qualité :

- Au sommet : les vins AOP ou appellation d'origine protégée : c'est l'équivalent de l'AOC française au niveau européen. Une AOP correspond à un cahier des charges très précis : cépages, rendements, zone géographique, méthode de vinification... Dans chaque pays, un organisme supervise l'application du cahier des charges. En France, c'est l'INAO (Institut national de l'origine et de la qualité).
- L'IGP ou indication géographique protégée est le deuxième niveau. La plupart des vins autrefois appelés vins de pays ont basculé dans cette catégorie. Chaque IGP correspond également à une réglementation dont l'application est aussi contrôlée par l'INAO.
- Dernier échelon : les vins de table. Les règles sont plus souples. Ils peuvent être issus d'un mélange de vins de différentes régions ou pays. La mention vin de table (ou simplement vin) est suivie du nom du pays où les raisins ont été produits et vinifiés (par exemple vin de France). S'il est issu d'un mélange de vins de différents pays de l'Union européenne, il porte la mention « mélange de vins de différents pays de l'Union européenne ».

Le tableau suivant récapitule les anciennes classes d'appellations des vins européens que certains continuent d'utiliser.

Tableau 9.2

Ancienne classification européenne des vins.

Pays	Vin de qualité produit dans une région déterminée	Vin de table avec indication géographique	Vin de table sans indication géographique
France	AOC VDQS	Vin de pays	Vin de table
Italie	DOCG DOC	IGT Vino da tavola (suivi du nom de lieu)	Vino da tavola
Espagne	DOCa DO	Vino de la tierra	Vino de mesa
Portugal	DOC IPR	Vinho de mesa regional	Vinho de mesa
Allemagne	QmP QbA	Landwein	Deutscher Tafelwein

Truc

Les appellations dans les nouvelles régions viticoles (États-Unis, Australie ou Amérique du Sud) correspondent à des zones viticoles dites AVA (*American Viticultural Areas*).

Conseil

Pourquoi mélanger les années ?

Dans deux cas de figure un producteur peut être poussé à mélanger des vins issus de plusieurs vendanges différentes. Lorsque la région viticole présente des caractéristiques climatiques qui ne permettent pas d'atteindre une maturité complète du raisin chaque année (certaines régions d'Allemagne, ou la Champagne, qui sont des régions de climat continental) ; le producteur peut décider de conserver du vin d'une année à l'autre au cas où une maturité suffisante ne serait pas atteinte l'année suivante. La décision dépend de considérations aussi bien financières que qualitatives : le producteur doit pouvoir offrir chaque année un vin de qualité assez constante.

»

» **Pourquoi mélanger les années ?** *(suite)*

Conseil

La seconde raison qui pousse à créer un vin issu de plusieurs vendanges est le prix. Lorsque les chais achètent du vin sur le marché du vrac (ce que font les grandes sociétés pour compléter leur production), elles peuvent réduire les coûts en achetant en grandes quantités certaines années pour stocker.

Les informations facultatives

De nombreuses autres informations peuvent figurer sur une étiquette de vin en complément de celles qui sont obligatoires. Ces informations peuvent n'avoir aucun autre fondement que celui visant à persuader le client qu'il va acquérir un vin de qualité supérieure. Il peut aussi s'agir d'informations utiles sur le contenu. Parfois, le même mot peut être utilisé à bon ou à mauvais escient. Le problème est que l'utilisation de certaines mentions est strictement contrôlée dans plusieurs pays, mais pas du tout dans d'autres.

Millésime

La mention du millésime (année de vendange) est l'élément facultatif le plus fréquemment indiqué (voir figure 9.1). Le millésime apparaît généralement sur l'étiquette de devant et parfois sur une petite étiquette du goulot, mais aussi parfois sur l'étiquette arrière.

La plupart des vins que vous pouvez acquérir chez les cavistes ou dans les supermarchés et commander au restaurant sont des vins millésimés. Aux États-Unis, un vin a le droit de porter un millésime si 95 % du raisin dont il est issu a été vendangé cette année-là. Pour les vins produits dans l'Union européenne, la proportion est de 85 %. Un vin non millésimé peut donc être un vin composé de vins issus de plusieurs vendanges. Dans la mesure du possible, les vins d'entrée et de milieu de gamme portent un millésime, dans le but de leur conférer un fort pouvoir d'attraction.

Snobs

Un vin millésimé peut fortement varier en style et en qualité d'une année à l'autre sous l'influence des conditions météorologiques qui affectent la croissance du raisin. Au niveau général, vous n'aurez besoin de vous soucier du millésime d'un vin (bon ou mauvais millésime) que si vous recherchez un vin de grande qualité. Par ailleurs, s'intéresser au millésime n'a d'intérêt que dans les régions du monde dans lesquelles les variations météorologiques d'une année à l'autre sont conséquentes, autrement dit, en Europe. Il existe bien sûr de telles variations en Californie et en Australie, mais elles restent très faibles, en tout cas bien moindres qu'en Europe. Dans le cas des vins d'entrée de gamme (à moins de 5 €), les différences d'une année à l'autre sont en général insignifiantes.

Réserve

Le mot *réserve* a lui aussi été largement usurpé sur les étiquettes de vin. Cette mention est destinée à convaincre les clients que le vin que contient la bouteille a quelque chose de spécial. Cette astuce fonctionne souvent parce que le mot a un certain prestige. Par ailleurs, le mot reste utilisé à bon escient par certains producteurs. Il conserve donc globalement une connotation positive, notamment aux États-Unis, même lorsqu'il ne signifie rien.

En Italie et en Espagne, par exemple, le mot réserve (sa traduction est respectivement *riserva* et *reserva*) correspond à un vin qui a subi un vieillissement supplémentaire dans les chais. Ce vieillissement suppose une amélioration de qualité. Un Chianti Classico Riserva est considéré comme meilleur qu'un Chianti Classico standard du même producteur. Un Rioja Gran Reserva (et l'Espagne a plusieurs degrés de réserve) est meilleur que le Rioja Reserva du même producteur, lui-même meilleur que le Rioja standard du même. Tout cela semble parfaitement logique.

En France, l'utilisation du mot *réserve* n'est pas contrôlée, mais elle reste souvent en relation avec une notion de qualité minimale.

Mise en bouteille à la propriété

Le mot *propriété* sert à désigner de manière élégante une exploitation viticole combinant culture de la vigne et vinification. La mention *mis en bouteille à la propriété*, au domaine ou au château, sur une étiquette de vin signifie que la société qui a mis le vin en bouteille a également cultivé le raisin et fabriqué le vin. Cette mention suggère donc l'existence d'un contrôle ininterrompu de la chaîne de production du vin, du cep au verre. Les vignes n'appartiennent pas nécessairement au producteur, mais celui-ci assure le contrôle de la vigne et réalise sa conduite.

La notion de mise en bouteille à la propriété est un critère essentiel pour tous ceux qui pensent qu'il est impossible de faire un bon vin si l'on ne tente pas d'abord de produire les meilleurs raisins. Si nous étions nous-mêmes chargés de produire du vin, nous ferions tout pour pouvoir contrôler également la vigne qui donne naissance à sa matière première.

Snobs

Les vins français comportent souvent la mention *mis en bouteille au château* ou *mis en bouteille au domaine*. Ces mentions sont strictement équivalentes à une mise en bouteille à la propriété.

Noms de vignobles ou de climats

Les vins de milieu et haut de gamme (valant au minimum 8 € la bouteille) comportent souvent le nom d'un vignoble spécifique dont sont issues les grappes. Certains producteurs de vin commercialisent plusieurs vins qui ne se distinguent que par le nom de la parcelle de vignoble. Chaque vin se caractérise par le terroir. (Vous trouverez une explication du terroir au chapitre **5**.)

Truc

Pour les vins des nouvelles régions viticoles, le nom du vignoble est parfois suivi de la mention *vineyard* (vignoble).

En Italie, la production de vins est résolument orientée vers les vins très locaux, issus de parcelles isolées. Ils comportent donc fréquemment une mention *vigneto* ou *vigna*. Ils utilisent aussi parfois le mot français *cru* à côté du nom du vignoble. Mais parfois ils ne le mentionnent pas. C'est selon.

Autres mentions facultatives sur les étiquettes

Vous serez heureux d'apprendre que nous avons presque fini de passer en revue les termes qui peuvent se rencontrer sur une étiquette de vin (en espérant que toutes ces mentions ne vous ont pas épuisé).

Une expression que l'on rencontre sur certaines étiquettes de vin français est *Vieilles Vignes*. Une vigne âgée offre un rendement inférieur, ce qui permet d'espérer une meilleure qualité du raisin et du vin qui en résulte. Le problème est que cette qualification n'est pas contrôlée par la loi. N'importe qui peut prétendre que ses vignes sont vieilles.

Le mot *supérieur* peut apparaître sur les vins français ou italiens (*superiore*) en complément à un nom d'origine AOP ou DOP (revenez à une section antérieure pour vous remémorer ces abréviations). Cela signifie que le vin possède un taux d'alcool supérieur à la version normale du même vin. Franchement, ce n'est pas une distinction qui mérite qu'on en fasse une insomnie.

Le mot *classico* peut se voir sur les étiquettes de vins italiens des catégories DOC et DOCG ; il indique que les raisins ont été vendangés au cœur du terroir mentionné.

Truc

La mention *élevé en fûts* (ou *vieilli en fûts de chêne*) peut figurer sur les étiquettes parce qu'elle induit pour beaucoup de consommateurs l'idée d'un vin de qualité. Mais ce n'est pas toujours le cas. *A priori*, un vin élevé en fûts est de plus longue garde qu'un vin élevé en cuve, mais si le vin est médiocre au départ, le passage en fûts ne va pas l'améliorer. La mention ne dit pas combien de temps le vin est resté dans les fûts : trois mois, six mois, un an, etc. ? Ni de quelle qualité étaient les fûts… Peut-être ont-ils été complétés par des copeaux de bois ? Plus la notion est mise en évidence, plus on peut suspecter qu'elle est là pour valoriser un vin insignifiant. Beaucoup de vins élevés en fûts n'éprouvent pas le besoin de le revendiquer.

Les principaux labels et certifications environnementales

» **AB.** La présence du logo certifie que le vin respecte le cahier des charges français de l'agriculture biologique, qui est harmonisé avec celui en vigueur dans l'Union européenne.

» **Eurofeuille.** Il certifie que le vin respecte le cahier des charges européen de l'agriculture biologique. Sa présence est obligatoire sur l'étiquette si le vin se revendique comme biologique. Il est souvent accompagné du logo bio français qui, pour l'instant, est beaucoup plus connu des consommateurs.

» **Demeter.** Il repère les vins en biodynamie. Demeter est un organisme international.

» **Biodyvin.** C'est un autre label pour les vins en biodynamie, mais d'origine française. Il est développé par une association.

» **Haute valeur environnementale (HVE).** Il se réfère à une certification définie par le ministère de l'agriculture visant à favoriser la biodiversité et le développement durable. Des objectifs sont à atteindre dans quatre domaines : biodiversité, stratégie phytosanitaire, gestion de la fertilisation et irrigation.

» **Terra Vitis.** C'est une démarche privée qui promeut des valeurs de développement durable et de responsabilité sociale des entreprises (RSE).

» **Vignerons engagés.** Initiée par des coopératives, cette certification applique aux entreprises viticoles des objectifs de responsabilité sociale des entreprises (RSE) et de développement durable.

Moins de flou sur les vins nature

Très tendance, les termes « nature » ou « naturel » ou « sans sulfites ajoutés » ne sont pas réglementés. Ils peuvent donc recouvrir des approches différentes à la vigne comme au chai.

Se plier à des règles est difficile pour des vignerons qui justement veulent s'en affranchir, d'où la difficulté qu'éprouve le mouvement des vins nature (voir chapitre **1**) à définir une charte commune susceptible d'éclairer le consommateur de vin. Même parmi ces vignerons, ce qu'est un vin nature fait débat.

Mais début 2020, un groupe de vignerons nature réunis dans un « Syndicat de Défense des Vins Nature'l », a tout de même réussi à aboutir à une charte et un label « vin méthode nature ». Il autorise l'ajout de soufre, mais dans des quantités limitées (la teneur finale ne doit pas dépasser 30 mg/l) et juste au moment de la mise en bouteille, si besoin. La charte est plus large que la simple question du soufre pour aborder plus généralement le mode de culture et les méthodes de vinification. Une démarche qui va dans le bon sens pour que le consommateur sache enfin ce qu'il achète.

Attirantes médailles

Sur les étagères du rayon vin, la présence d'une médaille sur une bouteille attire l'œil. Certains en font même un critère de choix, à commencer par les chefs de rayons qui savent que nombre de consommateurs s'y fient aveuglément. Être médaillé est donc pour un producteur un bon moyen d'être référencé. Mais pour le consommateur, un vin médaillé est-il toujours une bonne affaire ? Plusieurs raisons font que ça n'a rien d'automatique.

Les concours des vins sont extrêmement nombreux. Rien qu'en France, plus d'une centaine sont organisés par an. L'inscription à un concours est volontaire. La qualité du vin médaillé est donc relative à celle de l'ensemble des vins qui se sont présentés. Un producteur renommé qui n'a pas de problème pour vendre ses vins n'éprouve pas le besoin de présenter ses vins à des concours, à part peut-être pour le plaisir d'être primé. Mais s'inscrire est un investissement.

Si en France, le pourcentage de vins médaillés ne peut dépasser le tiers des échantillons présentés, il est bien rare que les concours en médaillent moins de 25 %. L'organisateur se rémunère sur les frais d'inscription et sur la vente des macarons autocollants permettant au vin primé d'afficher la médaille sur la bouteille. Donc plus il y a de vins médaillés, plus l'organisateur empoche de recettes…

Le jugement final dépend de la qualité des jurés. Rares sont les concours qui indemnisent les jurés (c'est le cas du concours mondial de Bruxelles). Le plus souvent ce sont des bénévoles. Certains concours ne font appel qu'à des professionnels, mais d'autres s'ouvrent aux consommateurs. Même si certains d'entre eux sont des amateurs de vin, l'exercice de déguster à la suite une vingtaine de vins est très particulier et nécessite une certaine habitude. Le célèbre Concours général agricole fait partie des concours qui mélangent professionnels et consommateurs.

Le nombre de jurés par table de dégustation est variable. En principe il y a au moins 4 et jusqu'à 6 ou 8, mais parfois pour des raisons d'absentéisme ou d'organisation, un vin ne sera peut-être dégusté que par seulement 2 ou 3 personnes maximum. Le nombre d'échantillons dégustés par jurés est aussi un critère important. À moins d'avoir été soi-même juré, il est difficile d'accéder à ce genre d'informations.

Certains concours comme celui du concours général agricole organisent un prélèvement des échantillons directement au domaine. Cela assure une fiabilité des échantillons dégustés par rapport au vin qui sera en rayon. Mais ce processus complexe et coûteux est rare.

Conclusion : même si on peut tomber sur un bon vin médaillé, il n'y a pas de raison pour qu'il soit systématiquement meilleur que son voisin de rayon non médaillé.

DANS CE CHAPITRE

Combien de bouteilles faut-il avoir dans sa cave ?

•

Acheter par bouteilles ou par caisses ?

•

Maintenir ses vins en bonne santé

•

Le vin comme investissement

Chapitre 10
Créer et gérer sa cave

À l'époque où nous avons commencé à acheter du vin, nous partions de rien. L'excitation que provoquaient nos dégustations nous faisait nous emporter dans nos achats : nous achetions quatre, six ou même douze bouteilles du vin qui nous avait plu la veille. Ou bien nous parcourions les étagères des cavistes pour finir par acheter douze vins d'un même cépage dans l'intention de mettre en place une séance de dégustation ; les résultats n'ont pas été à la hauteur de notre enthousiasme.

Notre envie de toujours découvrir de nouveaux vins et de disposer chez nous de ceux que nous aimions était infinie. Avant même de le savoir, nous étions devenus des collectionneurs de vin.

Nous avons fini par reconnaître l'intérêt qu'il y avait à planifier ses achats de vin.

Devenir collectionneur de vin... ou pas

La plupart des vins sont consommés très peu de temps après l'achat. Si vous vous reconnaissez dans ces habitudes, vous avez sans doute souvent de la compagnie.

Pourtant, de nombreux amateurs ont un rapport différent au vin. Bien sûr, ils achètent du vin parce qu'ils ont prévu de le boire ; seulement, ils n'ont pas exactement prévu à quelle date ils le boiront. Et tant que le vin n'est pas bu, ils sont particulièrement heureux de savoir que les bouteilles sont à leur disposition. Si vous vous reconnaissez dans ce second groupe, vous êtes sans doute un collectionneur de vin révélé ou en puissance. Pour vous, la recherche est aussi passionnante que la dégustation.

La mise en place d'une stratégie d'achat de vin suppose de répondre à quelques questions :

» **La quantité de vin que vous consommez ;**

» **La quantité de vin que vous désirez posséder (et pouvez stocker) ;**

» **L'enveloppe financière que vous avez prévu de consacrer au vin ;**

» **Les types de vins que vous préférez déguster.**

Attention

Si vous n'arrivez pas à équilibrer correctement ces quatre paramètres, vous pouvez très bien finir ruiné, blasé, déçu ou encore devoir vous convertir dans le commerce du vinaigre (de luxe) !

Le non-collectionneur résolu

Le vin vous enthousiasme et vous aimez en acheter, mais vous n'avez aucune intention de devenir collectionneur ; vous n'avez pas la place ou bien vous avez trouvé d'autres destinations pour vos finances.

Dans votre cas, le seul moyen d'éviter de devenir collectionneur malgré vous est une stricte discipline. Vous devez déterminer le nombre de bouteilles que vous consommez par mois (en tenant compte des invitations) pour n'acheter que le nombre de bouteilles nécessaire. À titre d'exemple, si, d'une part, vous buvez du vin (autre qu'un vin quotidien éventuel non pris en compte) deux fois par semaine et que, d'autre part, vous recevez une fois par mois, ce nombre peut être de l'ordre de 12 bouteilles.

Truc

Lorsque le non-collectionneur achète, il doit éviter les vins rouges robustes qui s'améliorent en vieillissant. Il doit s'interdire d'acheter plus de deux bouteilles du même vin, sauf si cela ne le dérange pas de boire fréquemment le même. Il doit enfin éviter soigneusement d'acheter tout vin qui serait assez fameux ou cher pour être tenté d'en repousser la consommation à la prochaine grande occasion.

Le non-collectionneur doit enfin s'empêcher de s'abonner à un quelconque magazine œnophile ou de surfer parmi les sites Web dédiés au vin. Rude chemin que celui de l'abstinence...

Le petit collectionneur

Réussir à rester modéré dans sa collection de vins est un louable défi. Nous allons supposer que vous avez décidé qu'un stock de six mois pouvait vous convenir (cela peut représenter environ 75 bouteilles si nous conservons le même scénario de consommation que celui donné en exemple dans la section précédente).

Vous venez de vous décider à stocker un peu de vin parce que 75 bouteilles constituent un volume suffisant pour pouvoir consacrer une caisse entière (12 bouteilles) ou même deux à des vins de garde (que vous ferez donc vieillir). Cela permet également d'optimiser l'achat d'un vin que vous aimez particulièrement en considérant qu'une caisse vous suffira si vous ouvrez deux bouteilles par mois pendant six mois (mais y parviendrez-vous ?).

À retenir

Votre défi va consister à trouver un équilibre agréable entre les vins de garde et les vins à consommer immédiatement et une diversité suffisante parmi ces derniers afin de ne pas vous lasser de vos choix. Pour y parvenir, il sera sans doute nécessaire d'ouvrir un livre de cave pour tenir un inventaire. Vous devrez également commencer à réfléchir aux conditions de stockage du vin, notamment pour les vins de garde.

Le grand collectionneur

Nos félicitations ! Il est vrai que la plupart des collectionneurs n'ont en fait jamais décidé de le devenir ; ils se sont contentés d'acheter et d'acheter jusqu'à se trouver à la tête d'un stock conséquent. En prenant la décision de développer soigneusement une collection de quelques centaines de bouteilles de vin, vous pourrez disposer d'une cave intimement adaptée à vos goûts et à vos objectifs, et éviter les pièges les plus communs qui attendent les collectionneurs de vin.

À retenir

Votre défi va consister à définir clairement vos objectifs, à diversifier de manière raisonnée votre collection et à faire preuve de patience dans vos achats. Vous devrez bien évidemment vous doter de conditions optimales pour le stockage des vins, faute de quoi vos achats ne vous apporteraient jamais les plaisirs que vous en espérez.

La recherche des candidats

Sauf si votre intention est d'immobiliser votre cave avec des vins que vous prévoyez de revendre avec un bénéfice (autrement dit, si vous achetez du vin pour ne pas le boire), vous devez toujours vérifier que vous appréciez un vin avant de le mettre en cave (remarque qui ne concerne pas les bouteilles que vous achetez pour découvrir et expérimenter de nouveaux vins ; sont concernés ceux pour lesquels vous prévoyez un achat en quantité). Il semble évident qu'on doive d'abord acheter un vin parce qu'on l'aime, mais vous seriez étonné de constater combien de gens choisissent un vin plutôt qu'un autre parce qu'il a été mieux noté et finissent par se rendre compte qu'il n'est pas à leur goût.

Une cave équilibrée

Une cave bien conçue contient plusieurs gammes de vins ; elle peut bien sûr mettre l'accent sur un ou deux styles de vin que vous aimez particulièrement, mais elle doit en comporter d'autres. La cave doit donc contenir :

» **Des vins de garde et des vins prêts à consommer ;**

» **Des vins bon marché (moins de 7 €) qui peuvent être consommés à la première occasion ;**

» **Des vins fins que vous n'ouvrirez que si votre voix intérieure vous y invite.**

Si vous êtes fondu de vin de Bourgogne ou de la vallée de la Loire, par exemple, vous pouvez choisir d'en faire votre spécialité. Mais soyez attentif à ne pas vous lasser en constatant que vous n'avez rien d'autre à boire. Disposer d'autres styles de vins permet aussi de poursuivre une sorte d'éducation pluriculturelle.

Truc

L'essentiel d'une cave est constitué par les vins pour les repas, mais il faut penser à ajouter un peu de diversité en stockant des vins d'apéritif tels que le champagne ou le xérès sec et des vins de dessert tels que les liquoreux et le porto. Vous êtes ainsi préparé à toute occasion (si vous êtes comme nous, vous inventerez souvent des prétextes pour ouvrir une bouteille de champagne !).

Vous mettrez donc en cave quelques vins de garde que vous achèterez dans leur jeunesse, alors que leurs prix sont accessibles. Rappelons que vous devez éviter le piège consistant à n'avoir en cave que des vins si grandioses que vous n'osez jamais en ouvrir une bouteille lorsque vous avez la simple envie de boire un verre de vin.

Truc

Voici quelques exemples de vins de garde :

En blanc :

» **Les bourgognes blancs grands crus et premiers crus tels que le Corton-Charlemagne, le Bâtard-Montrachet, le Meursault et le Chablis (des grands crus) ;**

» **Les bordeaux blancs de Pessac-Léognan ;**

» **Les Riesling Grand Cru d'Alsace ;**

» **Le Savennières (Val de Loire).**

En rouge :

- Les grands bordeaux;
- Les bourgognes rouges grands crus et premiers crus;
- Les Côtes du Rhône, Hermitage, Côte-Rôtie et Cornas (cépage Syrah), Châteauneuf-du-Pape;
- Les grands rouges italiens, Barolo, Barbaresco, Chianti Classico Riserva, Brunello di Montalcino, Taurasi et les supertoscans Cabernet/Sangiovese.

Snobs

Les charmes de la maturité dévoilés

Un vin de garde n'a rien à voir avec un vin jeune, et certains vins de garde n'existent littéralement pas avant d'avoir atteint leur plénitude. Essayez par exemple de consommer jeune (avant dix ans) un grand bordeaux rouge réputé tel qu'un Château Mouton-Rothschild. Vous pouvez vous demander d'où il tire sa grande réputation. Vous ne percevez rien d'autre qu'une invasion de tanin et d'acide; bien que le vin soit très fruité, il semble que ses composants aromatiques soient désynchronisés. Mais essayez-le dans dix ou quinze ans, l'agressivité des tanins et des acides se sera estompée et un merveilleux bouquet de cèdre et de cassis se sera développé dans une délicatesse incomparable de saveurs.

Lorsqu'un vin fin mûrit en bouteille, une série de réactions chimiques se produit. Le détail de ces opérations n'est pas clairement défini, mais les effets sont évidents dans le style d'un vin rouge qui a vieilli :

- La robe du vin devient pâle;
- Les arômes évoluent de ceux des fruits (et du chêne souvent) de la jeunesse pour s'orienter vers un bouquet de cuir et de terre;
- Les tanins diminuent;
- La texture devient veloutée.

La digestion des vins fins est plus facile lorsqu'ils sont à point, car ils ont alors perdu leurs tanins amers et leur acidité. Ce plus grand confort gastrique ne fait que faciliter l'expérience émotionnelle qu'un tel vin vous promet. Déguster un vin vieux est une sorte de voyage dans le temps, le lien retrouvé avec tous les autres maillons de la chaîne ininterrompue que sont les hommes qui ont fait naître puis élevé ce vin.

Un peu ou beaucoup ?

Une des décisions les plus difficiles à prendre consiste à déterminer combien on doit acheter de chacun des vins qu'on a choisi de mettre en cave. Si vous êtes persuadé qu'un certain vin est absolument exceptionnel (vous l'adorez, il vient de recevoir une très bonne note et/ou le millésime est réputé exceptionnel), vous aurez naturellement tendance à acheter de grandes quantités.

Si vous prévoyez d'acheter une certaine quantité de vin, par exemple deux caisses ou plus, la première question que vous devez vous poser est : « Pourrai-je éventuellement revendre ce vin plus tard si le besoin s'en fait sentir ? »

Attention

Si le vin que vous prévoyez d'acheter en grande quantité ne fait l'objet d'aucune cotation à la revente (officielle ou officieuse), nous vous recommandons la prudence. En voici plusieurs raisons :

- **Vous pouvez vous lasser plus tard de ces vins et vous retrouver avec plusieurs caisses que vous êtes obligé de boire (c'est d'un ennui !) ;**
- **Vos goûts peuvent évoluer ou bien (l'éducation de votre palais se poursuivant) vous pouvez découvrir qu'il n'est pas si grand que vous l'aviez cru au début ;**
- **Le vin peut vieillir plus vite que prévu (cela arrive souvent) et il vous reste plusieurs bouteilles d'un vin qui a passé l'âge.**

Sauf pour investir, nous vous suggérons de ne jamais acheter plus d'une caisse du même vin. Nous parlons donc d'achat par caisse uniquement pour quelques rares vins qui ont fait leurs preuves, comme nos favoris.

Une cave bien ordonnée pour en profiter

Que vous ayez ou non prévu de devenir collectionneur, il arrive un moment où vous comprenez que vous êtes passé du statut de consommateur à celui de propriétaire de cave privée. En général, vous vous en rendez compte quand vous commencez à avoir une centaine de bouteilles.

Il vous vient alors à l'esprit l'idée qu'il vous faut gérer votre cave. Voici les premiers arguments qui poussent à mettre en place une gestion de cave :

» **Trouver en un clin d'œil la bouteille que vous recherchez ;**

» **Connaître votre capital (il arrive souvent que des bouteilles disparaissent alors qu'elles ont tout simplement été oubliées dans le fond de la cave !) ;**

» **Faire visiter votre cave à vos amis (ce qui donne le même genre de satisfaction que lorsqu'on montre les photos du dernier-né).**

Plusieurs méthodes sont applicables pour bien stocker ses vins.

La méthode classique pour gérer sa cave consiste à tenir un livre indiquant le nombre de vins de chaque style et leur lieu de stockage. Mais vous pouvez aussi utiliser un logiciel ou application adéquat.

Au-delà des informations de base (millésime, producteur, nom du vin, appellation, région, type, quantité, format, etc.), n'oubliez pas d'indiquer le prix d'achat et quelques éléments de dégustation qui seront bien utiles au moment de choisir une bouteille.

La chambre à coucher de vos vins

Si vous décidez de collectionner quelques bouteilles, ou si vous vous rendez compte que vous avez commencé à collectionner sans le savoir, prenez un peu de précautions. Si les vins sont mal stockés, vous irez de déception en déception malgré tous vos efforts.

À retenir

Si vous avez prévu de faire vieillir des grands vins, il vous faut absolument un lieu de stockage dont la température et l'humidité soient constantes. Ces critères sont vitaux si vous vivez dans un environnement où la température est supérieure à 20 °C de manière régulière.

De bonnes conditions de stockage évitent à vos vins fins de faner avant d'être à point, et elles vous motivent pour conserver des vins jeunes à garder. Si le stockage n'est pas adéquat, soit vous consommerez vos vins fins trop tôt (les amateurs parlent d'infanticide), soit ces vins mourront de bien triste manière dans un cellier ou un garage surchauffé.

La cave naturelle

Vous avez peut-être la grande chance de disposer d'une cave naturelle (vous venez par exemple d'hériter d'un château en Écosse).

Une cave naturelle est un lieu où l'on peut stocker des vins dans un environnement frais (moins de 15 °C) et bien humide (75 % d'humidité au moins pendant toute l'année). C'est l'endroit idéal pour stocker du vin. Et une telle cave n'entraîne pas de frais d'entretien.

Les lieux qui peuvent devenir caves à vins

L'aménagement d'un lieu en une cave à vin dans laquelle l'humidité et la fraîcheur sont maintenues artificiellement peut donner des résultats tout à fait satisfaisants. À condition d'assurer les paramètres suivants :

» Ce lieu doit être frais, entre 11 et 15 °C;

» La température doit rester constante ou varier très lentement, car les sauts de température ne sont pas bons pour le vin;

» La zone doit être humide avec un degré d'humidité entre 75 % et 95 % (au-delà de ce plafond, la moisissure apparaît);

» Le lieu doit être exempt de vibrations qui peuvent se transmettre aux vins; évitez les trafics routiers, les démarrages de moteurs comme ceux des réfrigérateurs et machines à laver;

» Le lieu doit être un peu aéré;

» La zone doit être sombre, et surtout protégée de la lumière directe du soleil, car les ultraviolets ont un effet néfaste sur le vin;

» La zone doit enfin être à l'abri des odeurs chimiques telles que celles des peintures et des solvants, de l'essence (la tondeuse à gazon!).

Truc

Procurez-vous un hygromètre pour votre cave. Vous trouverez des hygromètres dans les catalogues et les magasins d'accessoires pour le vin.

Attention

Refusez tout stockage de vin dans un réfrigérateur, même pour les champagnes. Le moteur du réfrigérateur provoque des vibrations et la température trop basse (jusqu'à 1 °C environ) va détruire les arômes de vos vins.

Truc

Le problème de l'humidité

Certains collectionneurs de vin ne s'inquiètent pas particulièrement du taux d'humidité de leur cave. Ils prétendent qu'une trop forte humidité engendre de la moisissure et défigure les étiquettes. Pourtant, un air trop sec entraîne l'évaporation des vins et provoque des fuites par les bouchons, ce qui a pour conséquence l'ouillage (la création d'un grand espace d'air entre le bouchon et le vin). Plus l'ouillage est grand, plus le vin risque de s'oxyder.

Nous avons recommandé entre 75 et 95 % d'humidité et nous sommes persuadés que les conditionneurs d'air, qui abaissent le taux d'humidité jusqu'à 50 %, doivent être bannis du lieu de stockage du vin.

Un lieu frais et humide

Il existe des climatiseurs couplés à un système d'humidification. La gamme de modèles permet de s'adapter à différents volumes. L'installation doit être réalisée par un professionnel. Cela occasionne une dépense d'électricité négligeable au regard de la valeur de ce qui est ainsi protégé. Le climat de votre lieu de résidence peut vous permettre de ne pas faire fonctionner votre conditionneur toute l'année.

Les casiers à vin

Les systèmes de rangement des bouteilles vont de l'ensemble d'étagères en bois de qualité jusqu'aux casiers en métal ou en plastique. Le choix dépend de la somme que vous désirez y consacrer.

Les casiers en losange (en bois ou en matériau synthétique) sont les plus répandus, car ils permettent le stockage efficace dans chaque casier de 12 bouteilles avec une économie d'espace maximale. Ces casiers en losange permettent en outre d'enlever aisément une bouteille où qu'elle se trouve (voir ci-dessous).

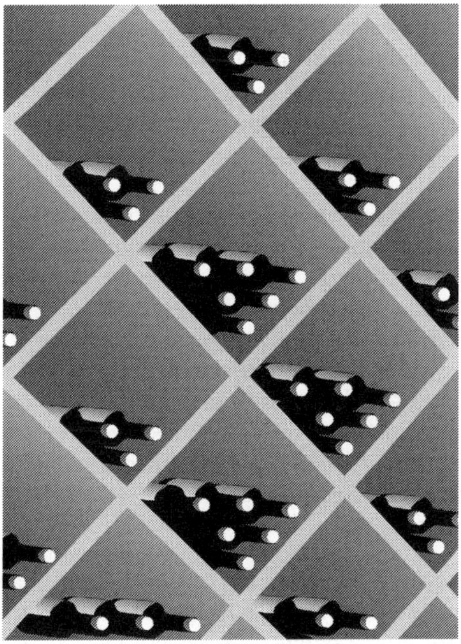

Isolation de la cave

Votre choix en matière d'isolation est un critère encore plus important que celui des casiers.

Attention

Nous déconseillons fortement l'utilisation de laine de verre, car elle absorbe l'humidité durement élaborée par votre conditionneur. Nous avons su l'aventure d'un amateur chez lequel le poids de l'eau captée par l'isolation du plafond a fini par provoquer l'effondrement du double plafond, ce qui a dû créer un certain chaos dans sa cave.

En l'absence de cave

Le consommateur dépourvu de cave à trois choix :

❶ Confier le stockage de son vin à la cave d'un ami ou d'un voisin (en supposant qu'il offre les conditions de stockage requises et que vous avez suffisamment confiance dans le fait qu'il ne boira pas vos vins !) ;

❷ Louer un espace ou un box dans un entrepôt de vins ;

❸ Acquérir une armoire à vin, sorte de cave réfrigérée (avec un moteur sans vibration) qui a ceci de particulier que le propriétaire ne peut pas y entrer.

Les deux premières solutions nous semblent peu pratiques, car vous ne jouissez pas d'un accès immédiat à vos vins. Il n'est pas très agréable de devoir prendre la voiture pour « descendre à la cave ». La troisième solution, celle de l'armoire à vin, est pratique. Il en existe une grande variété. Certaines armoires ont des portes vitrées et toutes peuvent bien sûr être fermées à clé. Les petites armoires à vin contiennent 24 bouteilles et d'autres de grand format peuvent en contenir 300, avec de nombreuses tailles intermédiaires. Les prix vont de moins de 400 à plus de 3 000 €. Vous en trouverez les publicités dans les magazines spécialisés. Il existe aussi des sites de vente spécialisés sur Internet.

Truc

Si vous prévoyez de construire une cave ou d'acheter une armoire à vin, tenez compte de l'augmentation inéluctable de votre stock. Comme tous les lieux de stockage, les caves à vin ne font que s'étendre avec les années.

Boire ou investir ?

Certains vins deviennent très rares avec l'âge et on peut être tenté de les revendre avec du bénéfice. Cette tentation atteint même les plus purs amateurs. Dans de nombreux pays, les particuliers peuvent de nos jours tout à fait légalement revendre leurs vins à des détaillants ou dans les ventes aux enchères. De plus en plus de gens revendent les vins dont ils ne veulent plus ou ceux qu'ils ont achetés dans l'intention affichée de les revendre plus tard.

Il est incontestable qu'un faible pourcentage seulement de tous les vins correspond à des vins d'investissement. Certains de ces vins représentent des opérations financières encore plus fiables que les actions ou l'immobilier, car leur valeur ne fait qu'augmenter. Et même lorsque le contexte économique est extrêmement morose, il reste toujours des gens qui ont encore un peu d'argent à consacrer à une grande bouteille.

Voici les attributs qui caractérisent les vins d'investissement :

» **Leur valeur a été reconnue comme exceptionnelle par tous les livres, les magazines et les critiques spécialisés ;**

» **Ils ont une très grande longévité ;**

» **Ce sont les vins de millésimes très bons à excellents ;**

» **Ils doivent avoir toujours été stockés dans les meilleures conditions ;**

» **Certains vins d'investissement font également l'objet d'un facteur de rareté : un petit nombre de bouteilles a été produit.**

Éric Beaumard

Investissez par exemple dans...

» **Alsace :** grand cru Rangen de Thann de Zind-Humbrecht

» **Bourgognes blancs :** Puligny-Montrachet et du domaine Jacques Carillon, Meursault du domaine Roulot

» **Bourgognes rouges :** Chambertin du domaine Armand Rousseau, les grands crus et premiers crus de Méo-Camuzet, Gevrey-Chambertin et Charmes-Chambetin grands crus de Bernard Dugat-Py, Clos Saint-Denis et Clos de la Roche grands crus du domaine Dujac, Chapelle-Chambertin, Charmes-Chambertin et Griotte-Chambertin, les grands crus de Claude Dugat

» **Châteauneuf-du-Pape :** Château de Beaucastel – cuvée hommage à Jacques Perrin, Château Rayas, Domaine Henri Bonneau réserve des Célestins

»

Investissez par exemple dans... *(suite)*

- **Côtes-du-Rhône nord :** Hermitage de Jean-Louis Chave (en rouge et en blanc), Côte Rôtie du domaine Jamet
- **Pomerol :** Château Le Pin
- **Sauternes :** Château Gilette
- **Australie :** les vins de Lake's Folly, Rockford Wines, Jasper Hill, d'Arenberg Wines, Cullens
- **Californie (Cabernet-Sauvignon) :** Vineyard 29, Hundred Acres, Dunn, Sloane, Abreu, Harlan Estate, Colgin
- **Espagne :** Pingus et L'Ermita
- **Nouvelle-Zélande :** le Coleraine de Te Mata Estate

Ce sont toujours les meilleurs qui partent les premiers

Si vous achetez des vins de garde, il se posera inévitablement la question de savoir s'ils auront fini de mûrir avant vous. Ce n'est pas un problème si vous avez prévu de léguer votre cave à vin à vos héritiers.

Si vous avez le sentiment, lorsque vous commencez à avoir de la bouteille, d'avoir trop de vin en cave, vous pouvez toujours envisager la revente d'une partie de votre patrimoine. Si vous avez été perspicace dans vos achats, vous revendrez facilement et avec un bon profit.

Revendre ses vins

À retenir

Pour vendre votre vin dans une vente aux enchères ou à un professionnel, tenez compte des éléments suivants :

- Ces gens sont des connaisseurs ; il est inutile d'essayer de leur proposer des canards boiteux dont vous ne voulez plus ;

» Ils supposent *a priori* que les vins sont stockés dans d'excellentes conditions ; certains refuseront de négocier si vous ne leur en offrez pas la garantie ;

» Tous les intermédiaires demanderont une participation pour leurs services, qui va de 20 à 25 % du prix de vente ;

» Certains pratiquent le dépôt-vente en ne payant le vendeur qu'une fois le vin vendu ; à vous de voir.

Truc

Si vous voulez vendre (ou acheter) des précieuses bouteilles depuis chez vous, utilisez des sites spécialisés comme www.idealwine.com (cette solution semble plus appropriée pour toucher les vrais connaisseurs). Les sites généralistes touchent un public trop large si vous avez des bouteilles rares.

Assurer sa cave

Truc

Si votre collection de vins devient suffisamment importante pour qu'elle représente une partie non négligeable de vos actifs, vous devez absolument penser à l'assurer. Les assurances habitation classiques ne couvrent évidemment pas les vins de valeur en cas d'incendie et risques divers (certains contrats prévoient quelques centaines d'euros malgré tout). Vous devez donc demander un avenant à votre contrat d'assurance pour couvrir vos vins (et éventuellement vos verres en cristal) afin de garder une totale sérénité d'esprit.

Pour faire une estimation de votre cave, notamment des vins âgés, il suffit de prendre en compte les prix pratiqués lors des ventes aux enchères. Pour les vins jeunes, les prix sont disponibles dans les guides spécialisés et sur Internet. Pensez à réviser la valeur du capital assuré tous les trois ans.

La plupart des compagnies d'assurances sont en mesure de vous proposer un avenant à votre contrat d'assurance habitation pour garantir vos vins précieux. Certains courtiers s'en sont même fait une spécialité.

DANS CE CHAPITRE

Les réactions prévisibles entre les vins et les mets

•

Les règles d'or des marieurs œnophiles

•

Les couples célèbres sont éternels

•

Quelle quantité de vin prévoir pour vos invités ?

Chapitre 11

Mariage des vins et des plats

Il nous arrive de temps à autre de rencontrer un vin qui nous fige sur place tant il est bon. Nous en perdons tout intérêt pour le reste du monde. Nous le dégustons avec une concentration extrême en essayant de mémoriser toutes les sensations. Dans ce cas, il n'est pas question de dilapider cette intensité en mangeant quoi que ce soit.

En général, nous buvons le vin au cours d'un repas. Le vin est fait pour se marier aux aliments. Et les bons mets sont prévus pour se marier avec le vin.

Marions-les !

Voilà. Nous avons tout dit. Le vin accompagne les repas et les repas vont avec le vin. D'autres questions ?

Ce n'est pas si simple. Il y a des milliers de vins dans le monde, et chacun d'eux est différent. Il y a des centaines de plats de base, et chacun est particulier aussi, sans parler des combinaisons d'aliments dans les plats préparés (ce que nous mangeons). En fait, marier les vins aux plats est aussi simple que bien apparier les hommes et les femmes.

La dynamique des mariages

Chaque plat est dynamique dans le sens où il est constitué de plusieurs ingrédients et arômes qui entrent en interaction pour créer une somme plus ou moins délicieuse. De même chaque vin est dynamique. Lorsqu'un vin est combiné à un aliment dans la bouche, les interactions se démultiplient ; le résultat est absolument spécifique à la combinaison des deux. (Doit-on rappeler que les essais sont réalisés avec nos palais individuels pour juger de la réussite du mariage ? Il n'est pas étonnant qu'il n'y ait pas de règle !)

Lorsqu'un vin rencontre un aliment, plusieurs choses peuvent se produire :

» L'aliment peut exagérer une caractéristique du vin. Ainsi, si vous mangez des noisettes (qui sont très tanniques) avec un rouge tannique tel qu'un bordeaux, le goût du vin devient si sec, si astringent que beaucoup vont le considérer comme imbuvable ;

» L'aliment peut affaiblir une caractéristique du vin. Les protéines affaiblissent les tanins par exemple, et un vin rouge très tannique (désagréable seul) peut devenir délicieux s'il accompagne une excellente viande ;

» L'intensité des arômes de l'aliment peut cacher ceux du vin et vice versa. Vous en avez fait l'expérience si vous avez bu un vin riche corsé avec un délicat filet de sole ;

» Le vin peut apporter de nouveaux arômes à l'aliment. Par exemple, un bourgogne rouge débordant de fruit peut transmettre ses arômes fruités à l'aliment, comme s'il s'agissait d'un ingrédient du plat lui-même ;

» Le mariage du vin et de l'aliment peut créer un arôme supplémentaire désagréable qui n'était ni dans le vin, ni dans l'aliment ; nous percevons un arôme métallique lorsque nous mangeons de la dinde avec un bordeaux rouge ;

» Le vin et l'aliment peuvent interagir à la perfection en créant une sensation aromatique plus forte que celle du vin ou de l'aliment isolés. (C'est ce que nous espérons éprouver à chaque repas, mais cette perfection est très rare.)

Les secrets pour réussir de bons accords

Éric Beaumard

» Avec les vins dotés d'une forte acidité, prévoir un plat avec du gras ou du feuilleté pour contrebalancer.

» Avec ces vins généreux en alcool, veillez à choisir des mets qui aient de la mâche, de la croustillance. Évitez les consistances liquides qui rendent l'alcool brûlant.

» Avec des vins tanniques, il faut également des mets qui ont de la matière, de la mâche et du gras comme des viandes rouges.

» Avec les vins liquoreux, évitez les desserts trop sucrés. Misez plutôt sur les desserts avec une pointe d'acidité, avec des agrumes, de la mangue, de l'ananas, de l'abricot. Ou alors sur un fromage à pâte persillée comme le roquefort. Le champignon du vin (le *botrytis*) rejoint le champignon du fromage (*Penicillium roqueforti*).

» Avec les vieux vins aux tanins patinés par le temps, servez une viande en cocotte, avec une consistance confite ou « émiettée ».

» Sur des viandes rouges grillées, préférez les rouges de millésimes jeunes.

» Avec des plats très inventifs avec des textures type mousse ou gélatine gelée, optez pour les vins blancs pétillants.

» Le chocolat réclame de la douceur plutôt que des bulles. Choisissez un grand vin muté type Porto ou Maury.

» Évitez les additions, par exemple un vin très sec et minéral avec un plat très citronné. Ce genre de plat réclame un vin qui peut être vif, mais qui doit avant tout être très aromatique, très fruité. Par exemple un vin à base de sauvignon.

» Sur les légumes, évitez les vins tanniques. Optez pour les blancs ou les rosés qui ont de la souplesse, un bon équilibre entre l'acidité et la sucrosité, le côté fruité. Sur les pommes de terre, choisissez un rouge plus structuré.

Par bonheur, les interactions entre vins et mets ne sont pas prévisibles. Certains composants des aliments réagissent de manière imprévisible avec certains composants du vin ; savoir cela permet d'augmenter les chances de réussir les mariages. Le principe selon lequel les composants essentiels du vin (alcool, sucre, acide, tanin) se combinent à ceux de l'aliment (sucre, douceur, acidité, amertume et salinité) se rapproche du principe d'équilibre du vin. Certains éléments amplifient les autres et d'autres les compensent (reportez-vous à la section sur l'équilibre au chapitre **2**).

Attention

Voici quelques interactions connues entre les vins et les aliments établies d'après les composants du vin. Rappelons que chaque vin et chaque mets possèdent plusieurs composants et que les relations que nous indiquons peuvent être rendues complexes par d'autres composants. C'est le composant dominant qui détermine si un vin peut être considéré comme tannique, doux, acide ou corsé (voir la section sur la description du goût, chapitre **2**).

Vins tanniques

Ce sont souvent des vins rouges du Bordelais à base de Cabernet-Sauvignon, du nord de la vallée du Rhône, du Languedoc-Roussillon, et tout vin ayant accumulé des tanins au cours d'un élevage en fûts de chêne neufs. Ces vins :

» **Affaiblissent la perception de douceur du plat ;**

» **Paraissent plus doux et moins tanniques s'ils sont servis avec des aliments riches en protéines tels que la viande de bœuf ;**

» **Paraissent moins amers et plus tanniques s'ils accompagnent des plats salés ;**

» **Paraissent astringents (secs en bouche) avec des plats épicés.**

Vins sucrés (doux)

C'est le cas des vins d'Alsace à vendanges tardives, des vins de Loire Vouvray Quart de Chaume, du Muscat du cap Corse, etc., qui :

» **Paraissent moins doux, mais plus fruités avec des plats salés ;**

» **Peuvent rendre les plats salés plus appréciables ;**

- Se marient bien avec les plats sucrés s'ils sont dotés d'une bonne acidité ;
- Peuvent rendre un dessert très sucré écœurant s'ils sont eux-mêmes très liquoreux.

Vins acides

Sont à la tendance acide la plupart des vins blancs italiens, le Sancerre, le Pouilly-Fumé et le Chablis, de nombreux Riesling secs et tous les vins secs basés sur le cépage Sauvignon Blanc ; dans les rouges, la plupart des Rioja et des Madiran. Ces vins :

- Semblent moins acides s'ils sont servis avec des plats salés ;
- Semblent moins acides avec des plats légèrement sucrés ;
- Peuvent amplifier l'impression de salé dans les plats ;
- Peuvent rééquilibrer une trop grande lourdeur des plats gras.

Vins corsés (à fort taux d'alcool)

Sont corsés la plupart des vins du sud des Côtes du Rhône et des vins californiens rouges et blancs, les Barolo et Barbaresco, le porto et le xérès, évidemment, et en général tout vin issu de raisin cultivé en climat chaud. Tous ces vins :

- Risquent d'écraser les plats aux arômes subtils et délicats ;
- Se combinent bien avec les aliments légèrement sucrés.

Similitude ou opposition ?

De nos jours, les spécialistes des mariages entre vins et mets reconnaissent que deux principes sont à considérer : le principe de la complémentarité et celui du mariage des contraires. La complémentarité engage à choisir un vin qui se marie au mieux avec le plat. L'opposition cherche au contraire à réunir un vin et un plat apparemment en désaccord gustatif.

Truc

Les caractères d'un vin qui peuvent compléter ou s'opposer à ceux des mets sont les suivants :

» Les arômes du vin : végétal, fruité, etc.;

» L'intensité des arômes : faible, moyenne ou forte;

» La texture du vin : vif et sec ou souple et rond;

» L'épaisseur du vin : léger, moyen ou corsé.

Vous utilisez probablement le principe de complémentarité sans le savoir : vous choisissez un vin léger pour un plat léger, un vin moyen pour un plat plus riche et un vin corsé pour un plat capiteux. Voici quelques illustrations de la complémentarité :

» **Harmonie des arômes :** vous pouvez considérer les arômes des aliments comme ceux des vins, sous forme de types, de familles d'arômes. Si un plat contient des champignons, l'arôme sera champêtre; s'il contient du citron ou d'autres éclats de fruits, il offrira des arômes fruités, etc. Il suffit ensuite de chercher les vins qui offrent des arômes champêtres, fruités, épicés ou autres. Les arômes de terroir d'un bourgogne blanc se marient bien à un risotto aux champignons, par exemple, et un Sancerre à du poulet aux herbes;

» **Similarité de texture :** un Chardonnay californien d'une texture riche et crémeuse se mariera bien à la texture riche et soyeuse de la langouste, par exemple;

» **Même niveau d'intensité de saveurs :** un plat de viande capiteux tel qu'un ragoût sera à son aise avec un vin corsé, notamment s'il offre des arômes terreux tels que ceux des légumes utilisés dans le ragoût.

L'autre principe, celui du contraste, cherche à trouver dans un vin des arômes ou des éléments de structure qui ne se trouvent pas dans le plat, mais peuvent l'améliorer. Un plat de poisson ou de poulet servi dans une sauce à la crème ou au beurre peut par exemple se marier avec un Vouvray sec. La forte acidité de ce vin blanc vif rééquilibre l'épaisseur du plat.

Les plats rustiques tels que champignons, fèves ou pommes de terre et truffes noires peuvent offrir un beau contraste avec les arômes purement fruités d'un Riesling alsacien. Nous appliquons également le principe du contraste chaque fois que nous servons un plat simple tel que des côtes d'agneau grillées que nous marions avec un très grand vin âgé.

Quelle que soit la primauté que vous donnez à l'imagination et à la créativité, il n'est pas pour autant nécessaire de réinventer la roue. Dans les mariages vins/mets, il reste utile de connaître les combinaisons classiques, tout simplement parce qu'elles fonctionnent toujours efficacement.

Accords mets et vins : les plus beaux couples

Éric Beaumard

- **Agneau :** Champagne rosé
- **Agneau de Pauillac :** Médoc
- **Andouillette :** Chablis
- **Asperges vertes :** Riesling ou Muscat
- **Asperges blanches :** Savennières ou Muscat d'Alsace
- **Aubergines *a la parmigiana* :** Brunello di Montalcino
- **Bar grillé :** Cassis blanc
- **Camembert :** Cidre
- **Caviar :** Champagne millésimé vieux
- **Céleri-rave, sauce au chocolat :** Xérès Oloroso
- **Cèpes rôtis :** Pomerol
- **Chou-fleur au saté :** Palo Cortado
- **Comté :** Vin jaune
- **Crumble aux fruits rouges :** Pineau des Charentes rosé
- **Dessert au chocolat noir :** Banyuls ou Porto Vintage
- **Dessert aux fruits secs :** Porto ruby
- **Foie gras** (en terrine) **:** Sauternes
- **Foie gras poêlé :** Porto
- **Fromage de chèvre :**
  - frais : Bourgueil, Chinon ou Gevrey-Chambertin (rouges)
  - demi-sec : Sancerre ou Pouilly-Fumé
  - affinés : Vouvray demi-sec

»

Accords mets et vins : les plus beaux couples

(suite)

- **Huîtres :** Muscadet ou Sylvaner
- **Morilles à la crème :** Château-Chalon
- **Osso-buco :** Barbera d'Alba
- **Parmesan** (servi avec un trait de vrai vinaigre balsamique) : Amarone
- **Plat avec de la truffe blanche :** vieux Barolo ou Châteauneuf-du-Pape blanc
- **Plat avec de la truffe noire :** vieux Pomerol
- **Poireaux vinaigrette :** Verdelho (Madère)
- **Poulet rôti :** Sauternes
- **Quiche lorraine :** Pinot Gris
- **Roquefort :** Porto, Maury ou Banyuls
- **Rôti de bœuf :** Bordeaux
- **Rougets grillés :** Rosés de Provence
- **Saumon fumé :** Chablis grand cru, Sancerre ou Pouilly-Fumé
- **Soufflé au fromage :** Champagne de 10 ans
- **Soupes et consommés :** Madère Sercial ou xérès amontillado sec
- **Tajine de poulet aux citrons confits :** Languedoc-montpeyroux ou Tavel
- **Tarte à la tomate :** Rosé de Provence
- **Tourte au gibier :** Châteauneuf-du-Pape

À chacun son goût

Nous avons récemment eu la joie et l'honneur de pouvoir discuter du mariage des vins et des mets avec le propriétaire de l'un des cinq «Premier Cru» de Bordeaux (voir chapitre **10**). Il nous avouait qu'il n'aimait pas le bordeaux avec l'agneau, ce qui ne manqua pas de nous étonner. «Mais, bordeaux et agneau forment une combinaison très classique!» «Je maintiens que je n'aime pas l'agneau avec le bordeaux», répond-il. Et après un instant, il ajouta : «En fait, je n'aime pas l'agneau.»

Les vins de vos réceptions

Lorsque vous recevez à dîner, vous allez sans doute servir un plus grand nombre de vins que lors d'un repas normal. Au lieu d'offrir un seul vin pour tout le repas, vous en servirez sans doute un par plat. On sert fréquemment deux vins pour un repas, un blanc pour les entrées et un rouge pour le plat principal. En plus de les marier raisonnablement avec les plats, vous aurez normalement envie de servir les vins dans l'ordre ascendant de qualité et de puissance. Vous devez donc bien réfléchir à la séquence du service des vins. Les quelques règles suivantes n'ont encore jamais été abolies à notre connaissance :

» **Les vins blancs avant les vins rouges ;**

» **Les vins légers avant les vins corsés ;**

» **Les vins secs avant les vins doux ;**

» **Les vins simples avant les vins complexes et très aromatiques.**

Truc

Chacun de ces principes fonctionne de manière indépendante. N'essayez pas à tout prix d'appliquer les quatre règles simultanément, car vous pourriez bien finir par ne boire qu'un vin blanc sec suivi d'un vin rouge lourd et sucré ! On peut très bien servir un vin rouge léger avant un vin blanc corsé. Si les plats que vous avez prévus se marient *a priori* avec du blanc, vous pouvez très bien ne servir que des blancs : d'abord un blanc léger puis un blanc plus riche. De même pour les vins rouges, mais sachez que vous pouvez également servir un rosé sec avant un rouge.

Au début était le vin

Même si vous n'avez pas prévu de hors-d'œuvre, vous devez pouvoir offrir à vos invités quelque chose à boire lorsqu'ils arrivent.

Truc

Nous aimons servir du champagne au lieu du vin blanc en apéritif. Ouvrir une bouteille de champagne est toujours une cérémonie qui rassemble le groupe et il fait honneur à vos invités. Et une flûte de champagne offre suffisamment d'attrait pour que l'on puisse passer quelques instants à le déguster ; même les gens qui trouvent inutile de disserter sur le vin peuvent comprendre que le champagne est suffisamment prestigieux pour ne pas être bu dans l'indifférence. Le champagne sait se tenir seul, sans aliment, ce qui le distingue de nombreux vins blancs.

En prévoir trop ou pas assez

La quantité de vin dont vous aurez besoin dépend de différents critères :

» **Le nombre de vins prévu (la quantité de chaque vin sera moindre bien sûr s'il y en a plusieurs) ;**

» **La durée du service (pour un long repas, la quantité de vin devra être supérieure) ;**

» **La taille des verres (si les verres sont de grande taille, on en servira davantage).**

Truc

Si nous imaginons un repas complet avec apéritif, deux vins pendant le repas et un vin pour le fromage, et supposons que tous les invités boivent modérément, il semble raisonnable de recommander une bouteille de vin pour quatre personnes. Chaque invité dispose ainsi de 12 centilitres de chaque vin – et vous disposez d'une réserve pour resservir. Résumons-nous :

» **Deux vins : une bouteille de chaque vin pour deux invités ;**

» **Quatre vins : une bouteille de chaque vin pour quatre invités.**

Si vous vous inquiétez de voir certains invités boire trop, arrangez-vous pour qu'ils aient toujours de l'eau à portée de main afin qu'ils puissent se désaltérer sans être obligés de finir leur verre de vin.

Si vous offrez un banquet avec plusieurs plats principaux, nous vous recommandons de prévoir pour chaque invité un verre pour chaque vin. Ce qui, en tout cas, donnera un air de fête à votre table. Disposer de plusieurs verres évite aussi aux convives de devoir vider le contenu du leur pour pouvoir passer au vin suivant. (Vous constaterez rapidement quelles personnes boivent avec intérêt et lesquelles ne boivent pratiquement pas ; vous ajusterez le service en conséquence.)

Des couleurs et des goûts

Les possibilités d'accord sont en fait infinies. Pour vous faciliter la tâche, nous vous proposons dans les pages qui suivent des suggestions pour les différents moments du repas classées par type de vins. Et pour refléter la diversité des choix possibles, nous avons distingué des valeurs sûres et des découvertes. Vous serez ainsi sûr de ne pas vous tromper

Comment préparer vos vins avants de les déguster pour qu'ils donnent le meilleur d'eux-mêmes ?

1. Bien choisir vos vins en fonction des plats que vous servez est essentiel. Mais poussez le raffinement jusqu'au bout en préparant vos vins dès la veille du repas où vous voulez les servir afin qu'ils soient au mieux de leur potentiel.
2. Placez les vins blancs couchés dans votre réfrigérateur.
3. Couchez les vins rouges dans votre cave si vous en avez une, sinon dans l'endroit le plus frais de votre appartement.
4. N'oubliez pas d'ouvrir les bouteilles quelques heures avant le repas, et goûtez le vin de chaque bouteille pour vérifier qu'il n'est pas bouchonné. Versez-le en carafe si nécessaire.
5. Enfin, pensez à harmoniser les verres de votre table en fonction des vins que vous servez. Un excellent bordeaux peut perdre beaucoup de son charme servi dans un gobelet à whisky

Les vins d'apéritifs

Servis bien frais, ces vins, appelés aussi vins de liqueur, sortent un peu des sentiers battus. À proposer en apéritif, à ceux qui redoutent les alcools forts comme le whisky, le gin, etc. Ces vins, eux, titrent entre 16 et 22° d'alcool et sont légèrement sucrés.

Ces vins sont le résultat d'un assemblage du jus ou des moûts de raisin avec de l'eau-de-vie issue de leur région d'appellation. On rajoute de l'eau-de-vie empêche la fermentation alcoolique et le raisin garde son sucre et ses saveurs fruitées. Ils peuvent être ensuite vieillis en fûts.

	Valeurs sûres	Découverte
Apéritif	Pineau des Charentes blanc, rouge ou rosé.	Floc de Gascogne blanc ou rouge Macvin du Jura
Fromage à pâte persillé ou très affiné	Pineau des Charentes blanc	Carthagène du Languedoc Floc de Gascogne blanc
Desserts au chocolat ou fruits secs	Macvin du Jura	Ratafia de Champagne Carthagène du Languedoc
Desserts aux fruits rouges	Pineau des Charentes rouge ou rosé	Floc de Gascogne rouge

Les vins blancs

N'oubliez pas qu'ils conviennent aussi à des plats de viande et qu'ils sont en général très à l'aise avec le fromage.

	Valeurs sûres	Découvertes
Apéritif	Bourgogne-Aligoté, Chardonnay de Bourgogne (Chablis, Saint-Véran, Pouilly-Fuissé), vin d'Alsace comme le Muscat, Pinot Blanc, Edelzwicker, Gewurztraminer, ou encore vins de Loire comme Sancerre, Pouilly-Fumé (sec), Coteaux-du-Layon (moelleux).	IGP Urfé (Val de Loire), Picpoul-de-Pinet (Languedoc), Coteaux-de-l'Aubance (légèrement sucré), Jasnières (vin de Loire), IGP Côtes de Gascogne.
Huîtres et des coquillages	Gros-Plant, Muscadet, Bourgogne-Aligoté, Chablis, Alsace Riesling, Alsace Sylvaner, Picpoul-de-Pinet	Sancerre, Coteaux Champenois, Alsace Pinot Blanc, Cassis, Graves, Entre-Deux-Mers, Bergerac.
Poissons grillés	Muscadet, Anjou, Mâcon, Saumur, Chablis, Bourgogne-Aligoté, Vouvray, Pouilly-Fumé, Alsace Riesling.	Beaujolais, Jurançon sec, coteaux d'Aix-en-Provence, Chassagne-Montrachet, Hermitage, Montlouis, Coteaux-Varois, Tursan, Montravel.
Poissons en sauce	Chablis, Puligny-Montrachet, Pouilly-Fuissé, Alsace Pinot Gris, Sancerre, Pouilly-Fumé, Meursault, Bourgogne Aligoté, Pessac-Léognan.	Seyssel (vin de Savoie), Crozes-Hermitage, Auxey-Duresses, Côtes de Duras, St-Joseph, Patrimonio (vin de Corse), Savennières, Vouvray, Montlouis, Beaune, Monthélie.

»

	Valeurs sûres	Découvertes
Entrées chaudes (feuilletés, quenelles, ris de veau, quiches, plats à la béchamel) :	Sancerre, Pouilly-Fumé, Meursault, Chablis, Corton-Charlemagne, Puligny-Montrachet.	Vouvray demi-sec, Côteaux-de-l'Aubance, Saussignac, Cadillac, St-Croix-du-Mont.
Avec les volailles et autres viandes blanches	Meursault, Arbois blanc, Alsace Riesling, Pouilly-sur-Loire, Pouilly-Fumé, Pouilly- Fuissé, Saint-Véran.	Quincy, Menetou-Salon, Monthélie, Alsace Pinot Gris.
Avec les fromages au lait de vache comme le beaufort, le cantal, le comté	Chignin-Bergeron (Savoie), Meursault, Côtes-du-Rhône	Arbois blanc, Graves, Buzet, vin jaune de Jura.
Avec des fromages plus forts comme le munster, le maroilles, le livarot	Alsace Gewurztraminer vendanges tardives, Sauternes, Alsace Pinot Gris vendanges tardives, Coteaux-du-Layon, Monbazillac.	Jurançon, Loupiac, St-Croix-du-Mont, Bonnezeaux, Chaume, Quart-de-Chaume (ces trois derniers vins sont du Val de Loire).
Avec les fromages de chèvre	Sancerre, Pouilly-Fumé.	Patrimonio, Côteaux-de-l'Aubance, Vouvray demi-sec, Condrieu, Quincy, Menetou-Salon, Reuilly, Cheverny.
Avec les desserts peu sucrés comme les salades de fruits et les tartes aux fruits jaunes	Alsace Gewurztraminer vendanges tardives, Sauternes, Côteaux-du-Layon	St-Croix-du-Mont, Cérons, Bonnezeaux, Pacherenc du Vic-Bilh, Jurançon.
Avec les desserts un peu plus sucrés comme les tartes aux fruits rouges, les mousses	Vouvray demi-sec	Montlouis demi-sec, Cadillac, Côteaux-de-l'Aubance

Truc

Évitez les vins blancs très sucrés avec les desserts également riches en sucre, le mariage est trop écœurant !

Les vins rouges

Le choix est immense, aussi nous est-il possible de trouver des combinaisons audacieuses. Depuis quelques années, le vin rouge à l'apéritif est en vogue : il est moins fort que les spiritueux traditionnellement servis à l'apéritif. Un avantage à servir du vin rouge en apéritif : le palais n'est pas altéré par l'alcool, ce qui permet d'apprécier la dégustation des vins ensuite au cours du repas.

	Valeurs sûres	Découvertes
Apéritif	Coteaux Champenois, Reuilly, Sancerre, Alsace Pinot Noir, St Nicolas de Bourgueil, Saumur-Champigny, Beaujolais	Arbois, Côtes-du-Jura, Côteaux-du-Vendômois, Irancy, Côtes-d'Auxerre, Côtes-du-Forez
Hors-d'œuvre et charcuterie	Beaujolais-Villages Juliénas, Régnié, Chiroubles, Saumur-Champigny, Cheverny, Côtes du Rhône-Villages, Castillon-Côtes de Bordeaux, Sancerre	Menetou-Salon, Fleurie, Chénas, Arbois, Coteaux-Bourguignons, Irancy, Coteaux-du-Giennois.
Viandes blanches et volailles	Morgon, Moulin à Vent, Chinon, Anjou, St-Émilion.	Coteaux du Lyonnais, Tursan (vin des Landes), Lubéron, Touraine.
Gibiers	Pommard, Aloxe-Corton, Pauillac, St-Estèphe, Pomerol, Fronsac, Graves, Châteauneuf-du-Pape, Cornas.	Côte Rôtie, Hermitage, Pécharmant, Madiran, Gigondas, Bandol, Faugères, Saint- Chinian, Corbières, Rasteau.

	Valeurs sûres	Découvertes
Viandes rouges	Gevrey-Chambertin, Nuits-St-Georges, Corton, Mercurey, Margaux, St-Julien, Pauillac, Pessac-Léognan, Chinon, Anjou-Villages, Cahors, Madiran, Saint-Chinian, Gigondas	Auxey-Duresses, Morey St Denis, Chambolle-Musigny, Castillon- Côtes de Bordeaux, Canon-Fronsac, Côtes de Bourg, Moulis, Collioure, Minervois, Faugères, Corbières, Pécharmant, Gaillac, Patrimonio, Irouléguy, Cairanne
Fromages de vache	Juliénas, Morgon, St Nicolas de Bourgueil, Côtes de Beaune, Santenay, Côtes du Rhône	Costières-de-Nimes, St-Joseph, Alsace Pinot Noir, Côteaux d'Aix-en-Provence, Languedoc, Bergerac
Fromages de brebis	Lalande de Pomerol, Côtes de Provence rouge, Côte de Blaye, Sancerre	Régnié, Reuilly, Cheverny, Irouléguy, Patrimonio, Madiran, St Chinian, Gaillac
Desserts à base chocolat (peu sucrés)	Saint-Émilion, Pomerol, Rasteau, Bandol, Fitou, Cahors	Maury sec, Châteauneuf-du-Pape, Madiran, Morgon

Les vins rosés

En France, les rosés sont très diversifiés en fonction des régions. Les vinifications ont beaucoup progressé depuis quelques années, et la production est souvent excellente.

Truc

Ne pensez pas que les vins rosés sont tous très légers, et que de ce fait, ils peuvent être bus avec moins de modération que les autres. Certains rosés comme le Collioure, le Tavel, le Minervois sont plus puissants que certains vins rouges.

Snobs

À l'apéritif, les rosés challengent les blancs, les bulles et même le pastis grâce à leur caractère fruité et rafraîchissant !

	Valeurs sûres	Découvertes
Apéritif	Côtes-de-Provence, Baux-de-Provence, Lubéron, Ventoux, Sancerre, Corse-Figari, Beaujolais rosé	Côtes-d'Auvergne-Corent, Côte-Roannaise, Saint-Pourçain, Côtes-de-Toul, Reuilly, Bugey, Tursan
Hors-d'œuvre et les entrées	Côtes de Provence, Coteaux-Varois-en-Provence, Coteaux-d'Aix-en-Provence, Bordeaux, Patrimonio, Bandol, Sancerre, Gris de Toul, Beaujolais, IGP d'Oc, IGP Méditerranée, Bergerac	Collioure, Côtes-du-Roussillon, Chinon, Reuilly, Touraine-Amboise, Fiefs-Vendéens, Rosé-des-Riceys, Tursan, Alsace, Saint-Pourçain
Crustacés et poissons	Côtes de Provence, Coteaux-Varois-en-Provence, Coteaux-d'Aix-en-Provence, Cassis, Bandol, Corse, Sancerre, Tavel, Patrimonio	Collioure, Beaujolais, Cabardès, Marsannay, IGP Landes
Viandes blanches, les volailles et les grillades	Sancerre, Touraine, Bandol, Tavel, Corse-Figari, Bordeaux, IGP d'Oc, IGP Méditerranée, Ventoux, Beaujolais, Bergerac, Lirac	Bellet, Palette, Baux-de-Provence, St Chinian, Marsannay, Bugey rosé, Arbois, Chinon, Touraine-Amboise, Minervois, Corbières, Côte-Roannaise, Fronton

»

	Valeurs sûres	Découvertes
Desserts aux fruits rouges, aux pêches	Côtes de Provence, Coteaux-Varois-en-Provence, Coteaux-d'Aix-en-Provence, Beaujolais, Tavel	Touraine-Amboise, Collioure, Côte-Roannaise, Côtes-d'Auvergne, Fronton

Le champagne et autres bulles

Le champagne est idéal à l'apéritif, car il émoustille les papilles et les rend réceptives à la dégustation d'autres vins.

Truc

Préférez pour l'apéritif un champagne brut, sans millésime, avec une fine bulle, une belle couleur un peu dorée.

Vous pouvez aussi servir des crémants de Bourgogne, de Loire, d'Alsace, etc. Certains soutiennent la comparaison avec le champagne. Ceux qui sont un peu moins bons seront toujours séduisants en version cocktail.

Les effervescents, type Clairette de Die, très parfumés, se servent aussi à l'apéritif ou en collation l'après-midi avec des petits gâteaux secs.

Snobs

Pour un repas entier au champagne, choisissez un brut millésimé, il sera plus rond, sa bulle sera plus discrète, sa couleur et son goût seront plus intenses.

Que servir avec du champagne ? Des mets raffinés, bien sûr. Le menu parfait se compose de caviar, d'huîtres, de homard, de langouste, de saumon fumé, de gambas. Ensuite d'un poisson en sauce, de ris de veau, d'une poularde aux morilles, puis d'un fromage de comté, et enfin d'un petit sabayon de fruits blancs. Les épices et autres assaisonnements doivent être dosés avec subtilité.

Les champagnes rosés, subtils, originaux, sont parfaits à l'apéritif ou avec des desserts comme des mousses de fruits rouges, des sorbets et des glaces, des tartes aux fruits. Mais certains, plus corsés, se marient avec des viandes comme le bœuf ou l'agneau.

Quant aux grandes cuvées de champagne comme le Dom Pérignon, le Cristal de Roederer, la Grande Dame de Veuve Clicquot, etc. Ce sont des produits haut de gamme à un prix élevé, à réserver aux grandes occasions.

Les vins doux naturels

Ces vins doux naturels ne se boivent pas qu'à l'apéritif. Les accords avec les desserts pas trop sucrés fonctionnent à merveille.

Snobs

Il est assez rare de les servir à table dans le courant d'un repas. Étonnez vos convives en leur proposant un vin doux, avec un fromage par exemple. Le succès est garanti ! Et si vous offrez un verre de vieux Banyuls à un fumeur de cigare, vous l'épaterez. Il constatera que les arômes s'harmonisent à merveille !

	Valeurs sûres	Découvertes
Foie gras	Muscat de Rivesaltes, Muscat de Beaume de Venise, Muscat de Mireval, Muscat de St-Jean de Minervois, Muscat du cap Corse	Banyuls, Maury, Rivesaltes ambrés ou tuilés, jeunes Rivesaltes, Banyuls ou Maury (type grenat, rimage), Porto
Fromages bleus (roquefort, bleu d'Auvergne…), fromage de brebis affiné, chèvres secs	Porto, jeunes Rivesaltes, Banyuls ou Maury (type grenat, rimage)	Muscat de Beaume de Venise, Rasteau, Muscat de St Jean de Minervois, Rivesaltes, Maury ou banyuls ambrés ou tuilés
Desserts à base de noix, de praline, de chocolat, de cacao, de noisettes	Rivesaltes ou Banyuls tuilé ou ambré, Jeunes Rivesaltes, Banyuls, Maury (type grenat, rimage), Porto	Rasteau ; Rivesaltes, Banyuls, ou Maury Hors d'Âge ; Banyuls Grand Cru

	Valeurs sûres	Découvertes
Pain d'épice, gâteau au café, tarte tatin, crème brûlée	Rivesaltes, Maury ou Banyuls ambrés	Porto blanc
Tartes aux fraises, aux framboises	Muscat de Rivesaltes, Muscat de Beaume de Venise, Muscat de Mireval, Muscat de St-Jean de Minervois, Muscat du cap Corse, jeunes Rivesaltes, Banyuls ou Maury (type grenat, rimage)	Maury blanc, Rivesaltes rosé
Tarte au citron, à la rhubarbe, tarte aux pêches	Muscat de Rivesaltes, Muscat de Beaume de Venise, Muscat de Mireval, Muscat de St-Jean de Minervois, Muscat du cap Corse	Maury blanc, Banyuls blanc, Rivesaltes rosé

Avec le fromage, affinez les accords

Éric Beaumard

Pour les fromages, il y a presque toujours un vin de la même région qui s'assemble avec bonheur. Et oubliez les vieux réflexes, un rouge n'est pas toujours la meilleure solution, surtout les vins tanniques qu'il vaut mieux éviter absolument. Nombre de fromages sont beaucoup plus à l'aise avec un vin blanc

» **Beaufort :** Vin jaune
» **Brebis basque** (type Ardi-Gasna) : Jurançon
» **Brie :** Coteaux champenois
» **Camembert :** Cidre
» **Cantal ou laguiole :** Vin de paille du Jura ou un rouge souple type
» **Chaource :** Coteaux champenois

» **Avec le fromage, affinez les accords** *(suite)*

- » **Chèvre frais :** Gamay de Touraine
- » **Crottin de Chavignol sec :** Vouvray moelleux
- » **Époisses :** Corton-Charlemagne
- » **Fourme d'Ambert :** Côte roannaise rouge ou côtes du Forez
- » **Mimolette :** Bordeaux rouge (vieux)
- » **Mont d'Or :** Gamay de Chautagne (vin de Savoie)
- » **Munster :** Pinot Gris d'Alsace
- » **Parmesan** (+ vinaigre balsamique) : Amarone
- » **Pérail de brebis :** Gaillac rouge souple
- » **Pont-l'évêque :** Bordeaux rouge (vieux)
- » **Reblochon :** Altesse de Savoie (blanc)
- » **Rigotte :** Condrieu
- » **Roquefort :** Sauternes
- » **Sainte-maure :** Sancerre ou Pouilly-Fumé
- » **Saint-marcellin :** Saint-joseph rouge (souple)
- » **Saint-nectaire :** Bordeaux rouge
- » **Tomme de Savoie :** Chignin-Bergeron

DANS CE CHAPITRE

Le vin, un médicament ?

•

Le vin, un poison ?

•

La résistance à l'alcool

•

En conclusion

Chapitre 12
Le vin et la santé

B*onum vinum laetificat cor hominum*, autrement dit « le bon vin réjouit le cœur de l'homme ».

Cette constatation, faite par les Romains dans l'Antiquité, est devenue un adage. Nos lointains ancêtres ont très vite constaté que le vin apaisait les tensions et rendait l'humeur légère. Il jouait en quelque sorte un rôle d'antidépresseur.

Du Moyen Âge au XIXe siècle, il n'était pas rare de donner un peu de vin aux nourrissons sous prétexte de les fortifier ! Le grand Pasteur lui-même déclarait : « Le vin est la plus saine et la plus hygiénique des boissons. » Ce qui n'était pas forcément faux à une époque où l'eau potable était suspecte ; le vin, lui, est bactériologiquement stérile.

Il a fallu les immenses progrès de la science dès la deuxième moitié du XXe siècle pour que l'on découvre le rôle exact du vin sur notre santé, en bien... et en moins bien.

Le vin, un médicament ?

Ce serait trop beau pour être vrai. Mais les études menées sur les habitudes alimentaires des populations présentant une santé de fer et une grande longévité ont montré que le vin, consommé en petite quantité, avait des vertus bénéfiques. Ainsi, le vin n'est pas exclu du régime crétois dont on vante les mérites.

Le *French paradox* est un concept né dans les années 1980, de l'observation par des cardiologues et des statisticiens des données relatives aux maladies coronariennes en France.

Les habitants du sud-ouest de notre pays, qui ont une alimentation généralement calorique, présentent moins de pathologies cardiaques que leurs concitoyens des autres régions. On en a conclu que le vin rouge, qui accompagne le plus souvent les repas dans cette région, était responsable de cet état de fait.

Les études se sont poursuivies, en France comme dans le monde pour étudier le rôle du vin sur notre santé. Certaines informations sont encourageantes pour les amateurs de vin, mais, ces dernières années, elles font l'objet de débats animés entre scientifiques qui accusent certaines études d'être biaisées.

Les bienfaits du vin

» **Il diminue les troubles de la mémoire ; les consommateurs (raisonnables) de vin rouge seraient moins exposés que les autres à la maladie d'Alzheimer. Une étude italienne a été faite pendant trois ans et demi sur 1566 personnes âgées : le risque de démence sénile était inférieur de 85 % chez les personnes qui prenaient un verre de vin par jour par rapport à celles qui n'en buvaient pas[1]. Par ailleurs, une équipe de l'Inserm, Institut national de la santé et de la recherche médicale, à la suite d'études menées sur des souris, a conclu que le vin augmentait les défenses des neurones contre le stress cellulaire[2].**

---

1 Université de Bari – rapport publié dans *Neurology* – source : la Journée Vinicole

2 Étude publiée dans la revue *Nature Genetics* – source : la Journée Vinicole

» Il joue un rôle actif dans la prévention de certains cancers digestifs, ceux du côlon, de l'œsophage, de l'estomac et du foie, et dans d'autres cancers, ceux du sein, de la vessie, du poumon et de la peau, notamment. Selon une étude scandinave, un verre de vin par jour diminuerait de 40 % le risque de cancer de l'estomac[3].

» Il dilate les coronaires et peut ainsi prévenir les infarctus.

» Il exerce une action préventive sur le processus d'athérosclérose en freinant l'oxydation du mauvais cholestérol (LDL) et fluidifie le sang, réduisant ainsi les risques de thrombose.

» Il aide à lutter contre la constipation et les infections urinaires.

» Il potentialise la vitamine C[4].

» Il diminue les risques d'abcès parodontal, conséquence de l'accumulation de tartre à la base des dents, et cause de la perte des dents s'il n'est pas soigné à temps[5].

» Il allonge l'espérance de vie : les hommes buvant un verre de vin par jour auraient une espérance de vie supérieure de 3,8 années par rapport à celles des hommes n'en buvant pas[6].

Un ami qui nous veut du bien : le resvératrol

Le responsable de tous ces bienfaits est un des composants du vin, le resvératrol, qui fait partie de la famille des polyphénols. C'est un puissant antioxydant.

Quelques explications : l'oxygène que nous respirons, indispensable à notre vie, a hélas sur nos cellules un rôle de dégradation : il les oxyde, perturbant leur fonctionnement et entraînant à la longue le vieillissement et de nombreuses maladies. Les antioxydants permettent de lutter contre cette oxydation des cellules et de préserver notre capital santé.

3 Étude publiée dans *European Journal of cancer prevention* – source : la Journée Vinicole

4 Article du docteur Jack Masquelier – source : vinsetsante.com

5 Étude de l'Université de Laval au Québec présentée lors d'une réunion de l'Association américaine pour la recherche dentaire à Orlando – source : vinsetsante.com

6 Étude menée par des chercheurs hollandais dont les conclusions ont été rapportées à la conférence annuelle de l'Association américaine du cœur – source : lanutrition.fr, 1er mars 2007

Les polyphénols sont présents dans le monde végétal, dans les fruits et les légumes de notre alimentation. Ils sont particulièrement concentrés dans les tanins du vin rouge où ils sont bien conservés, la vinification les laissant quasiment intacts, alors que la cuisson des légumes peut les détruire en partie.

La concentration de polyphénols peut varier selon le cépage : le Cabernet-Sauvignon, le Merlot, le Malbec, le Tannat et le Pinot Noir en sont particulièrement riches.

Attention

Ce sont les tanins du vin rouge qui sont bénéfiques. Un verre de vin blanc, de vin rosé ou de Champagne n'a pas les mêmes effets.

À retenir

Un verre de vin rouge par repas, soit 10 cl, est bénéfique pour votre santé, pas plus. Au-delà de deux verres par jour, ce sont les effets négatifs du vin qui vous menacent.

Le vin, un poison ?

Les effets négatifs de l'alcool sur la santé sont bien connus. Or n'oublions jamais que le vin contient de l'alcool !

« Il a le vin gai ou le vin triste, il est gai, pompette, il a un coup dans l'aile, ou un coup dans le nez, etc. », le langage populaire ne manque pas d'expressions imagées pour décrire l'euphorie qui gagne l'amateur de vin au bout de quelques verres. État passager et sans conséquence, peut-être. Mais, à doses importantes, le vin entraîne de véritables pathologies qui ont une grave incidence médicale et sociale :

» **Les troubles du comportement : l'abus de vin, après un bref moment d'euphorie, entraîne irritabilité, dépression, violence. Que de drames conjugaux et familiaux dus à l'alcoolisme ! La nervosité et l'angoisse, calmées dans un premier temps par l'alcool réapparaissent ensuite avec davantage d'acuité. La personne est alors tentée de boire un peu plus pour se calmer et le cercle vicieux s'installe. Dans certains cas, une absorption massive d'alcool conduit au coma éthylique.**

» Les troubles du jugement : l'alcool fausse le jugement : un conducteur ne sera plus en mesure d'apprécier les distances, conduira trop vite, doublera sans visibilité, ou s'endormira au volant…

» Les troubles digestifs : nausées, vomissements, perte de l'appétit en particulier pour les viandes.

» Les pathologies graves du système digestif : cirrhose, pancréatite, cancer des voies digestives (bouche, œsophage…).

» Le tremblement des mains.

» Les crampes dans les membres inférieurs qui peuvent gêner la marche.

Les symptômes d'une intoxication alcoolique apparaissent au cours d'un bilan sanguin par certains signes biologiques : une augmentation des gamma GT, des triglycérides et du volume globulaire.

Truc

Si vous devez prendre le volant après un repas, le mieux, pour votre sécurité et celle des autres, c'est de vous abstenir de toute boisson contenant de l'alcool. Un peu strict, mais imparable.

La résistance à l'alcool

Nous ne sommes pas égaux devant le vin. Un verre de vin bu à jeun par une dame frêle qui ne boit que très rarement va la rendre « pompette ». Un solide gaillard de 120 kilos qui a coutume de boire son litre de vin à chaque repas ne sera pas ébranlé par un verre de plus. On peut être ivre sans être alcoolique, et être alcoolique sans jamais être ivre. Mais l'alcool contenu dans le vin continue son travail de sape sur l'organisme et, un jour ou l'autre, des pathologies graves risquent de survenir.

Comment savoir que l'on boit trop ?

Il existe plusieurs formes de dérives. L'une est mondaine ou sociale : on sort beaucoup, on prend des apéritifs, du vin à table tous les midis, tous les soirs, et la consommation d'alcool devient importante. Heureusement, les repas d'affaires arrosés d'eau minérale, avec un verre de bon vin « pour le plaisir » sont de plus en plus nombreux. Les habitudes familiales sont parfois en cause : apéritif et vin tous les soirs, excès le week-end.

On considère en tout cas qu'une personne qui a besoin de boire de l'alcool pour se sentir bien a atteint un niveau de dépendance dangereux pour sa santé.

Comment s'arrêter à temps ? Comment s'arrêter quand on est déjà accro ?

Il existe des solutions. Toutes passent par une consultation médicale avec un généraliste qui indiquera les orientations à suivre : il peut prescrire des médicaments qui diminueront l'appétence pour l'alcool, ou encore recommander une prise en charge par un gastroentérologue, ou encore une hospitalisation pour un sevrage plus encadré.

En conclusion…

Pour bien apprécier le vin et jouir de ses bienfaits sans jamais nous exposer à ses effets négatifs, un seul principe : buvons avec modération !

Attention

Les femmes enceintes doivent absolument s'abstenir de boire du vin. En effet, l'alcool entraîne des détériorations mentales chez le fœtus.

À retenir

Au volant, le taux d'alcool limite autorisé est de 0,5 g/litre de sang, et de 0,2 g/l pour les jeunes conducteurs.

L'impact d'un verre peut varier de 0,20 g/l à 0,30 g/l selon l'état de santé, la corpulence…

La quantité d'alcool présente dans un verre dépend évidemment du type d'alcool et du niveau de remplissage du verre. 25 cl de bière à 5 % = 12,5 cl de vin à 12 % = 3 cl d'alcool à 40 % = 10 g d'alcool pur.

L'alcoolémie baisse de 0,10 g/l à 0,15 g/l en 1 h. Sucer des pastilles à la sève de pin n'y changera rien. Mieux vaut ne rien boire que de se lancer dans des calculs compliqués et prendre des risques. La sécurité au volant mérite toute notre attention.

Partie 3

Un voyage autour du monde du vin

J'EN SAIS ASSEZ SUR LE VIN POUR TE DIRE QU'EN CAS DE NAUFRAGE LE BORDEAUX AURAIT PRIORITÉ SUR TOI POUR MONTER DANS UN CANOT DE SAUVETAGE.

Dans cette partie...

Nous sommes ravis de vous savoir encore avec nous après avoir lu tout ce qui précède. Mais vous vous êtes peut-être rendu directement à cette section en passant les chapitres précédents. Dans les deux cas, tout va bien : la matière même du livre se trouve ici.
Les chapitres **13** à **17** contiennent une foule d'informations sur les principaux vins du monde avec nos recommandations d'achat. Nous avons consacré un chapitre entier à la France, à l'Italie et aux États-Unis en raison de leur prééminence dans le monde du vin. Un autre chapitre est dédié au champagne et autres vins pétillants. Nous terminons notre voyage avec les vins liquoreux et de dessert. À votre santé !

DANS CE CHAPITRE

Crus, classements, châteaux et domaines

•

D'où vient la réputation du bordeaux ?

•

Le problème de la rareté des grands bourgognes

•

Les Côtes du Rhône ; de robustes rouges

•

Joyaux blancs de la Loire et de l'Alsace

•

Grands rouges du Sud

•

Cépages en folie dans le Sud-Ouest

Chapitre 13

La France, pays du vin

La France. Quel est le premier mot qui vient à l'esprit d'un étranger lorsqu'il entend ce nom? Champs-Élysées? Amour? Côte d'Azur? Méditerranée?

En ce qui nous concerne, quand nous pensons à la France, c'est au vin que nous pensons : Bordeaux, Bourgogne, Beaujolais, Chablis, Champagne, Sauternes et tous les autres ne sont pas uniquement de fameux vins : ils suggèrent des lieux, des terroirs de France, où les gens vivent, travaillent, mangent et boivent (du vin, bien sûr!). La France a l'un des taux les plus élevés du monde de consommation de vin par habitant. C'est l'un des trois premiers producteurs mondiaux de vin avec l'Italie et l'Espagne. La relation qui s'est établie entre les hommes et les vins est en France d'une telle richesse que tous les autres pays peuvent y puiser d'innombrables sources de connaissance pratique.

La terre où naissent les vins de référence

Comment la France est-elle devenue l'endroit le plus célèbre du monde pour les vins ? Une chose est sûre : les Français font leur propre vin depuis très longtemps. Bien des siècles avant que les Romains n'envahissent la Gaule en apportant leurs vignes, les Grecs avaient déjà débarqué avec leurs vins.

D'importance au moins aussi grande est le *terroir* français, association d'un climat et d'un sol qui, lorsque la magie s'en mêle, sait porter des grappes donnant des vins à couper le souffle. Et quels cépages ! La France est la patrie de presque toutes les variétés nobles du monde : Cabernet-Sauvignon, Chardonnay, Merlot, Pinot Noir, Syrah et Sauvignon Blanc, pour n'en nommer que quelques-uns (nous avons vu les cépages au chapitre **4**).

La France offre le modèle, l'archétype de tous les grands vins du monde. La plupart des pays qui produisent maintenant du vin fabriquent leurs versions locales de Cabernet-Sauvignon, Merlot, Pinot Noir, etc. Ils doivent leur propre succès à la réputation que ces cépages ont acquis en France. Si l'imitation est la forme la plus sincère d'hommage, les producteurs français ont bien raison d'être fiers de leurs vins depuis tant d'années.

Comprendre la loi française sur le vin

Les législateurs français ont eux aussi de bonnes raisons d'être fiers de leur travail. C'est en effet le système de normalisation des régions de production et des qualités de vins, basé sur les appellations d'origine contrôlées (AOC) et mis en place en 1935 qui a servi de modèle à la plupart des autres nations viticoles européennes. Les instances de l'Union européenne s'en sont également inspirées pour mettre en place la classification des vins à l'échelle européenne. Il y a actuellement en France 363 AOC de vins et d'eaux-de-vie différentes. Les AOC viticoles représentent la moitié du volume de vin produit.

Truc

Pour comprendre les classifications et la législation des vins français, cinq choses essentielles sont à savoir :

» La grande majorité des vins français tirent leur nom du lieu de production. Ces lieux ne sont pas arbitraires : ce sont des lieux dûment recensés et définis par les lois françaises. Lorsque nous parlons d'un vin français et de sa région d'origine, la région et le vin portent généralement le même nom – le bourgogne provient de Bourgogne ;

» Le système de classement des vins français est hiérarchisé. Certains vins (ceux issus de certains lieux) possèdent officiellement une plus grande valeur que les autres ;

» En général, plus la superficie du lieu de production est faible, plus le vin est coté ;

» Le fait qu'un vin se soit vu attribuer une plus grande valeur ne signifie pas qu'il soit systématiquement meilleur qu'un autre, mais seulement qu'il devrait être meilleur. Les lois ne font que définir, *via* l'origine contrôlée, quelles sont les potentialités de qualité d'un vin, ce qui n'entraîne pas nécessairement ce même niveau de qualité à chaque bouteille ;

» La catégorie du vin est toujours indiquée sur l'étiquette, par exemple Bandol, appellation Bandol contrôlée.

Truc

Jusqu'en 2009, la législation française fixait quatre catégories clairement indiquées sur l'étiquette. Ces catégories sont remplacées par une nouvelle classification commune à l'ensemble des pays de l'Union européenne (voir chapitre **9**).

Attention

Notez que les anciennes mentions AOC ou vin de pays figurent encore sur de nombreuses étiquettes. Rappelons que les nouvelles mentions correspondantes sont AOP et IGP.

Des distinctions particulières

Le système français de classification des vins est en réalité un peu plus complexe que ce simple système à trois catégories. Pourtant, tous les vins AOP possèdent au niveau légal le même statut : ce sont des sortes de généraux dans l'armée française du vin. Le marché donne à certains vins AOP un plus grand prix qu'à d'autres, et cela découle de la spécificité du terroir d'origine. Certains généraux ont plus d'étoiles que d'autres.

Conseil

Imaginez trois cercles concentriques. Tous les vins qui sont issus de raisins cultivés dans la surface des trois cercles peuvent par exemple correspondre à une appellation AOC/AOP telle que *Bordeaux* (à condition notamment que les cépages et les rendements définis par la loi soient observés). Les vins issus de raisins cultivés dans les deux cercles inférieurs correspondent à une appellation spécifique telle que *Haut-Médoc*. Enfin, les vins dont la région de production est limitée au cercle central peuvent utiliser un nom AOC/AOP plus précis encore tel que *Pauillac* - ce sont tous des généraux, mais certains ont de meilleures références.

Plus le lieu de production est spécifique, plus le vin est généralement considéré comme de grande qualité par le marché, ce qui permet au producteur de fixer un prix supérieur. Il est évident que tout producteur utilise le nom le plus spécifique possible auquel il a droit s'il lui permet de mieux valoriser son vin.

Dans l'ordre croissant de spécificité, le nom d'un vin AOC/AOP peut correspondre à ceci :

» **Une région (Bordeaux, Bourgogne, par exemple) ;**

» **Un district (Haut-Médoc, Côtes de Beaune) ;**

» **Un sous-district (Côtes de Beaune-Villages) ;**

» **Un village ou une commune (Pauillac, Meursault) ;**

» **Un vignoble (Montrachet).**

Il n'est hélas pas toujours facile de reconnaître le niveau de spécificité à la simple lecture de l'étiquette. Vous pouvez parfois vous baser sur le prix du vin comparativement aux autres vins d'origine similaire. Vous apprendrez surtout à mémoriser des noms de terroirs.

Les grandes régions viticoles de France

Nous allons passer en revue dans ce chapitre les principales régions de production de vin en France : Bordeaux, Bourgogne, vallée du Rhône, vallée de la Loire, Alsace, Provence-Corse, Languedoc-Roussillon, Jura-Savoie et Sud-Ouest. Chacune de ces régions est spécialisée dans certains cépages, ceux qui s'adaptent le mieux au climat, au sol et aux traditions locales. Le tableau 13.1 explicite le lien entre cépage et vin pour les six régions principales.

Tableau 13.1

Six régions viticoles de France et leurs principaux cépages.

Régions	Vins blancs	Vins rouges
Bordeaux	Sauvignon blanc, Sémillon, Muscadelle*	Merlot, Cabernet-Sauvignon, Cabernet-Franc, Malbec, Petit Verdot*
Bourgogne		
Bourgogne	Chardonnay	Pinot Noir
Beaujolais	Chardonnay	Gamay
Rhône		
Châteauneuf-du-Pape	Grenache blanc, Grenache Gris, Clairette	Grenache, Cinsaut, Syrah, Mourvèdre...*
Hermitage	Marsanne, Roussanne*	Syrah
Côte-Rôtie		Syrah, Viognier*
Condrieu	Viognier	

»

»

Régions	Vins blancs	Vins rouges
Côtes-du-Rhône	Marsanne, Roussanne, Bourboulenc, Clairette, Grenache Blanc, Viognier...*	Grenache, Syrah, Mourvèdre, Cinsaut, Carignan...
Loire		
Sancerre, Menetou-Salon	Sauvignon Blanc	Pinot Noir
Pouilly-Fumé	Sauvignon Blanc	
Vouvray, Montlouis	Chenin Blanc	
Muscadet	Melon de Bourgogne	
Alsace	Riesling, Gewurztraminer, Pinot Blanc, Pinot Gris, Sylvaner	Pinot Noir
Languedoc-Roussillon	Vermentino (ou Rolle), Piquepoul, Clairette, Bourboulenc, Grenache blanc, Grenache Gris, Marsanne, Roussanne, Macabeu, Viognier	Syrah, Carignan, Grenache, Mourvèdre, Cinsaut...

* *Vins assemblés à partir de plusieurs cépages.*

Figure 12.2

Les grandes régions viticoles de France.

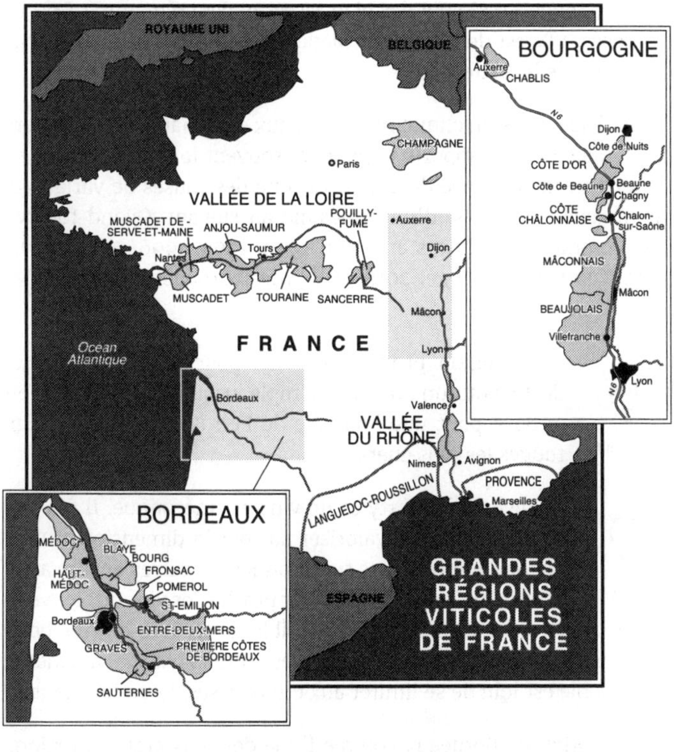

Bordeaux : l'incomparable

Snobs

Pour prétendre connaître le vin, vous devez connaître le vin français. Et, pour connaître le vin français, vous devez connaître les bordeaux.

Bordeaux, sixième métropole française, et sa région possèdent le second vignoble le plus étendu en surface de France, derrière le Languedoc-Roussillon. En France, c'est la région qui produit de loin le plus gros volume de vins en AOP. Elle ne totalise pas moins de 65 appellations (Bordeaux, Bordeaux supérieur, Graves,

Margaux, Haut-Médoc, Saint-Émilion, Pomerol, Saint-Estèphe, etc.). Quatre-vingt-quatre pour cent des vins de Bordeaux produits sont des rouges, 9 % sont des blancs secs et des crémants, 4 % sont des rosés, 1 % est des crémants blancs ou rosés, 1 % est des blancs doux comme le Sauternes.

Le Bordelais offre un climat maritime, aux étés chauds et aux hivers doux. Mais l'océan apporte la pluie, et souvent lors des vendanges. La relative inconstance du climat est une des causes de variabilité du caractère des vins, d'un millésime au suivant. Quand tout va bien comme ce fut le cas en 1989, 1990, 1995, 1996, 2000, 2001, 2005, 2009, 2010, 2015 et 2016, les bordeaux rouges atteignent des sommets.

À retenir

Cette région produit des vins pour tous les budgets, de 3 € pour un bordeaux simple jusqu'à plus de 2000 ou 3000 € pour une bouteille de Pétrus, un des bordeaux rouges les plus chers.

Truc

La diversité des styles de vins est méconnue. Il y a des vins cherchant à valoriser surtout la dimension fruitée du vin, d'autres plus traditionnels, d'autres encore affichant plutôt un style opulent proche des vins du Nouveau Monde... Entre 8 € et 25 €, il est possible de trouver de très bons bordeaux rouges ou blancs en sortant des sentiers battus. La richesse du vignoble est loin de se limiter aux crus classés, heureusement !

La réputation de Bordeaux comme l'une des plus grandes régions viticoles du monde se fonde sur ses vins rouges légendaires, ces fameux vins fins produits dans des châteaux historiques et capables de vieillir plusieurs dizaines d'années (voir chapitre **10**). Le prestige dont jouissent ces bordeaux rouges correspond en réalité à de petites quantités et il existe bien d'autres vins rouges dans cette région. De nombreux rouges de milieu de gamme sont conçus pour être bus dans les dix ans et d'autres encore peuvent être consommés jeunes, dans les deux à cinq ans.

La saveur d'un grand bordeaux

Lorsqu'ils sont jeunes, les grands vins de Bordeaux délivrent un intense arôme de cranberry, auquel se joignent des saveurs de cassis, de fruits rouges, d'épices et de cèdre. Pendant les dix premières années, ils peuvent être très secs et même austères, la grande quantité de tanins masquant leurs saveurs fruitées. Leur robe prend lentement des nuances grenat et ils développent alors un bouquet d'une complexité étonnante, les tanins se faisant plus discrets. Les très grands bordeaux rouges nécessitent souvent vingt ans ou plus pour atteindre leur pleine mesure ; certains ont même pu devenir centenaires (voir chapitre **23**).

Les sous-régions des bordeaux rouges

La Gironde et ses affluents, la Dordogne et la Garonne, divisent la région de Bordeaux en trois grandes zones, auxquelles correspondent trois grandes zones de production de vins :

» la rive gauche, à l'ouest et au sud de Bordeaux : c'est la région du Médoc et des Graves ;

» la rive droite de la Dordogne et de la Gironde : c'est la région de Saint-Émilion, de Bourg et Blaye ;

» l'Entre-Deux-Mers, entre la Garonne et la Dordogne.

Une grande proportion des bordeaux rouges de début de gamme est des assemblages de raisins provenant de différents points de la région de Bordeaux. Nombre d'entre eux sont produits dans l'Entre-Deux-Mers. Sur l'étiquette, ils mentionnent l'AOP générique « Bordeaux » ou « Bordeaux supérieur » (environ la moitié de la production). Cette zone de l'Entre-Deux-Mers est aussi réputée pour ses blancs secs ou doux.

Les vins rouges issus de districts ou de communes sont plutôt localisés sur la rive droite ou la rive gauche.

Les vins de Bordeaux, ce sont près de 9000 exploitations viticoles produisant 675 millions de bouteilles par an sur 114000 hectares. Plus de 8000 exploitations vendent leur vin sous le nom de château (nombre d'entre elles n'ont de château que le nom). La réputation du lieu et des produits de ses vignes est bâtie sur une poignée d'entre eux qui sont des grands crus, mais ne totalisent que 5 % de la surface du vignoble.

Parmi les nombreux districts viticoles de chacune des deux rives, quatre districts sont très importants pour les bordeaux rouges :

Rive gauche (à l'ouest)	**Rive droite (à l'est)**
Haut-Médoc	Saint-Émilion
Graves/Pessac-Léognan	Pomerol

Les deux rives se distinguent surtout par la nature du sol : sur la rive gauche, ce sont les graviers qui prédominent, alors que c'est l'argile sur la rive droite. Le Cabernet-Sauvignon, qui apprécie les graviers, est le cépage principal dans le Médoc, le Haut-Médoc et dans les Graves/Pessac-Léognan, alors que le Merlot, qui préfère l'argile, prédomine dans les vins de Saint-Émilion et de Pomerol. Cela dit, les deux zones cultivent du Cabernet-Sauvignon et du Merlot ainsi d'ailleurs que du Cabernet-Franc et deux autres cépages (voir chapitre **4**).

Vous pouvez en conclure à juste titre que les vins de la rive gauche se distingueront de ceux de la rive droite. En revanche, les vins d'une même rive, les Médoc et les Graves ou les Pessac-Léognan (partie nord des Graves) offrent des similitudes. Aussi, il peut être parfois difficile de distinguer un Pomerol d'un Saint-Émilion.

Snobs

Chaque rive, plus exactement chacun des quatre districts, a ses inconditionnels. La rive gauche, l'ancienne, produit en général des vins plus austères et plus riches en tanins, avec une saveur de cassis prononcée. Ces vins requièrent le plus souvent une dizaine d'années pour atteindre leur plein développement et ils peuvent être gardés longtemps ; ce parcours est typique d'un vin issu de Cabernet-Sauvignon.

Truc

Les bordeaux de la rive droite se prêtent mieux à accueillir les nouveaux consommateurs de bordeaux. Dominés par le cépage Merlot, ils sont plus faciles d'accès ; vous pouvez en découvrir les plaisirs plus rapidement qu'avec leurs cousins de la rive gauche, généralement au bout de quatre à huit ans. Ils sont moins forts en tanins et offrent plus vite leurs saveurs riches et fruitées tout en contenant légèrement plus d'alcool que les rouges de la rive gauche. Mais on trouve aussi de ce côté des grands vins de garde.

La mosaïque du Médoc

Le Médoc est composé de deux sous-districts : le Médoc lui-même, sur la rive gauche de l'embouchure de l'estuaire de la Gironde, et le Haut-Médoc, au sud du Médoc et jusqu'à la ville de Bordeaux. Parfois le terme Médoc englobe les deux sous-districts.

Des deux sous-districts, le Haut-Médoc, au sud, est largement le plus réputé. Il comprend quatre fameuses communes productrices : Saint-Estèphe, Pauillac, Saint-Julien et Margaux. Le tableau qui suit donne une description générale des vins de chacune de ces communes.

Deux autres communes du Haut-Médoc dont les vins sont légèrement moins connus sont Listrac et Moulis. Dans le Haut-Médoc, un château qui ne se trouve pas dans le voisinage de l'une de ces six communes portera l'appellation districale de Haut-Médoc et non celle d'une commune spécifique.

À retenir

Les noms de ces districts et de ces communes font partie des noms officiels des vins produits dans ces lieux et apparaissent sur l'étiquette.

Tableau 13.3

Les quatre principales communes du Haut-Médoc.

Commune	Caractéristiques du vin
Saint-Estèphe	Robuste, tannique, beaucoup de corps, austère dans sa jeunesse ; un bon exemple est le Château Montrose
Pauillac	Riche, puissant, ferme, tannique, corps plein ; arômes de cassis et de cèdre ; vieillissant très bien ; patrie de trois des plus célèbres bordeaux : Lafite Rothschild, Mouton-Rothschild et Latour
Saint-Julien	Riche, plein de saveurs, corps moyen à plein, bouquet de cèdre ; vin élégant et très fin ; exemple typique : Château Léoville-Poyferré
Margaux	Parfumé, bouquet très aromatique, corps moyen, souple et complexe ; exemple typique : Château Palmer

Le classement de 1855

Snobs

Vous êtes-vous déjà demandé de quoi parle un expert en vin lorsqu'il annonce d'un ton assuré qu'un certain bordeaux est un second cru ? Ne vous inquiétez plus. Il parle d'un château (un lieu de production dans la région de Bordeaux) qui fait partie de ceux qui ont eu l'honneur d'être distingués en 1855.

En effet, lors de l'Exposition universelle de 1855 à Paris, les organisateurs ont demandé à la chambre de commerce de Bordeaux de créer une classification des bordeaux pour les présenter à l'exposition. La chambre de commerce a délégué la tâche aux courtiers en vins de bordeaux, ces gens qui achètent et vendent du vin. Les courtiers ont sélectionné soixante et un vins rouges haut de gamme qu'ils ont classés en cinq catégories correspondant à des crus (à Bordeaux, un cru correspond à un lieu appartenant à une propriété). Cette liste se nomme le *Classement de 1855* ; encore de nos jours, les crus classés dans cette liste conservent un prestige certain aux yeux des amateurs.

Les vins rouges classés sont parfois appelés *grands crus classés*. Pour bien apprécier la distinction particulière pour un vin à être un grand cru classé, sachez qu'il existe environ 9000 producteurs de vins dans la région de Bordeaux.

Le Classement de 1855 a traversé le temps. Bien sûr, certains des châteaux ne réalisent peut-être plus un vin correspondant à leur niveau de classification, d'autres pourraient grimper et d'autres châteaux non classés pourraient mériter le classement. Pourtant, devant les enjeux considérables liés à la classification, aucune modification n'a été réalisée à ce jour, à une exception près (voyez l'exception du Mouton) et aucune modification n'est prévue dans le futur immédiat.

Premiers crus

Château Haut-Brion, Pessac-Léognan (le seul hors du Haut-Médoc)

Château Lafite Rothschild, Pauillac

Château Latour, Pauillac

Château Margaux, Margaux

Château Mouton Rothschild, Pauillac (est passé de second à premier en 1973)

Seconds crus

Château Brane-Cantenac, Margaux

Château Cos d'Estournel, Saint-Estèphe

Château Ducru-Beaucaillou, Saint-Julien

Château Durfort-Vivens, Margaux

Château Gruaud Larose, Saint-Julien

Château Lascombes, Margaux

Château Léoville Las Cases, Saint-Julien

Château Léoville Poyferré, Saint-Julien

Château Léoville Barton, Saint-Julien

Château Montrose, Saint-Estèphe

Château Pichon-Longueville, Pauillac

Château Pichon-Longueville Comtesse de Lalande, Pauillac

Château Rauzan-Ségla, Margaux

Château Rauzan-Gassies, Margaux

Troisièmes crus

Château Boyd-Cantenac, Margaux

Château Calon-Ségur, Saint-Estèphe

Château Cantenac Brown, Margaux

Château Desmirail, Margaux

Château Ferrière, Margaux

Château Giscours, Margaux

Château d'Issan, Margaux

Château Kirwan, Margaux

Château Lagrange, Saint-Julien

Château La Lagune, Haut-Médoc

Château Langoa Barton, Saint-Julien

Château Malescot Saint-Exupéry, Margaux

Château Marquis d'Alesme, Margaux

Château Palmer, Margaux

Quatrièmes crus

Château Beychevelle, Saint-Julien

Château Branaire-Ducru, Saint-Julien

Château Duhart-Milon, Pauillac

Château Lafon-Rochet, Saint-Estèphe

Château La Tour Carnet, Haut-Médoc

Château Marquis de Terme, Margaux

Château Pouget, Margaux

Château Prieuré-Lichine, Margaux
Château Saint-Pierre, Saint-Julien
Château Talbot, Saint-Julien

Cinquièmes crus

Château d'Armailhac, Pauillac
Château Batailley, Pauillac
Château Belgrave, Haut-Médoc
Château de Camensac, Haut-Médoc
Château Cantemerle, Haut-Médoc
Château Clerc Milon, Pauillac
Château Cos Labory, Saint-Estèphe
Château Croizet-Bages, Pauillac
Château Dauzac, Margaux
Château Grand-Puy Ducasse, Pauillac
Château Grand-Puy-Lacoste, Pauillac
Château Haut-Bages Libéral, Pauillac
Château Haut-Batailley, Pauillac
Château Lynch-Bages, Pauillac
Château Lynch-Moussas, Pauillac
Château Pedesclaux, Pauillac
Château Pontet-Canet, Pauillac
Château du Tertre, Margaux

De grands bordeaux

Focus

Comme vous pouvez vous y attendre, les meilleures affaires dans l'achat de vins bordelais ne concernent pas les grands crus classés. Si vous cherchez des occasions intéressantes (et des bordeaux qui puissent se boire assez rapidement), cherchez plutôt parmi les vins qui ne se trouvent pas dans la Classification de 1855. Ces vins se négocient généralement dans une fourchette de prix de 15 à 50 € ; certains d'entre eux peuvent être aussi bons que certains grands crus classés lorsque ces derniers ne sont pas au meilleur de leur forme.

À explorer aussi, les 2e, 3e ou 4e vins des crus classés. Ces cuvées sont réalisées à partir de jeunes vignes ou de terrains jugés moins qualitatifs, mais peuvent être séduisantes pour, justement, leur plus grande simplicité et leur prix un peu plus doux.

Quelques crus du Médoc non classés à explorer

Éric Beaumard

Château Sociando-Mallet (Haut-Médoc)

Château Poujeaux (Moulis-en-Médoc)

Château de Pez (Saint-Estèphe)

Château Ormes de Pez (Saint-Estèphe)

Château Labégorce (Margaux)

Château Maucaillou (Moulis-en-Médoc)

Château Phélan Ségur (Saint-Estèphe)

Château Meyney (Saint-Estèphe)

Château Chasse-Spleen (Moulis-en-Médoc)

Château Haut-Marbuzet (Saint-Estèphe)

Château Saransot-Dupré (Listrac-Médoc)

Château Mauvesin-Barton (Moulis)

Abondance de classements

Le classement de 1855 a aussi dressé un palmarès des crus du Sauternais. Le célèbre Château d'Yquem a été ainsi classé Premier cru supérieur. C'est le seul dans cette catégorie ! Il est suivi par 11 premiers crus et 15 seconds crus.

Le classement des Graves a été établi en 1953 et revu légèrement en 1959. Il n'a pas été révisé depuis cette date. Il a classé 7 crus en rouge, 3 crus en blanc et 6 crus en rouge et blanc. Il n'y a qu'un seul niveau de classement. Le Château Haut-Brion, déjà présent dans le classement de 1855 (et seul cru des Graves à l'être) fait aussi partie de ce classement.

Saint-Émilion a classé ses vins à partir de 1954, avec un principe de révision tous les 10 ans. Autant dire que chaque révision donne lieu à d'intenses batailles juridiques ! Il distingue des Saint-Émilion Premier Grand Cru Classé (18 dans le dernier classement qui date de 2012, dont 4 classés A) et des Saint-Émilion Grand Cru Classé (64 dans le dernier classement). Le 4e classement bordelais est celui des crus bourgeois (voir l'encadré ci-dessous). Il en existe un 5e, peu connu, celui des Crus Artisans du Médoc. Cette catégorie existait déjà au XIXe siècle. Elle a été reconnue par l'Union européenne en 1994. Elle concerne des crus produits dans le Médoc par 36 domaines familiaux qui n'excèdent pas 10 hectares.

Le classement mouvementé des crus bourgeois

Un autre classement concerne des vins moins cotés que les crus classés ; celui des crus bourgeois du Médoc. Ce terme date du XVe siècle et correspondait à des terres dont les propriétaires (habitants du « bourg » de Bordeaux) jouissaient de privilèges, notamment d'exonération de charges sur les ventes des vins de leur vigne. Enrichis, ces « bourgeois » acquirent les meilleures terres.

Un classement de 444 crus a été établi en 1932 par les courtiers bordelais. Sans être officiel, il a servi de référence pendant de nombreuses années. En 2003, un nouveau classement a été officialisé dans le but de redonner de la valeur à cette mention devenue peu sélective. Les propriétaires exclus de ce classement ont obtenu son annulation en 2007. Un autre système de reconnaissance a été mis en place en 2009, promu par l'Alliance des crus bourgeois du Médoc. Il était annuel, intervenait 2 ans après la récolte, était basé sur un cahier des charges et une dégustation. Il faisait l'objet d'un contrôle à différents niveaux par un organisme extérieur. Certains châteaux prestigieux se sont retirés de la course.

»

»

Le classement mouvementé des crus bourgeois *(suite)*

Un nouveau classement a été publié en 2020. Il distingue 249 crus répartis en trois catégories : 179 en crus bourgeois, 56 en crus bourgeois supérieurs, 14 en crus bourgeois exceptionnels. Ils représentent 31 % de la production de l'ensemble du vignoble du Médoc en volume. Désormais, le classement sera renouvelé tous les 5 ans et issu d'une dégustation à l'aveugle de 5 millésimes. Rappelons que ce classement concerne exclusivement 8 AOP : Médoc, Haut-Médoc, Listrac-Médoc, Moulis-en-Médoc, Margaux, Saint-Julien, Pauillac ou Saint-Estèphe.

Du côté de la Rive Droite

Cette partie du vignoble bordelais est plus éloignée de la ville de Bordeaux, peut-être un peu moins médiatisée, mais elle n'est pas moins prestigieuse et intéressante, loin de là.

Saint-Émilion (et ses satellites Lussac-Saint-Émilion, Montagne-Saint-Émilion, Puisseguin-Saint-Émilion, Saint-Georges-Saint-Émilion), ainsi que Pomerol et Fronsac sont les appellations les plus connues. Mais grâce au succès du Merlot très adapté aux terroirs de la région et grâce aussi aux prix élevés des appellations très connues, d'autres appellations montent en puissance. C'est parmi elles que l'on peut trouver d'excellents rapports qualité/prix. Castillon Côtes de Bordeaux est la plus emblématique. Située à l'est du vignoble bordelais, elle produit des vins amples et généreux, aux tanins fins, qui peuvent à la fois se boire assez vite et se garder.

Plus au nord, Côtes de Bourg s'appuie aussi sur la suavité du Merlot, mais remet en valeur le Malbec, un cépage historique de l'appellation. Il apporte de la complexité et de la profondeur avec des saveurs d'épices et de fruits noirs.

Focus

S'offre aussi à vous le vaste groupe des bordeaux rouges et blancs qui ne font partie d'aucune classification. Les « petits châteaux » sont les bordeaux à rechercher lorsque vous avez besoin d'un bordeaux honnête pour accompagner un repas. Vous comprendrez que ces vins ne mentionnent pas l'expression « petit château » ou « petit bordeaux » sur l'étiquette. (Ah ! La connaissance du bordeaux n'est pas simple !) Vous reconnaîtrez les bordeaux simples à leur appellation bordeaux ou bordeaux supérieur, mais surtout à leur prix (moins de 12 €).

Un bordeaux portant sur son étiquette la mention « mis en bouteille au château » est issu à 100 % des vignes de la propriété dont il se réclame. C'est un gage de traçabilité. Si c'est un négociant qui a acheté le vin pour l'embouteiller sous un autre nom, il ne peut pas utiliser ce terme.

L'exception du « Mouton »

La seule et unique modification que l'on a osé apporter depuis 1855 à la classification des Médoc et des Sauternes date de 1973. Après s'être battu pendant cinquante ans avec le gouvernement français, le baron Philippe de Rothschild est parvenu à faire en sorte que son merveilleux Château Mouton-Rothschild passe de second à premier cru, ce qu'il méritait aux yeux de tous. Le ministre de l'Agriculture de l'époque a décrété que Château Mouton-Rothschild était effectivement un premier cru (les amateurs de bordeaux ont toujours considéré les choses ainsi, au regard de sa qualité sinon de son statut légal). La devise du baron, écrite sur les armoiries de sa famille, devait être modifiée en conséquence. En effet, jusqu'en 1973, cette devise s'écrivait ainsi ;

Premier ne puis, second ne daigne ; Mouton suis.

À partir du millésime 1973 de Château Mouton-Rothschild, le baron a modifié sa devise ;

Premier je suis, second je fus ; Mouton ne change.

Conseils pour boire les bordeaux rouges

Les grands bordeaux rouges nécessitant de nombreuses années de maturation ne sont généralement pas à conseiller dans les restaurants qui offrent souvent des millésimes récents, et lorsqu'un vieux bordeaux est proposé sur une carte des vins, il est généralement très cher. Commandez plutôt un bordeaux de milieu de gamme au restaurant. Réservez-vous la découverte des grands vins pour vos dégustations entre amis à la maison.

Truc

Le bordeaux rouge se marie bien avec l'agneau, le gibier, le bœuf, qu'il soit rôti, grillé ou mijoté, et les fromages comme la mimolette ou le saint-nectaire. Certains vins aux tanins ronds peuvent accompagner des desserts chocolatés (mais pas trop amers) comme un fondant au chocolat ou des brownies. Si vous prévoyez de servir un bon bordeaux rouge jeune, prévoyez de l'ouvrir environ 1 heure avant le repas et laissez le vin respirer (voir chapitre **8**) ; servez le vin entre 18 et 19 °C. Si vous disposez de conditions de stockage correctes (voir chapitre **10**), vous aurez intérêt à garder vos bons bordeaux quelques années pour qu'ils développent d'autres arômes.

Les meilleurs millésimes récents de bordeaux sont pour les rouges ceux de 1989, 1990, 1995, 1996, 1998, 2000, 2001, 2005, 2009, 2010, 2015 et 2016.

Les grands bordeaux qu'il faut avoir goûtés

Éric Beaumard

Déguster un bordeaux rouge prestigieux est un moment inoubliable. Si vous êtes tenté, voici mes suggestions. Ce sont des vins du Médoc ou de Pessac-Léognan, donc de la rive gauche, ou de Pomerol ou Saint-Émilion, donc de la rive droite. Ces vins sont vendus pour la plupart entre 70 et 300 € et parfois beaucoup plus, dans le cas de vins recherchés par les amateurs du monde entier.

» **Vins du Médoc**

Château Léoville Las Cases
Château Léoville Barton
Château Rauzan Segla
Château Palmer
Château Cos d'Estournel
Château Pontet-Canet
Château Giscours
Château Pichon Lalande

»

» **Les grands bordeaux qu'il faut avoir goûtés** *(suite)*

Château Pichon Baron
Château Calon-Ségur
Château Lynch-Bages
Château Montrose
Château Ducru-Beaucaillou
Château Grand-Puy Lacoste
Château Cantenac Brown
Château Léoville Poyferré

» **Vins de Pessac-Léognan**

Château La Mission Haut-Brion
Château Pape Clément
Château Haut-Bailly
Domaine de Chevalier

» **Vins de Pomerol**

Pétrus*
Château Lafleur*
Château Trotanoy
Vieux-Château Certan
Château Gazin
Château L'Église-Clinet
Château la Conseillante
Château le Pin
Château Hosanna
Château Le Gay

» **Vins de Saint-Émilion**

Château Ausone
Château Beauséjour
Château Canon
Château Cheval Blanc
Château Belair-Monange
Château Berliquet
Clos Fourtet
Château Figeac
Château Canon La Gaffelière
Château Larcis Ducasse
Château Pavie
Château Troplong Mondot
Château Pavie-Macquin
Château La Mondotte
Château Tertre Rotebœuf
Château La Dominique

* *prix très élevés*

Mais le bordeaux se fait aussi en blanc

Le bordeaux blanc existe en sec et en doux. La production est concentrée dans deux districts :

- Le **district des Graves** produit certains des plus fins bordeaux blancs, tant secs que doux, notamment ces grands vins de dessert liquoreux que sont les Sauternes (voir ci-après) qui proviennent du sud des Graves.
- De l'autre côté de la Garonne se trouve le district de l'**Entre-Deux-Mers** qui produit des bordeaux blancs secs et doux.

Jusque dans les années 1950, les blancs secs représentaient 60 % de la production bordelaise. Ce n'est qu'à partir des années 1970 que les rouges ont pris le dessus. Aujourd'hui les blancs ne pèsent plus que 10 % (blancs secs, crémants blancs et vins doux). Ça n'empêche pas une grande diversité même au sein de la catégorie générique Bordeaux Blanc qui peut être produite sur l'ensemble du vignoble.

Les vins peuvent se classer en deux grandes familles :

- Des vins vifs et fruités, parfois très aromatiques, à boire dans leur jeunesse, à l'apéritif, sur les fruits de mers, les poissons grillés, les salades et les fromages de chèvre.
- Les vins structurés, élevés en barriques, pouvant se garder quelques années. Ils s'ouvrent sur des plats plus cuisinés : viandes blanches, plats au curry (pas trop forts), poissons en sauce, fromages comme le comté.

Vous trouverez certains des plus grands vins blancs secs du monde dans le nord des Graves, notamment dans le district de Pessac-Léognan.

La plupart des bordeaux blancs sont issus d'une combinaison en proportion variable des deux cépages Sauvignon Blanc et Sémillon. Mariage heureux, car le Sauvignon Blanc offre des charmes immédiats alors que le Sémillon requiert plus de temps pour développer ses qualités et ajoute une certaine viscosité et une profondeur au vin.

Les meilleurs Graves blancs secs sont vifs lorsqu'ils sont jeunes puis développent un corps très riche et un bouquet miellé en vieillissant. Dans les bons millésimes, les meilleurs blancs nécessitent au moins 10 ans pour se développer et peuvent être gardés bien plus encore.

Le Sauternes : de l'or liquide

Produit dans le district des Graves, le Sauternes demande beaucoup de main-d'œuvre. Les raisins doivent être cueillis à la main ; les vendangeurs passent plusieurs fois dans chaque rang de vigne et sélectionnent les seuls grains affectés par le *Botrytis cinerea*. Ce champignon, connu sous le nom de pourriture noble, concentre le jus et les sucres des raisins, tout en permettant au vin de garder une acidité équilibrant sa douceur. Il faut des conditions particulières liées à la météo et au terroir pour qu'il se développe.

Les vendanges s'étalent donc sur plusieurs semaines et peuvent se dérouler jusqu'au mois de novembre. Les rendements sont faibles. De temps à autre, un mauvais temps en octobre réduit à néant tous les espoirs de produire un vin visité par le ***botrytis***. En général, seules deux à quatre années par décennie permettent de produire un Sauternes digne de ce nom (la décennie 1980 a été exceptionnelle).

Les bons Sauternes sont donc très chers. Les prix commencent au-dessous de 16 € et montent jusqu'à 150 € ou beaucoup plus pour un Château d'Yquem, le plus cher à produire de tous les Sauternes et le plus grand. Le Château d'Yquem a toujours été recherché par les collectionneurs et c'est d'ailleurs le seul Sauternes ayant reçu le statut de premier cru dans la classification des bordeaux de 1855.

Truc

Les Sauternes se trouvent maintenant en demi-bouteilles, ce qui les rend plus abordables. Ce format est parfaitement adapté à une dégustation en début ou en fin de repas. Vous pouvez trouver un Sauternes tout à fait correct tel que le Château Doisy-Daëne dans ce format.

Visite des mines d'or

Le district vinicole du Sauternais est constitué de cinq communes dans la partie la plus méridionale des Graves (une des communes donne son nom au district). La commune de Barsac produit des vins plus légers que les autres Sauternes et peuvent être revendiqués en Sauternes ou en Barsac. C'est la Garonne et son affluent le Ciron qui sont responsables des brouillards qui déclenchent la formation du *Botrytis cinerea*.

Les trois cépages autorisés sont le Sémillon, le Sauvignon Blanc et la Muscadelle, bien que cette dernière ne soit utilisée que par certains châteaux et dans de petites quantités. Le Sémillon est roi. La plupart des producteurs en utilisent jusqu'à 80 % dans leurs assemblages.

Éric Beaumard

Douze Sauternes très recommandables

» **Exceptionnel**

Château d'Yquem : peut vieillir 100 ans et plus

» **Excellent**

Château de Fargues

Château Climens

Château Suduiraut

Château Rieussec

Château Lafaurie-Peyraguey

» **Très bon**

Château Coutet

Château Gilette

Château Raymond-Lafon

Château Guiraud

Château Sigalas-Rabaud

Château Doisy-Daëne

Stockage et service des Sauternes

Truc

L'excellent équilibre entre douceur et acidité naturelles des Sauternes leur permet de bien vieillir (notamment les meilleurs) et d'atteindre un âge canonique. Mais le

Sauternes est si délicieux qu'il est souvent consommé dans ses premières années, lorsqu'il est encore très riche et très doux. Pourtant, le Sauternes s'exprime bien plus encore lorsqu'il a perdu ses rondeurs de bébé.

Au bout de dix à quinze ans de garde, la couleur du Sauternes passe de l'or clair à un or profond, avec des pointes d'orangé et d'ambre. Le vin perd alors un peu de sa douceur pour développer des saveurs qui rappellent l'abricot, l'écorce d'orange, le miel et le caramel. C'est le moment où le Sauternes est à son sommet. Dans les meilleurs millésimes, il prend encore plus de temps pour y accéder. Ce niveau atteint, il reste stationnaire de longues années, voire décennies, puis prend très lentement des couleurs ambre foncé ou brun clair. Même au soir de sa vie, le Sauternes continue à délivrer une partie de ses arômes complexes. Dans les bons millésimes, un Sauternes peut se garder cinquante à soixante ans ou plus.

À la découverte d'autres liquoreux bordelais

Dans le Bordelais, il existe d'autres liquoreux. Leurs arômes ne sont peut-être pas aussi intenses que le Sauternes ou le Barsac mais ce sont de bonnes affaires autour de 20 €.

Snobs

Juste au nord et limitrophe de Barsac se trouve la région vinicole mésestimée de Cérons. Vous parviendrez souvent à faire croire à vos amis qu'un Cérons, servi en dégustation aveugle, est un Sauternes ou un Barsac. Dans le district de l'Entre-Deux-Mers du Bordelais, vous pouvez rechercher les appellations Cadillac, Loupiac ou encore Sainte-Croix-du-Mont pour des vins liquoreux plus abordables que les Sauternes.

Bourgogne : un vignoble mythique

La Bourgogne partage avec la région de Bordeaux l'honneur d'être l'une des régions productrices de vins français les plus connues au monde. À la différence du Bordelais, la Bourgogne doit sa réputation autant à ses blancs qu'à ses rouges (les blancs représentent 60 % de la production, les rouges et les rosés 30 % et les crémants 10 %). Les meilleurs bourgognes blancs sont même plus chers que les meilleurs rouges.

Snobs

L'autre grande différence avec les bordeaux est la rareté des bons bourgognes, et ce pour une raison simple : la Bourgogne, hors Beaujolais (techniquement rattaché à la Bourgogne, mais produisant un vin radicalement différent), dispose d'un vignoble quatre fois plus petit que celui du Bordelais !

Les parcelles de vignobles en Bourgogne sont plus petites et plus fragmentées que celles du Bordelais. La cause en revient pour partie à la Révolution de 1789. Avant la Révolution, la noblesse et le clergé étaient les principaux propriétaires en Bourgogne. Après la Révolution, les vignobles ont été distribués au peuple ; Bordeaux étant, à cette époque, propriété des Anglais, ses vins ont été moins affectés par la Révolution. Le Code Napoléon, qui édictait que toutes les terres devaient être distribuées de manière égale, a accentué le morcellement des vignobles familiaux.

De nos jours, la Bourgogne est donc une mosaïque de petits domaines. De grands vignobles sont gérés en copropriété, certaines familles ne possédant que deux ou trois rangs de vigne d'un même vignoble. (Un vignoble bourguignon très réputé, le Clos de Vougeot, compte 82 propriétaires pour 50 hectares !) Les quantités de vin produites en Bourgogne ne suffisent pas à satisfaire la passion des admirateurs de ces vins dans le monde entier. D'où une envolée des prix. À titre de comparaison, le vignoble de Pauillac, célèbre appellation du Médoc totalise 1 200 hectares, alors que celui de Pommard (célèbre vin de la côte de Beaune) fait 300 hectares ou celui de Gevrey-Chambertin (côte de Nuits) s'étend sur 400 hectares.

Truc

En Bourgogne, les propriétés se nomment des *domaines*, ce qui est peut-être moins prestigieux que *château*, mais correspond bien à la taille plus réduite des vignobles.

Les conditions climatiques des années récentes ont encore aggravé la rareté des vins bourguignons, notamment en 2010, 2012 et 2013.

Le vignoble aurait perdu sur ces 3 années l'équivalent de 70,8 millions de bouteilles ! Le gel a encore violemment sévi en 2016 et 2017.

Chardonnay, Pinot Noir et Gamay

La Bourgogne offre un climat *continental* (étés chauds, hivers froids). Des orages de grêle peuvent se produire en été, ce qui endommage les raisins et entraîne la pourriture. Le sol est essentiellement constitué de calcaire et d'argile.

Le *terroir* bourguignon est particulièrement adapté aux deux cépages principaux employés dans la région. Le *Pinot Noir* (pour les bourgognes rouges) et le *Chardonnay* (pour les bourgognes blancs). En fait, on n'est parvenu nulle part ailleurs sur terre à mieux exprimer les qualités de ce cépage difficile et pointilleux qu'est le Pinot Noir.

Si l'on descend vers le sud jusqu'à atteindre le district du Beaujolais, le sol devient granitique et riche en argile, ce qui convient davantage au cépage *Gamay* qui règne dans cette contrée.

La loi des districts

La Bourgogne viticole est constituée de cinq districts qui produisent chacun des vins assez différents. Ces districts sont, du nord au sud, le Chablis, la Côte d'Or, la Côte chalonnaise, le Mâconnais et le Beaujolais. La Côte d'Or, cœur de la Bourgogne, est divisée en deux sous-districts : la Côte de Nuits au nord et la Côte de Beaune au sud.

Le tableau suivant présente ces districts, du nord au sud et indique les cépages utilisés dans chacun d'eux. Au premier coup d'œil, vous noterez que le district du Beaujolais, bien qu'appartenant à la Bourgogne, produit des vins totalement différents. Il en va de même partiellement pour le Mâcon rouge, la petite proportion de Pinot Noir remplaçant le Gamay ne donnant pas un vin ressemblant aux autres bourgognes rouges. D'ailleurs, le Mâcon rouge est très peu exporté ; c'est le Mâcon blanc qui passe les frontières.

Tableau 13.5

Les districts viticoles de Bourgogne.

Districts	Vins rouges	Vins blancs	Cépages principaux
Chablis	-	Chablis	Chardonnay
Côte d'Or : Côte de Nuits	Bourgogne rouge	-	Pinot Noir
Côte d'Or : Côte de Beaune	Bourgogne rouge	Bourgogne blanc	Pinot Noir, Chardonnay
Côte chalonnaise	Bourgogne rouge	Bourgogne blanc	Pinot Noir, Chardonnay
Mâconnais	Mâcon rouge	Mâcon blanc	Gamay, Pinot Noir, Chardonnay
Beaujolais	Beaujolais rouge	Beaujolais blanc	Gamay, Chardonnay

Truc

Dans la pratique, le terme *bourgogne rouge* fait donc référence d'abord aux vins rouges de la Côte d'Or ainsi qu'à ceux, moins connus, mais moins chers, de la Côte chalonnaise. De même, lorsqu'un amateur parle de *bourgogne blanc*, il fait généralement référence aux blancs de la Côte d'Or et de la Côte chalonnaise. On peut utiliser des noms plus précis tels que Chablis ou Mâcon pour faire référence aux vins blancs des districts concernés. Et lorsqu'un amateur parle de la « région bourguignonne », il peut ou non y faire entrer le beaujolais, mais ce dernier est généralement considéré à part.

Attention

Nous avions oublié les imposteurs. Si vous voyagez, ne vous laissez pas berner par ces rouges californiens bon marché qui indiquent « Bourgogne » ou même « Chablis » sur l'étiquette. Ces imposteurs sont produits à partir de différents cépages ordinaires cultivés à grande échelle à des dizaines de milliers de kilomètres de la Côte d'Or. Nous serions même surpris que l'un de ces vins contienne une seule goutte de jus d'un cépage de Bourgogne, Pinot Noir ou Chardonnay. Ce sont des vins demi-secs fabriqués pour plaire à tout le monde et ils se vendent hélas bien. Méfiance donc si vous achetez du vin aux États-Unis. En Europe, ces falsifications sont bien évidemment interdites.

Du régional au sublime

L'histoire de la formation géologique du sol bourguignon explique que sa nature varie d'une colline à l'autre et même entre le milieu et le bas d'une pente. Vous pouvez trouver deux vins clairement différents pourtant issus de deux vignobles que ne séparent que les deux mètres d'un chemin vicinal.

À retenir

Dans une région où le *terroir* varie dans de telles proportions, la spécificité du site prend une importance considérable. Un vin provenant d'un petit vignoble doté de caractéristiques spéciales sera plus précieux et plus rare qu'un vin issu de l'assemblage de plusieurs vignobles ou issu d'un site moins favorable.

La structure des appellations contrôlées des vins de Bourgogne reconnaît cette importance du terroir. La même structure hiérarchique des appellations régionales, districales et communales existe en Bourgogne comme dans le Bordelais, mais il existe de plus des appellations d'origine contrôlées qui font référence à des vignobles déterminés. Certains des vignobles sont reconnus comme meilleurs que les autres : certains sont des premiers crus et les meilleurs d'entre eux sont même des grands crus. La Bourgogne totalise à elle seule 84 appellations d'origine contrôlée (sur une surface, rappelons-le, quatre fois plus petite que celle du Bordelais) !

Conseil

En Bourgogne, les termes *premier cru* et *grand cru* n'ont pas la même signification qu'à Bordeaux. À Bordeaux, ils correspondent généralement au résultat d'une classification qui est extérieure à la législation sur les appellations contrôlées. En Bourgogne, *premier cru* et *grand cru* sont des distinctions officielles inscrites dans la loi des AOC. Leur signification est définie très précisément.

Le tableau 13.6 fournit quelques noms d'AOP bourguignonnes en ordre croissant de spécificité. Les deux catégories les plus vastes, région et district, correspondent à environ 51 % de la production totale de vins de Bourgogne. Ces bourgognes plus ou moins génériques se vendent à moins de 12 € la bouteille (vous trouverez des bourgognes tout à fait honnêtes à ces prix). Les vins communaux (on dit également *villages*) tels que les Nuits-Saint-Georges correspondent à 38 % de la production de Bourgogne et se vendent plutôt entre 10 et 25 € la bouteille ; il y a 23 appellations régionales produites sur tout le territoire bourguignon et 44 appellations communales ou villages.

Les *premiers crus*, tels le Meursault Les Perrières ou encore Chambolle-Musigny Les Charmes, comptent pour 10 % de la production ; 640 vignobles possèdent une appellation Premier cru. Leur prix est rarement inférieur à 25 € la bouteille. Enfin, il existe 33 grands crus tels que le Chambertin ; la production représente 1,4 % du total. Les prix des bourgognes grands crus tant rouges que blancs tournent généralement autour de 40 €, mais dépassent fréquemment 100 € voire beaucoup plus. Et dans le cas d'une bouteille de Romanée-Conti, le plus célèbre des vins de Bourgogne et l'un des plus chers du monde, beaucoup plus (les bouteilles sont si rares et recherchées qu'elles peuvent se vendre 4 000 ou 5 000 € voire encore plus) !

Les climats : une valeur universelle

En Bourgogne, la notion de terroir est poussée si loin qu'elle se traduit par le terme « climat ». Ce mot désigne une parcelle ayant été identifiée depuis plusieurs siècles comme produisant un vin doté d'un caractère distinctif. Ainsi, un Puligny-Montrachet premier cru peut être issu de l'un des 17 climats répertoriés ; par exemple Puligny-Montrachet premier cru Les Demoiselles. Cette finesse d'approche du terroir si typique de la Bourgogne est un modèle pour les grands vins du monde. De grands acteurs du vignoble ont milité pour l'inscription des climats du vignoble

»

Les climats : une valeur universelle *(suite)*

de Bourgogne sur la liste du patrimoine mondial de l'humanité de l'Unesco. L'association défendant ce projet est présidée par Aubert de Villaine, cogérant du domaine de la Romanée-Conti. La Bourgogne a pu compter sur deux millénaires d'une fabuleuse histoire viticole pour alimenter son dossier! Le 4 juillet 2015, l'Unesco a reconnu la portée universelle des climats bourguignons en les inscrivant dans la fameuse liste.

Truc

Vous pouvez heureusement distinguer un *premier cru* d'un *grand cru* en lisant l'étiquette. Un premier cru indique le nom de la commune suivi du nom du vignoble, les deux mentions étant souvent écrites en lettres de la même taille (de temps à autre, vous trouvez aussi la mention *Premier cru*). Lorsque le nom du vignoble est écrit en lettres plus petites que celui de la commune, le vin n'est pas un *premier cru*, mais tout de même un vin issu d'un seul vignoble de la commune – les vins d'un seul vignoble ne sont pas tous reconnus comme premiers crus par la loi. Les bourgognes *grands crus* ne mentionnent que le nom du vignoble.

Conseil

Lorsqu'un vin est produit par assemblage de deux premiers crus différents de la même commune, il peut malgré tout s'appeler *premier cru*, mais n'a pas le droit de mentionner un nom de vignoble *premier cru*. Il peut porter le nom de la commune et les mots *Premier cru*, parfois écrit *1er cru*.

Tableau 13.6

Hiérarchie des appellations contrôlées en Bourgogne.

Territoire	Exemples
Région	Bourgogne rouge ; Crémant de Bourgogne ; Bourgogne aligoté
District	Côte de Beaune-Villages ; Mâcon-Villages

»

Territoire	Exemples
Village ou commune	Pommard ; Gevrey-Chambertin ; Volnay ; Mercurey
Premier cru*	Nuits-Saint-Georges Les Vaucrains ; Beaune Grèves ; Vosne-Romanée Les Suchots
Grand cru*	Musigny ; La Tâche ; Montrachet ; Clos de Tart

** Désigne une parcelle précise.*

La Côte-d'Or

La Côte d'Or, cœur de la Bourgogne, est une bande de terre de 100 kilomètres de long où se trouvent quelques-uns des plus chers vignobles du monde. C'est dans cette région que sont produits les célèbres grands bourgognes rouges et blancs.

Côte de Nuits

La partie nord de la Côte d'Or est la Côte de Nuits ; elle tire son nom de la ville principale de Nuits-Saint-Georges. Les grands bourgognes rouges sont presque tous issus de ce sous-district (on y trouve également un très grand bourgogne blanc, le Musigny, et quelques autres).

Les AOP de Bourgogne (encore une fois pour le plaisir)

Les bourgognes ayant une appellation d'origine régionale sont faciles à reconnaître, car leur nom commence toujours par *Bourgogne*. Dans la liste qui suit, vous lirez les noms des AOP (ou AOC) de chaque colonne dans le sens descendant pour constater comment le nom se précise progressivement en passant du *district* au *grand cru*.

»

Les AOP de Bourgogne (encore une fois pour le plaisir) *(suite)*

Étendue	Bourgogne rouge	Bourgogne blanc
Région	Côte de Nuits-Villages, Côte de Beaune	Côte de Beaune
Commune	Chambolle-Musigny	Puligny-Montrachet
Premier cru	Chambolle-Musigny Les Amoureuses	Puligny-Montrachet Les Pucelles
Grand cru	Musigny	Bâtard-Montrachet ; Montrachet

Le goût des grands bourgognes rouges

Le cépage Pinot Noir ne donne pas autant de couleur que le Cabernet-Sauvignon ou que le Merlot. Les bourgognes rouges sont donc en général moins foncés que les bordeaux, leurs couleurs variant entre le grenat et la cerise ou le rubis. Le titrage en alcool est moyen à fort et le taux de tanins est assez modéré. L'arôme caractéristique est celui des petits fruits rouges tels que les cerises et les baies auxquels s'ajoutent des arômes boisés ou de terre humide et de champignons. Lorsqu'un bourgogne rouge vieillit, il développe souvent une texture veloutée, riche, une douceur naturelle d'arômes de fruits ; on retrouve parfois un bouquet mêlant odeurs de cuir, de café et de gibier.

À quelques exceptions près (par exemple, dans le cas d'un grand vin ou d'un grand millésime comme 1990, 1995, 1996, 1999, 2002, 2003, 2005, 2009, 2010 et 2015), les bourgognes rouges sont à consommer dans les dix ans, voire plus rapidement si le millésime est moyen.

Voici les communes viticoles essentielles de la Côte de Nuits, en les visitant du nord au sud :

- **Marsannay :** splendides rouges et un rosé fruité ;
- **Fixin :** rouges rustiques, terreux et fermes ;
- **Gevrey-Chambertin :** rouges avec beaucoup de corps et riches, neuf grands crus dont Chambertin et Chambertin Clos de Bèze ; Griotte-Chambertin ;
- **Morey-Saint-Denis :** rouges complets et robustes ; parmi les grands crus, citons Bonnes-Mares (en partie), Clos de la Roche, Clos Saint-Denis, Clos de Tart, Clos des Lambrays ;
- **Chambolle-Musigny :** rouges doux et élégants ; citons les *grands crus* Musigny et Bonnes-Mares (en partie) ;
- **Vougeot :** rouges de corps moyen ; un grand cru, le Clos de Vougeot ;
- **Vosne-Romanée :** rouges élégants, riches et veloutés ; une galerie de grands crus, Romanée-Conti, La Tâche, Richebourg, Romanée-Saint-Vivant, La Romanée et La Grande Rue ;
- **Flagey-Echézeaux :** deux grands crus Grands-Echézeaux entre Vougeot et Vosne-Romanée ;
- **Nuits-Saint-Georges :** rouges robustes et terreux ; aucun grand cru, mais de très fins *premiers crus.*

À retenir

Tous ces vins rouges sont produits uniquement avec du Pinot Noir. Les différences entre les vins ne sont donc imputables qu'au seul terroir.

Éric Beaumard

Des grands vins bourguignons à découvrir

David Duban	Nuits-Saint-Georges 1er Cru
Jean-Marc Boillot	Pommard 1er Cru Rugiens
Marc Colin & fils	Chassagne-Montrachet 1er Cru, Saint-Aubin 1er Cru

»

»

Des grands vins bourguignons à découvrir *(suite)*

Éric Beaumard

Jean-Marc Roulot	Meursault
Jean-Baptiste Bouzereau	Meursault 1er cru Les Perrières
Domaine du Clos de Tart	Clos de Tart Grand Cru
Robert Groffier	Chambolle-Musigny 1er Cru Les Amoureuses
Bernard Dugat-Py	Gevrey-Chambertin
Domaine Fourrier	Griotte-Chambertin Grand Cru vieilles vignes
Domaine Gilles Duroché	Gevrey-Chambertin 1er Cru Lavaux-Saint-Jacques
Domaine Lignier-Michelot	Clos Saint-Denis Grand Cru
Pierre-Yves Colin-Morey	Chassagne-Montrachet 1er Cru Les Caillerets
Domaine Y. Clerget	Volnay 1er Cru Les Caillerets
Domaine Georges Noellat	Vosne-Romanée 1er Cru Les Beaumonts

Côte de Beaune

La partie sud de la Côte d'Or est la Côte de Beaune. Elle tire son nom de la ville commerciale et touristique de Beaune. Ce sous-district produit aussi bien des blancs que des rouges, mais ce sont ses blancs qui ont forgé sa réputation. Les communes suivantes constituent la Côte de Beaune, toujours en allant du nord au sud :

» **Ladoix :** rouges et blancs rares; très bons achats. Onze premiers crus. Le Corton (rouge) et le Corton-Charlemagne (blanc) peuvent être produits dans cette commune;

- **Pernand-Vergelesses :** rouges et blancs peu connus ; très bons achats ;
- **Aloxe-Corton :** vins complets et robustes ; plusieurs grands crus rouges (tous portent un nom basé sur Corton) et un magnifique grand cru blanc, le Corton-Charlemagne ;
- **Chorey-lès-Beaune :** vin âgé tendre et sensuel ; surtout des rouges intéressants, et un bon blanc ;
- **Savigny-lès-Beaune :** essentiellement des rouges ; bonnes opportunités ;
- **Beaune :** rouges doux et à corps moyen ; quelques blancs ; de bons premiers crus ;
- **Pommard :** rouges complets et robustes ; quelques bons premiers crus (Rugiens et Épenots) ;
- **Volnay :** rouges doux et élégants ; de bons premiers crus (Caillerets et Clos des Ducs) ;
- **Auxey-Duresses**, Monthélie, Saint-Romain, Saint-Aubin : quatre petits villages produisant du rouge, mais aussi quelques blancs ; d'excellentes affaires ;
- **Meursault :** première des grandes communes pour le bourgogne blanc ; vins riches aux arômes de noisette ; quelques premiers crus excellents (Les Perrières et les Genevrières) ;
- **Puligny-Montrachet :** patrie des bourgognes blancs élégants ; parmi les grands crus, Montrachet (en partie), Chevalier-Montrachet et Bâtard-Montrachet (en partie) ;
- **Chassagne-Montrachet :** un peu plus robustes que les Puligny ; correspond aux autres parties des grands crus de Montrachet et de Bâtard-Montrachet ; offre également quelques rouges rustiques ;
- **Santenay :** rouges à corps léger très abordables ;
- **Maranges :** surtout des rouges, peu répandus, mais très abordables.

Les deux tableaux qui suivent proposent une sélection de quelques-uns des grands vins des producteurs parmi les meilleurs de Bourgogne.

Des bourgognes abordables : la Côte chalonnaise

Approuvé

Le problème des bourgognes est leur prix souvent élevé. Rejoignez les initiés en apprenant que le district de la Côte chalonnaise (au sud de la Côte d'Or) offre des bourgognes abordables ; cinq villages y produisent des vins très satisfaisants. Bien sûr, les bourgognes de la Côte châlonnaise n'ont souvent pas la finesse de ceux de la Côte d'Or. Ils sont moins aériens et plus corsés, mais leurs prix sont généralement plus accessibles. Cinq appellations, qui sont aussi des noms de communes, sont à repérer sur les étiquettes :

» **Mercurey** : principalement du rouge et un peu de blanc ; les meilleurs vins de la Côte chalonnaise en proviennent et ce sont également les plus chers ;

» **Rully** : deux tiers de blancs et un tiers de rouges. Les blancs aux arômes floraux sont plus réputés que les rouges, fermes, mais fruités ;

» **Givry** : principalement du rouge et un peu de blanc. Les rouges sont fermes, intenses, avec des notes de violette, de réglisse et des accents giboyeux et épicés. Ils ont une bonne capacité de garde ;

» **Montagny** : uniquement des blancs issus de Chardonnay. Ample, volontiers complexe avec une fine vivacité ;

» **Bouzeron** : ce cinquième village a la particularité de produire un vin qui n'est pas issu du cépage Chardonnay, mais du cépage Aligoté. Ce cépage devenu rare en Bourgogne fait sur ce terroir des vins aux notes citronnées et minérales d'une intensité surprenante.

Parmi les meilleurs producteurs de la Côte chalonnaise, recherchez les vins de : domaine de Suremain (Mercurey), domaine de Belleville (Rully), Faiveley (Mercurey), domaine Lorenzon (Mercurey), château de Chamirey (Mercurey), domaine de Villaine (Bouzeron, Mercurey, Rully, Côte chalonnaise), Paul & Marie Jacqueson (Rully), Stéphane Aladame (Montagny), domaine François Lumpp (Givry), domaine Chanzy (Bouzeron, Rully, Mercurey), Clos Salomon (Givry, Montagny).

Le goût des grands bourgognes blancs

Les bourgognes blancs offrent une vaste palette d'arômes : beurre et crème, noisette et miel dans le Meursault ; fleurs et caramel dans le Puligny et le Chassagne-Montrachet ; tout cela dans une acidité vivace et un soupçon de chêne. En vieillissant, une plus grande complexité se développe encore. Le vin donne alors sur le palais une touche finale qui rappelle tous les arômes. Les vins issus du cépage Chardonnay des autres régions et pays du monde peuvent être bons, mais aucun ne peut se comparer à la finesse d'un grand bourgogne blanc.

Conseils pour acheter et boire du bourgogne

Truc

La clarté avec laquelle les Bourguignons ont classé leurs vins doit vous sembler bien appréciable. Un bourgogne premier cru est toujours meilleur qu'un vin communal et un grand cru fait partie des meilleurs d'entre tous. Eh bien, sachez que ce n'est pas nécessairement vrai ! Dans l'ordre d'importance, voici les critères à prendre en compte avant d'acheter un bourgogne ;

- La réputation du producteur ; vous devez fonder votre jugement sur les vins qu'il a produits récemment ;
- Le millésime : la qualité peut fortement varier d'une année à l'autre ;
- L'appellation : le nom de la commune ou du vignoble et sa spécificité.

En Bourgogne, le producteur et le millésime ont autant d'importance que l'appel-

»

»

Truc

Conseils pour acheter et boire du bourgogne *(suite)*

Les bourgognes rouges représentent un bon choix dans les restaurants. À la différence des bordeaux et des autres vins basés sur le Cabernet-Sauvignon, les bourgognes s'apprécient bien jeunes grâce à leur cépage et à leur douceur ; leurs arômes et leurs saveurs de fruits rouges sont déjà bien développés.

De plus, le bourgogne rouge, comme tous les vins de Pinot Noir, se marie avec de nombreux mets. C'est un des vins qui conviennent aux poissons et aux fruits de mer ; il s'adapte bien au saumon, par exemple. Le poulet, la dinde et le jambon lui conviennent également bien. Un bourgogne rouge de grand style appréciera la compagnie du bœuf et du petit gibier (canard, faisan, lièvre).

Le bourgogne rouge se boit chambré frais à environ 17 °C (et même moins s'il est jeune). Il n'a pas besoin d'être décanté, même les vieux bourgognes développent rarement du dépôt. De plus, trop d'aération risque d'en faire perdre les merveilleux arômes.

En revanche, les bourgognes blancs gagneront à être aérés, surtout les grands et premiers crus lorsqu'ils sont jeunes (cinq ans ou moins). Les plus nobles, comme le Corton-Charlemagne, sont alors loin de leur plénitude, et une aération ne fera que favoriser le développement de leurs arômes et saveurs. Mais ne les servez pas trop froids (de 12 à 15 °C).

Chablis : un vin blanc unique

La petite ville de Chablis située au nord-ouest de la Côte d'Or est l'une des communes bourguignonnes viticoles les plus proches de Paris (deux heures de route environ). Comme les bourgognes blancs de la Côte d'Or, les vins de Chablis sont issus à 100 % du cépage *Chardonnay* ; ils offrent pourtant un style différent. Alors que la Côte d'Or fait fermenter et vieillir les blancs en fûts de chêne, la plupart des producteurs de Chablis utilisent l'acier inoxydable. En outre, le climat de Chablis est plus frais que celui de la Côte d'Or, ce qui engendre des raisins aux corps plus légers, plus austères et plus acides. Le Chablis est très sec et délivre parfois même un goût de pierre à fusil, sans les saveurs riches de raisins mûris des blancs de la Côte d'Or.

Truc

Le Chablis accompagne à merveille tous les fruits de mer et notamment les huîtres. Comme tous les autres bourgognes blancs, il doit être servi frais, mais non froid (15 °C).

Une sélection de Chablis à découvrir absolument

Le Chablis mérite vraiment le détour dans ses grands crus et premiers crus.

Les Chablis ou Petit Chablis à appellation communale simple, dont les prix avoisinent 10 €, ne sont pas toujours les meilleures affaires en blancs de Bourgogne (certains profitent un peu de la forte notoriété de l'appellation) ; vous en trouverez d'aussi bons ou de meilleurs dans le Mâconnais, la Côte chalonnaise ou même en Côte d'Or.

L'appellation Chablis grand cru se subdivise en sept « climats » tous situés sur la rive droite du Serein :

Les Clos	Bougros	Blanchot	
Grenouilles	Les Preuses	Vaudésir	Valmur

Il pourrait exister un huitième grand cru appelé La Moutonne, entre Vaudésir et Les Preuses. Mais La Moutonne ne peut porter cette appellation. Les Chablis grands crus se vendent entre 15 et 50 € selon le producteur. Dans les bons millésimes, leur garde peut aller jusqu'à quinze ans.

Truc

Il existe 40 premiers crus de Chablis regroupés en 17 dénominations plus célèbres. Parmi elles, les plus connus et sans doute les meilleurs sont Mont de Milieu, Fourchaume, Montée de Tonnerre, Forêts et Vaillons.

Les Chablis premiers crus se vendent rarement moins d'une vingtaine d'euros et se gardent jusqu'à dix ans dans les bonsmillésimes.

Cinq grands producteurs pour succomber au Chablis

Éric Beaumard

À Chablis, ne manquez pas les grands crus ou premiers crus de ces remarquables producteurs pour découvrir la subtilité et la profondeur de ce grand vin blanc. Produits en petite quantité, leurs vins se trouvent chez les meilleurs cavistes et dans les restaurants ayant une carte des vins de grande qualité !

Jean-Marie Raveneau

Vincent Dauvissat

Jean-Paul et Benoît Droin

Jean-Pierre Grossot

Domaine Jean-Claude Bessin

Mâcon : des vins blancs abordables

Approuvé

Si vous n'avez pas envie de dépenser 20 € ou plus pour accompagner vos repas quotidiens avec une bouteille de bourgogne blanc ou de Chablis, nous vous proposons une alternative : les vins blancs du Mâconnais. Mais dépêchez-vous, car ces vins sont de plus en plus réputés ! Situé directement sous la Côte chalonnaise et au nord du Beaujolais, le Mâconnais offre un climat plus doux et ensoleillé que la Côte d'Or. La production viticole se centre autour de la belle ville de Mâcon qui forme une porte sur la vallée du Rhône et la Côte d'Azur. Dans le nord de Mâcon se situe un village nommé Chardonnay qui aurait légué son nom au célèbre cépage. Les collines ont dans leur sol ce même calcaire, qu'apprécie le cépage Chardonnay, se trouvant dans les districts plus au nord de la Bourgogne.

Les vins blancs du Mâconnais sont constitués à 100 % de Chardonnay. La plupart portent simplement l'appellation *Mâcon* ou *Mâcon-Villages* (légèrement meilleurs que le Mâcon simple, car spécifiques à certains villages) ; les prix vont le plus souvent de 10 à 15 €. Les meilleurs blancs du Mâconnais sont ceux provenant d'un seul village. En ce cas, le nom du village suit le début de l'appellation (par exemple, Mâcon-Lugny ou Mâcon-Verzé, Mâcon-Bussières).

Les blancs du Mâconnais sont vifs, sans goût de chêne, frais et nerveux. Il est préférable de les consommer jeunes, soit dans les trois ans.

Truc

Les meilleurs Mâcon blancs proviennent de la partie sud du district ; ils portent leurs appellations propres, Pouilly-Fuissé et Saint-Véran :

» Le **Pouilly-Fuissé** est plus riche et plus alcoolisé que les Mâcon simples, il est souvent élevé en fûts de chêne et coûte plus cher (rarement moins de 15 ou 20 €).
Si vous désirez essayer un bon exemple de Pouilly-Fuissé, cherchez ceux du Château Fuissé, de Bret Brothers, de Robert-Denogent ou du Château des Rontets. Ils soutiennent la comparaison avec des bourgognes blancs plus chers de la Côte d'Or.

» **Saint-Véran** est peut-être la meilleure affaire de tout le Mâconnais (de 10 à 20 €). Voyez notamment ceux de Jacques et Nathalie Saumaize, du domaine Saumaize-Michelin, du domaine Guffens-Heynen de Verget ou du domaine Merlin.

Focus

Où trouver des bourgognes accessibles ? Quelques appellations bourguignonnes, un peu moins connues, permettent de belles découvertes. Explorez les Auxey-Duresses, Santenay, Ladoix, Saint-Romain, Pernand-Vergelesses (Côte-de-Beaune), Marsannay (Côte-de-Nuits), et plus au nord, dans l'Yonne, les Bourgogne Côtes-d'Auxerre et Bourgogne-Vézelay.

Beaujolais : gouleyants et abordables

Cela vous surprend-il d'apprendre que le beaujolais fait partie de la Bourgogne ? Sa réputation est telle qu'il semble indépendant. D'ailleurs il possède son propre cépage : le *Gamay*, que l'on trouve tout de même en Bourgogne à hauteur de 10 % et dans certaines appellations comme les Coteaux-Bourguignons.

Le district du Beaujolais se situe au sud du Mâconnais, au centre d'un des hauts lieux de la gastronomie. Les bons restaurants y sont légion jusqu'à l'approche de Lyon. C'est aussi une jolie région à visiter pour ses paysages.

Beaujolais et *beaujolais supérieur* (1 degré de plus d'alcool) sont des AOC au niveau d'un district, mais les vins proviennent généralement de la partie sud du Beaujolais, qui offre un sol argileux. Ce sont des vins frais et fruités, sans complication et moyennement alcoolisés ; ils se vendent autour de 6-8 € la bouteille et se boivent à un ou deux ans. Ce sont des vins parfaits pour les temps chauds, les charcuteries, les plats simples et sans prétention, lorsqu'un vin rouge plus épais et plus tannique n'est pas le plus approprié.

Truc

Si vous êtes amateur de vins peu complexes, si votre palais résiste pour l'instant aux vins tanniques (ou même si vous n'êtes pas encore amateur de vin !), le beaujolais est le premier vin rouge idéal, une sorte de pont pour faciliter l'approche des vins rouges plus denses. Son goût est délicieux et bien fruité (bien qu'il soit sec) et il ne requiert pas une attention trop soutenue. Le beaujolais est le vin facile et convivial par excellence.

Mais le beaujolais offre des aspects sérieux aussi. Les beaujolais les plus fins sont produits dans la partie nord du district de Beaujolais, sur sol granitique. Le *beaujolais-villages* est un assemblage de plusieurs des trente-neuf villages désignés qui produisent un vin plus substantiel que le beaujolais simple. Les quelques dixièmes d'euros de plus à la vente valent le détour.

Des beaujolais de plus haute tenue encore sont issus de dix villages dûment désignés situés au nord du district dans des zones de coteaux. Ces vins sont des crus beaujolais et seul le nom du cru apparaît en grosses lettres sur l'étiquette (pas la mention Beaujolais). Chaque cru possède sa personnalité en fonction du terroir qui le fait naître.

Les crus du Beaujolais ont plus de corps et ont besoin, en conséquence, d'un peu plus de temps pour mûrir ; certains des crus peuvent même être gardés quatre à cinq ans ou plus. Certains font l'objet d'une vinification en barriques, à la bourguignonne. Selon la notoriété du cru et du producteur, les prix s'étagent entre 6 et 20 €. Le tableau 13.9 présente les dix crus de beaujolais avec leur situation géographique du sud au nord et une description de chaque cru.

Une grande partie des beaujolais sont commercialisés par de grands négociants qui achètent les grappes et les vins pour réaliser l'assemblage, la mise en bouteilles et la commercialisation sous leur propre marque. Les négociants les plus connus sont Georges Dubœuf et Louis Jadot.

Mais un grand nombre de vignerons indépendants qui cultivent leurs vignes, vinifient et vendent leurs vins font preuve d'un réel dynamisme pour révéler le potentiel de ce vignoble un peu méprisé depuis le succès du Beaujolais-Nouveau.

Tableau 13.9

Les dix crus du beaujolais.

Crus	Descriptions
Brouilly	Le plus grand cru en termes de quantité et le plus variable en termes de qualité ; léger et fruité ; à boire dans les trois ans. Recherchez ceux du château Thivin, Domaine Robert Perroud, Domaine Laurent Martray.
Côte de Brouilly	Certainement meilleur que le Brouilly, plus dense et plus concentré ; vignoble plus haut perché ; à boire dans les six ans. Goûtez ceux du Château Thivin, Domaine Robert Perroud, Domaine des Terres Dorées.
Régnié	Le plus récent village à avoir reçu la dénomination de cru ; très proche du Brouilly, mais pas aussi bon qu'un Côte de Brouilly.
Morgon	Bien produit, il est dense, assez puissant et charpenté. C'est le deuxième en volume après le Brouilly. Il peut être gardé cinq à dix ans ; recherchez particulièrement ceux de Jean Foillard, Marcel Lapierre, Dominique Piron, Château des Jacques, Georges Descombes.

»

Crus	Descriptions
Chiroubles	Un de nos préférés ; la quintessence délicate et délicieuse du beaujolais parfumé ; saveurs de jeunes fruits rouges ; très agréable ; à boire dans les deux ans.
Fleurie	Corps moyen à riche ; fruité, élégant et velouté (le plus populaire et le plus cher avec le Moulin-à-Vent) ; qualité assez constante ; à garder quatre ans. Goûtez ceux de Pierre-Marie Chermette, Domaine des Terres Dorées, Dominique Piron, Villa Ponciago.
Moulin-à-Vent	Nettement le plus puissant et le plus concentré et celui qui peut être gardé le plus longtemps (dix ans et plus) ; ce beaujolais requiert au moins trois à quatre ans pour développer ses arômes.
Chénas	Voisin du Moulin-à-Vent (en réalité, la plupart du Chénas peuvent être vendus légalement sous le nom Moulin-à-Vent) ; ce qui est vendu sous le nom de Chénas est de bon rapport qualité/prix ; à boire dans les quatre ans.
Juliénas	Le beaujolais du cœur ; souvent le plus consistant et le meilleur cru ; corps riche et plein ; à garder cinq ans ou plus ; déçoit rarement.
Saint-Amour	Le cru le plus nordique et le plus petit du beaujolais ; porte un nom parfait pour les amoureux le jour de la Saint-Valentin (ou tout autre jour) ; corps léger et moyen, offrant des arômes de baies ; à boire dans les deux ou trois ans.

Snobs

Le rituel du beaujolais nouveau

Chaque année, le troisième jeudi de novembre voit apparaître sur le marché le nouveau millésime du beaujolais, le *beaujolais nouveau*, à grand renfort de publicité. Ce jeunot (six semaines !) garde un fort goût de raisin. C'est un vin facile à boire, pratiquement dénué de tanins et très fruité. Il se vend moins de 10 € la bouteille et doit être bu dans l'année. Le beaujolais nouveau a été un succès commercial mondial permettant d'écouler quelques semaines après les vendanges une grande partie

Le rituel du beaujolais nouveau *(suite)*

Snobs

des beaujolais et beaujolais-villages. Le beaujolais nouveau idéal est délicieusement fruité. Mais la qualité n'ayant pas toujours suivi, il a fini par perdre de sa séduction. Il a même donné une mauvaise image à l'ensemble des vins produits sur le secteur, bien plus variés que les seuls beaujolais nouveaux. Heureusement, le vignoble s'attache désormais à redresser la barre et à valoriser la qualité, aidé par une génération de vignerons dynamiques et soucieux de faire comprendre que le beaujolais peut se boire toute l'année et pas seulement un seul jeudi de l'année !

Truc

Le beaujolais blanc issu du cépage chardonnay devient moins rare et plus intéressant. Il est léger, rond, fruité et se boit jeune. Certains vignerons, élaborent toutefois des cuvées à la bourguignonne, pouvant être gardées un peu plus longtemps.

D'autres régions où le gamay est roi

Focus

À l'ouest du beaujolais, dans le bassin de la Haute-Loire, les Côtes d'Auvergne, Côtes-du-Forez et la Côte-Roannaise se consacrent aussi au gamay. Lorsqu'il y pousse sur des terroirs de granit ou volcaniques, ce cépage se révèle toujours fruité et rafraîchissant tout en prenant des accents minéraux et épicés (si le vin est de qualité !).

> **Truc**
>
> ### Conseils pour boire le beaujolais
>
> Le beaujolais est originaire de l'une des plus fameuses contrées gastronomiques du monde qui abrite d'excellents restaurants, jusqu'aux abords de Lyon. Un visiteur étranger emportera le souvenir pittoresque d'un vécu bien français en se rendant dans un bistrot parisien ou lyonnais et en commandant une carafe de beaujolais nouveau avec une charcuterie, un pâté ou un poulet froid. C'est l'un des rares rouges qui s'accordent avec la plupart des fromages grâce à l'absence de tanins. Aucun vin ne glisse aussi bien dans la gorge que celui-là !
>
> Un beaujolais jeune et sans complexe doit absolument être servi frais à environ 13 °C pour libérer l'exubérance de son goût fruité. Les crus de beaujolais plus denses doivent en revanche être servis à la même température que les bourgognes rouges, soit 17 °C. Ils sont capables d'accompagner des grands plats (gibier, viande de bœuf, plats épicés, viandes mijotées…).

En descendant la vallée du Rhône

Si vous cherchez un vin rouge sec, agréable et fiable, coûtant entre 3 et 8 €, tournez-vous directement vers un Côtes du Rhône rouge. La vallée du Rhône produit quelques vins plus imposants, surtout en rouge, mais aussi en blanc et en rosé sec. Le Côtes du Rhône reste un des meilleurs vins rouges abordables du monde.

La vallée du Rhône commence au sud du Beaujolais et s'étire entre Lyon et la Provence ; la saison de maturation de la vigne y est ensoleillée. Les vins s'en ressentent : les rouges sont pleins, robustes et forts en alcool. Même certains des blancs tendent à être robustes. Et ceux produits dans la partie sud se distinguent clairement de ceux de la partie nord de la vallée.

Nobles vins du nord : Côtes du Rhône septentrionaux

Au nord de la vallée du Rhône, sur des terroirs pentus organisés en terrasses, le cépage *Syrah* atteint des sommets de puissance et de finesse. Peu d'endroits au monde réussissent aussi bien à la Syrah. Comme les zones ne sont pas extensibles, les prix montent.

Les sombres vins d'Hermitage et de Côte-Rôtie sont, en termes de qualité, tout autant réputés que des grands crus classés de Bordeaux.

À retenir

Les deux meilleurs vins rouges de toute la vallée du Rhône, le Côte-Rôtie et l'Hermitage, sont produits dans le nord de la vallée. Ils se basent sur le noble cépage Syrah. Côte-Rôtie utilise également un peu de Viognier blanc (jusqu'à 20 %) et Hermitage, un peu de Marsanne ou de Roussanne (jusqu'à 15 %).

Ces deux vins sont riches et très charnus. La notoriété du Côte-Rôtie ne date que des années 1980. Les vignes y sont plantées sur des pentes pouvant atteindre jusqu'à 60 %. Le vin offre un nez très parfumé qui évoque les olives vertes et les arômes de fruits mûrs. En bouche, il allie des tanins affirmés et des notes fruitées intenses. Il a bien le côté solaire des vins du Rhône, mais aussi une profondeur et une structure fine qui le distingue des vins plus sudistes. Dans les bons millésimes, un Côte-Rôtie peut se garder vingt ans ou plus (1998, 1999, 2001, 2005, 2006, 2009 et 2010 ont été de particulièrement bonnes années pour le Côte-Rôtie). La majorité des Côte-Rôtie se vendent à plus de 30 €.

Parmi les producteurs les plus renommés figurent le Château d'Ampuis (Guigal), le domaine Jamet, le domaine Georges Vernay et Jean-Michel Gérin.

L'Hermitage rouge est l'un des vins les plus mythiques de France et parmi les plus chers. Ce vin complexe, riche, très tannique demande plusieurs années pour pouvoir s'exprimer ; il peut se garder trente ans ou plus dans les bons millésimes (1999, 2001, 2005, 2006, 2009 et 2010 ont été excellents dans le nord de la vallée du Rhône). Les grands Hermitage dépassent désormais légèrement la centaine d'euros tellement ils sont recherchés dans le monde entier. Jean-Louis Chave, Michel Chapoutier, Guigal et Paul Jaboulet Aîné sont les producteurs les plus réputés.

Hermitage ou Ermitage ?

Le nom Ermitage aurait été donné à la colline du lieu au XVIIe siècle, en hommage à un chevalier qui y aurait vécu en ermite au retour des croisades. Il y aurait implanté des vignes et une chapelle. C'est donc le nom historique de l'appellation. Il a été modifié au XIXe siècle, car l'ajout d'un H rendait le nom plus prononçable par les Anglais, très friands de ce vin. Quelques domaines (comme Chapoutier) conservent le nom original de l'appellation pour leurs cuvées les plus précieuses (quatre orthographes sont permises : Hermitage, Ermitage, L'Hermitage et L'Ermitage).

Les autres crus des Côtes du Rhône septentrionales sont :

» **Château Grillet :** unique en France, car l'appellation ne couvre qu'une propriété de 3,8 hectares ; un grand vin blanc à base de Viognier ;

» **Condrieu :** l'un des plus grands vins blancs de la vallée du Rhône ; issu de Viognier ; suave, velouté avec des notes de violette et d'abricot sec. Son côté gourmand, velouté, mais non dénué de fraîcheur a fait son succès. Les prix s'envolent. Le Viognier a été planté plus au sud, y compris en Languedoc, mais il a rarement l'équilibre qu'il atteint ici grâce à la configuration du vignoble ;

» **Cornas :** rouge exclusivement. Grand vin doté de tanins affirmés qui s'arrondissent avec le temps. Il se distingue par son caractère sauvage et sa puissance ;

» **Crozes-Hermitage :** vin aux saveurs gourmandes de framboise ; corsé et ample ;

» **Saint-Joseph :** rouge issu de Syrah pouvant être de grande qualité, avec une touche poivrée ; en blanc, il est plus rare, mais aussi intéressant, les prix sont élevés ;

» **Saint-Péray :** blanc exclusivement, à base de Marsanne et Roussanne, vinifié en vin tranquille ou en effervescent.

Approuvé

Sur la rive gauche du Rhône, Crozes-Hermitage est l'appellation la plus étendue en superficie du nord des Côtes du Rhône. Les meilleurs vins y sont issus de vignes implantées en coteaux, soit 1/3 de la superficie totale. Il affiche un style plutôt tonique, une bouche dominée par des arômes de framboise et de cassis et se consomme dans les 5 ans. Mais certains producteurs élaborent des vins plus concentrés, tanniques et charpentés, parfois meilleurs que certains Hermitage. Ils peuvent se conserver une dizaine d'années dans les bons millésimes.

Les vins de Cornas sont encore plus imposants et profonds et peuvent rivaliser avec les Hermitage, notamment ceux de Clape.

Une petite quantité d'Hermitage blanc est produite à partir des cépages *Marsanne* et *Roussanne*. L'Hermitage blanc est en général plein, épais, robuste, et requiert de huit à dix ans pour se développer. Le très fin Hermitage blanc de Chapoutier nommé *Chante-Alouette* est produit dans un style plus accessible (cépage Marsanne seulement). L'Hermitage blanc est complexe, puissant et fin, et d'aussi longue garde que son Hermitage rouge. Celui de Jean-Louis Chave est l'un des plus réputés.

Focus

L'autre vin blanc d'appellation du nord de la vallée du Rhône est le **Condrieu**, basé uniquement sur le peu répandu cépage *Viognier*. C'est un des vins les plus parfumés, les plus fleuris que l'on puisse rencontrer. Ses arômes sont délicats, mais très riches avec une dominante d'abricot, de violette et de pêche fraîche ; il accompagne à merveille les mets à base de poisson, les asperges, les viandes blanches et certains fromages. Le Condrieu est une appellation de faible superficie. De plus, ce vin autrefois méconnu est devenu à la mode. Ses prix se sont envolés et il devient difficile d'en trouver à moins de 20 €. Les producteurs les plus en vue vendent même leurs précieux flacons souvent à plus de 40 € la bouteille. Pour profiter des arômes gourmands (mais fragiles) du Condrieu, buvez-le jeune (à moins qu'il ne soit signé d'un très grand domaine) !

Généreux vins du sud

La grande majorité (95 %) des Côtes du Rhône viennent du sud de la vallée. Ils sont généralement peu chers et simples. Le cépage dominant dans cette zone est le prolifique Grenache. Il produit des vins forts en alcool et peu tanniques. Les autres cépages autorisés sont : Mourvèdre, Syrah, Bourboulenc, Counoise, Cinsault, Carignan, Grenache blanc, Muscardin, Picpoul, Terret Noir, Picardan, Clairette, Vaccarese, Roussanne, Vermentino, Marsanne... Les vins rouges dominent largement.

En complément à l'appellation régionale Côtes du Rhône, les appellations plus spécifiques de la partie sud de la vallée du Rhône sont :

- **Ventoux,** vers Carpentras, très proche, mais plus léger que le Côtes du Rhône, car issus de terroirs d'altitude, une forte proportion de rosés, gourmands comme les rouges ;
- **Côtes du Rhône-Villages** (90 communes produisent des vins plus riches et un peu plus chers que le Côtes du Rhône). Dix-huit villages sont autorisés à mentionner leur nom sur l'étiquette comme Cairanne, Laudun, Visan... Certains vignobles comme celui de Cairanne, très qualitatifs, espèrent obtenir le statut d'AOC à part entière ;
- **Grignan-les-Adhémar** (anciennement nommée Coteaux du Tricastin) offre une sorte de point de passage entre les vins du nord marquée par la puissance de la Syrah et ceux du sud exaltant la douceur gourmande du grenache. On y fait de jolies découvertes en rouge, mais aussi en blancs ;
- Deux appellations qui produisaient du Côtes-du-Rhône Villages ont été promues et ont désormais un statut d'AOC à part entière : **Gigondas** et **Vacqueyras**. Le Gigondas est particulièrement riche et robuste et peut se garder dix ans ou plus dans les bons millésimes. Certains peuvent rivaliser avec des Châteauneuf-du-Pape. Le Vacqueyras est plus léger, mais aussi un peu moins cher. Il offre des arômes d'épices et de garrigue typiques des vins du sud des Côtes du Rhône ;
- **Lubéron** possède des vignes en altitude ce qui apporte de la fraîcheur dans les vins par ailleurs très solaires. Les rosés sont devenus majoritaires. Comme les blancs,

ils offrent une alliance de fruit et de vivacité très plaisante, surtout l'été.

À retenir

La région produit aussi deux délicieux vins doux naturels : le Muscat de Beaumes-de-Venise à base de muscat petits grains aux arômes de fruits blancs, de miel et le Rasteau à base de grenache noir. Il est délicieux avec les desserts au chocolat ou aux fruits rouges.

Truc

Beaumes-de-Venise et Rasteau sont aussi deux crus produisant des vins rouges puissants, riches, aux saveurs de fruits mûrs, dotés de bonnes capacités de vieillissement.

Deux vins rosés secs très intéressants dans ce même sud du Rhône sont le *Tavel* et le *Lirac* ; le second est moins connu, donc moins cher. Ils sont tous deux produits essentiellement à partir de Grenache et de Cinsault ; ces vins peuvent être délicieux pendant les chaudes journées d'été. Il est préférable de les boire jeunes. Mais ils ont l'étoffe pour atteindre l'année suivante. Avec leur caractère vineux et charnu, ils sont parfaits sur les plats épicés.

Sa majesté Châteauneuf-du-Pape

Nous en arrivons au roi du sud de la vallée du Rhône qu'est le Châteauneuf-du-Pape. Son nom remonte au XIVe siècle, à l'époque où Avignon – et non Rome – était la cité des papes. La quasi-totalité des vins de Châteauneuf-du-Pape sont des rouges, mais on trouve aussi un peu de blancs. Un bon Châteauneuf-du-Pape rouge est charpenté, riche, rond et assez puissant en alcool. Son mélange de douceur et de puissance le rend très séduisant. Le grenache est son cépage dominant. Les bons millésimes peuvent se garder quinze à vingt ans. Parmi les meilleurs figurent le Château Rayas (100 % de grenache provenant de très vieilles vignes) et le Château Beaucastel.

Le terroir d'argile à galets roulés fait la particularité des vins de Châteauneuf-du-Pape. Il protège le sol de la chaleur et du mistral. Mais il existe aussi des sols plus sablonneux, au nord de l'appellation, donnant des vins plus légers, mais fins et épicés, ainsi que des sols calcaires plutôt dédiés aux blancs.

Attention

Cette appellation jouit d'une très forte renommée. Comme le volume produit est tout de même assez important (plus de 100 000 hl), la qualité peut s'avérer inégale. Pour notre part, nous avons été souvent déçus par des Châteauneuf-du-Pape vendus en grandes surfaces qui semblent avant tout jouer sur le prestige de l'étiquette.

Les Châteauneuf-du-Pape blancs ne représentent que 6 % de l'appellation. Comme les rouges, ce sont des vins puissants, complexes et élégants lorsqu'ils sont réussis ou, à l'inverse, empreints d'une lourdeur décevante. Ces blancs de garde sont à réserver à des plats gastronomiques, pas à l'apéritif !

La vallée de la Loire : un paradis du vin blanc

Si vous êtes blasé des vins blancs à base de Chardonnay, jetez-vous sur ceux de la vallée de la Loire. Les cépages en sont le Chenin blanc et le Sauvignon. S'y ajoute le Melon de Bourgogne qui, contrairement à ce que son nom indique, n'est cultivé qu'en Pays nantais pour donner le Muscadet ! La région produit également des rouges, des rosés et des crémants, mais c'est pour ses blancs qu'elle est la plus réputée.

Les vignobles les plus en amont de la vallée de la Loire sont ceux des appellations Côtes-du-Forez près de Montbrison et Côte-Roannaise près de Roanne, toutes deux situées dans le département de la Loire, sur des coteaux. Proches du Beaujolais, de Lyon et du nord de la vallée du Rhône, elles se vendent en grande partie de ce côté, mais certains producteurs conquièrent les cartes de tables étoilées ou exportent leurs vins. Elles produisent des rouges uniquement issus de Gamay. Les sols volcaniques ou granitiques et l'altitude des vignes donnent une typicité très intéressante avec du corps, des notes épicées et minérales.

Snobs

Entre ces deux vignobles, l'IGP Urfé permet à ces mêmes vignerons de produire des blancs à la fois fruités et vifs avec des cépages variés comme le Viognier, le Chardonnay, le Pinot Gris ou la Roussanne, toujours utilisés en monocépages. C'est une mine de vins très plaisants, bien moins chers que les Condrieu ou Saint-Joseph situés pas très loin, plus à l'est.

À l'ouest, Saint-Pourçain produit des rouges légers et des rosés à base de Gamay et de Pinot Noir ainsi que des blancs issus de Chardonnay et du cépage local Tressalier de plus en plus qualitatifs. Ces vins sont idéaux pour les casse-croûte et la cuisine sans prétention à base de charcuterie, quiches, grillades et salades. Près de Clermont-Ferrand, l'appellation Côtes-d'Auvergne fait aussi de gros efforts de qualité avec des rouges issus de sols volcaniques ayant du corps, à base de Gamay et de Pinot Noir ou des blancs issus de Chardonnay.

Cette région a une tradition de rosés moelleux tranquilles (sans bulles) ou pétillants issus de Gamay consommés en apéritif ou en dessert. La vogue actuelle des vins rosés leur profite.

La vallée de la Loire se poursuit dans le grand coude que fait le fleuve au centre de la France avec les vignes de Pouilly-Fumé, Sancerre, Menetou-Salon, Quincy et Reuilly, plus à l'ouest. Les vignes sont ensuite présentes tout au long du fleuve jusqu'à ce qu'il rejoigne l'océan Atlantique, d'où un grand nombre d'appellations. Le climat frais, notamment dans la partie ouest, permet de produire des vins blancs relativement légers.

Dans la partie est de la vallée (dans l'axe de Paris) se trouvent les deux villes de Sancerre et de Pouilly-sur-Loire, situées sur les deux rives opposées de la Loire. C'est le règne du cépage *Sauvignon Blanc* qui permet de produire des blancs secs très vifs offrant des arômes d'épices, d'agrumes et d'herbes.

Les deux grands vins de cette zone sont le Sancerre et le Pouilly-Fumé :

» **Le Sancerre**, côté rive gauche de la Loire, est le plus sec et nerveux. L'appellation étant relativement étendue (presque 3000 hectares), elle détient une diversité de terroirs qui donnent des vins allant d'un style fruité à un style minéral. Ces derniers peuvent être gardés plus longtemps. Le Sancerre est idéal sur les coquillages, la truite ou le saumon ou les fromages de chèvre locaux.

» Le vin produit autour de Pouilly-sur-Loire se nomme le **Pouilly-Fumé** (ou blanc fumé). Il est légèrement plus puissant et moins épicé que le Sancerre et peut délivrer d'étonnants arômes de pierre à fusil et de minéraux. Sa particularité lui vient de son sol riche en silex. Le Pouilly-Fumé peut devenir un vin très fin et de garde lorsqu'il est signé par un grand producteur.

À retenir

Sachez qu'il existe deux blancs français dont le nom comporte le nom Pouilly, le Pouilly-Fuissé et le Pouilly-Fumé. Il ne faut pas les confondre, car ce sont deux vins très différents. Le Pouilly-Fuissé est un vin bourguignon du Mâconnais basé sur le cépage Chardonnay qui offre beaucoup de corps. Le Pouilly-Fumé de la Loire est issu du Sauvignon Blanc ; il est léger et plus vif.

Truc

Le Sancerre existe aussi en version rouge. Il est issu de Pinot Noir. Ce vin est souvent léger, mais certains vignerons s'attachent à faire des vins plus concentrés, élevés en fûts et pouvant être gardés plusieurs années ! Certains valent la comparaison avec des Pinots Noirs bourguignons. Voyez par exemple ceux du Domaine Vincent Pinard ou du Domaine Vacheron.

Ces deux vins se vendent généralement autour de 10 € et se boivent dans les 3 ou 4 ans. Mais les meilleurs sont bien plus chers, autour de 15 ou 20 € voire plus.

Approuvé

Pouilly-sur-Loire est l'un des rares vignobles de France à être planté de Chasselas. Il n'en reste qu'une trentaine d'hectares dédiés à l'appellation qui prend le nom du village (donc Pouilly-sur-Loire). C'est un vin léger, fruité et très vif.

Au nord-est de Bourges, tout près de Sancerre, un autre vignoble produit des blancs à base de Sauvignon : Menetou-Salon. Ce sont des vins fruités, frais, généreux en arômes d'agrumes, avec des notes végétales et parfois épicées. Leur rondeur est agréable.

En version rouge, ils sont à base de Pinot Noir et d'un style proche des Sancerre, soit léger, soit plus concentré et structuré selon le terroir et le vigneron.

Dans le centre de la vallée de la Loire, près de Tours, se trouve la ville de Vouvray. C'est dans cette région que le cépage *Chenin Blanc* donne le meilleur de lui-même. Les vins de Vouvray existent en trois styles : sec, demi-sec et moelleux, mais les vins moelleux ne sont produits que dans les années où la maturation a pu atteindre un niveau suffisant, ce qui est assez rare. Il existe également un Vouvray effervescent.

Les meilleurs Vouvray requièrent plusieurs années de développement et leur acidité remarquable leur autorise une très longue garde. Ils se vendent généralement entre 5 et 18 €. Goûtez ceux du domaine Huet, du domaine du clos Naudin, du domaine de la Taille aux Loups et du domaine Vincent Carême.

Truc

Les Vouvray plus abordables sont agréables à boire jeunes. Les versions dites « sec » ne sont pas trop sèches et restent consommables si vous ne tolérez pas les vins trop secs. Ils accompagnent bien le poulet ou le veau en sauce ou encore les fruits ou le fromage en fin de repas.

Le Montlouis-sur-Loire est le petit frère du Vouvray. Il jouit de conditions climatiques et de sols un peu différents. Dans l'ensemble, les vins sont plus légers et minéraux. Nous recommandons les vins de François Chidaine, de la Grange Tiphaine, et du domaine de la Taille aux loups. Les effervescents ne sont pas à négliger. Cette appellation est en plein renouveau, les découvertes à faire y sont donc nombreuses.

Snobs

Nous avouons une sympathie particulière pour le cépage Chenin Blanc aussi appelé Pineau de la Loire. Certains le tiennent, avec le Riesling, comme l'un des plus grands cépages à vins blancs du monde. Nous ne sommes pas loin de penser la même chose !

Le Bourgueil et le Chinon sont deux vins rouges de Touraine qu'on ne peut négliger de citer, et pour lesquels nous vous recommandons, dans les deux cas, les vins issus des coteaux de tuffeau. Ces deux vins magnifient le cépage Cabernet-franc. Ils peuvent être de longue garde. Goûtez les Chinon des domaines Philippe Alliet, Charles Joguet, Nicolas Grosbois, Bernard Baudry ou du château de Coulaine. Pour Bourgueil, trouvez ceux du Domaine de la Chevalerie, du Domaine Breton, de Yannick Amirault et de Lamé Delisle Boucard.

L'Anjou possède une large palette de vins. C'est sûrement l'une des régions de Loire actuellement parmi les plus intéressantes. Ses vins moelleux ou liquoreux sont réputés. Le plus célèbre est le Coteaux du Layon. Ce vin liquoreux est issu de raisins touchés par la pourriture noble et vendangés par tries successives. Il est de longue garde. Le Savennières est un autre trésor. Il est sec et plus rarement demi-sec. Issu de coteaux bien abrités et dotés de sols de schiste, il développe un nez riche alliant arômes de fleurs blanches, de tilleul et de fruits mûrs. Sa bouche est subtilement équilibrée entre la suavité et la fraîcheur. Son acidité lui assure un vieillissement harmonieux.

Les Anjous blancs secs, portés par une nouvelle génération de vignerons désireux de révéler leurs terroirs, offrent de très belles découvertes.

Le Saumurois est célèbre pour son Saumur-Champigny, un des meilleurs rouges de la Loire. Contrairement à ce que peuvent laisser croire des versions légères, râpeuses et diluées présentes dans nombre de bistrots, c'est un vin de garde. Voyez ceux du Clos Rougeard, du domaine des Roches Neuves, du Château Yvonne ou du Château de Villeneuve. Goûtez aussi la finesse et la fraîcheur des Saumur blancs.

Le dernier grand district de la vallée de la Loire est le Pays Nantais, dans l'estuaire du fleuve. Le vignoble qui s'étend autour de Nantes est la patrie du *Muscadet*. Ce blanc est élaboré à partir du cépage Melon de Bourgogne. Léger, très sec, salin et ferme sans être agressif, il est le compagnon traditionnel des huîtres, praires, coques, moules, crevettes et autres fruits de mer. Il est aussi parfait à l'apéritif, surtout l'été.

Approuvé

Le meilleur du Muscadet est son prix. Vous pouvez trouver un Muscadet très correct autour de 6 €. Achetez-le jeune, car il est à boire dans les deux ans. Il n'est pas destiné à vieillir. Mais il existe aussi des cuvées plus élaborées, disposant de réelles capacités de garde, issues de raisins plus mûrs, de parcelles bien choisies, de faibles rendements et d'élevages plus longs. Leur prix reste très abordable. Goûtez ceux du domaine de la Louvetrie, du Domaine de L'Écu ou du domaine Pierre Luneau-Papin.

Conseil

Le meilleur Muscadet provient de Sèvre-et-Maine et cela est mentionné sur l'étiquette. Vous rencontrerez fréquemment l'indication *sur lie* qui signifie que le vin a vieilli sur ses lies (les restes de la fermentation) au moins quatre mois et qu'il a ensuite été immédiatement mis en bouteilles. Ce procédé donne au vin vivacité, fraîcheur et même parfois un léger soupçon de gaz carbonique sur la langue. Ces vins ont une plus grande capacité de garde.

Snobs

Son prix bas et son abondance (1 million d'hectolitres dans les années 1990, 700 000 aujourd'hui) ont rangé le Muscadet dans la case des « petits vins », qualificatif pas forcément sympathique. Après une sévère crise, le Muscadet se redresse. En plus de ses appellations sous-régionales Muscadet-Sèvre-et-Maine, Muscadet-Coteaux-de-la-Loire et Muscadet-Côtes-de-Grandlieu, trois appellations communales lui ont été reconnues en 2011 : Clisson, Gorges et Le Pallet. Sept autres s'y sont ajoutées depuis.

Approuvé

Le cépage Pineau d'Aunis (aussi appelé Chenin Noir) sort de l'oubli. Il est cultivé en Val de Loire depuis plus de mille ans. C'est un cépage rouge aux arômes fruités, poivrés et épicés, donnant des vins toniques, parfaits avec des charcuteries, des fromages de chèvre, des plats à base de légumes ou épicés, des viandes rouges ou du thon grillé. À découvrir en rouge ou rosé (ou vin gris), dans les appellations Coteaux du Loir et Coteaux du Vendômois.

Éric Beaumard

Des grands domaines de Loire à découvrir : Domaine Delaporte (Sancerre), Domaine Philippe Alliet (Chinon), Domaine du Bel Air (Bourgueil), Domaine Guiberteau (Saumur), Antoine Sanzay (Saumur), Thibaud Boudignon (Savennières), Domaine Michel Bregeon (Muscadet).

Les vins d'Alsace : résolument français

Cela peut paraître étrange pour un lecteur français, mais de nombreuses personnes dans le monde confondent aisément les vins d'Alsace et les vins allemands. L'Alsace n'est d'ailleurs séparée de l'Allemagne que par le Rhin, ce qui explique en partie son histoire tumultueuse, l'Alsace ayant été tantôt allemande, tantôt française. Pour compliquer encore les choses, l'Alsace et l'Allemagne cultivent certains des mêmes cépages (Riesling, Gewurztraminer, Sylvaner et Pinot Gris). Mais là s'arrêtent les similitudes : les vins d'Alsace sont le plus souvent secs alors que la majorité des vins allemands sont demi-secs ou doux.

Cette crise d'identité de l'Alsace a eu une influence sur les vins qui en proviennent au niveau du marché international, et dont il résulte que ses vins sont de très bonnes affaires.

Les vins d'Alsace sont, parmi les vins français, uniques sous deux aspects. Tout d'abord, tous les vins d'Alsace sont livrés dans des bouteilles effilées appelées *flûtes*. D'autre part, presque tous les vins d'Alsace comportent simultanément un nom de cépage et un nom de lieu, qui est souvent simplement l'Alsace. Compte tenu de la diversité des cépages possibles et des types de sols variés, les vins d'Alsace offrent un large choix de goût et d'accords mets et vins possibles.

Lorsqu'on considère la latitude assez nordique de l'Alsace, on peut supposer que le climat est assez froid. Heureusement, la protection du massif des Vosges à l'ouest permet au climat d'y être assez ensoleillé et tempéré jusqu'à pouvoir prétendre être un des plus secs de France ; autrement dit, un temps parfait pour cultiver la vigne.

Bien qu'y soient produits quelques rouges à base de pinot noir, les vins d'Alsace sont avant tout blancs. Les vins tranquilles dominent, mais ces dernières années ont vu la montée en puissance des crémants d'Alsace. Ils représentent 21 % de la production annuelle. Pour les produire, le Chardonnay s'ajoute aux cépages traditionnels alsaciens que sont le Pinot Blanc, le Riesling, le Pinot Noir ou le Pinot Gris.

Pour les vins tranquilles, quatre cépages dominent le marché : le Pinot Blanc, le Riesling, le Pinot Gris et le Gewurztraminer.

Chacun d'eux exprime le caractère particulier du cépage dont il est issu, mais ils partagent tous certains arômes et saveurs, notamment cette note épicée qui constitue la signature des vins d'Alsace. Ils sont le plus souvent élevés dans d'imposants tonneaux de forme ovale appelés foudres, utilisés de génération en génération.

Approuvé

Le *Pinot Blanc* d'Alsace est le plus léger des quatre. En revisitant d'une autre manière le style traditionnel d'Alsace, certains producteurs produisent du Pinot Blanc demi-sec pour attirer ainsi des amateurs de vin peu habitués aux vins classiques de la région. D'autres producteurs persistent dans le blanc absolument sec. Le Pinot Blanc est abordable, se vendant entre 4 et 8 €. À la fois fruité et vif, c'est le type même du vin facile à ouvrir dès l'apéritif ou sur des plats simples comme des tartes salées, des gratins, des charcuteries ou des salades composées. Certains vignerons proposent des versions de Pinot Blanc élevées en barriques très réussies. Les arômes de bois ne sont pas marqués, mais le vin est plus complexe tandis qu'il augmente sa capacité de garde. Voyez ceux des domaines Albert Mann, Ostertag ou Trapet.

Conseil

Le nom de Pinot Blanc est aussi donné aux vins comprenant du cépage Auxerrois, cépage complémentaire avec lequel il est souvent assemblé.

Le *Riesling* est le roi des vins d'Alsace. C'est un vin aromatique, d'une grande vivacité et doté d'une persistance souvent remarquable. Bien qu'il puisse être consommé jeune, comme la plupart des vins d'Alsace, un Riesling d'un bon millésime peut aisément se garder dix ans ou davantage. Les Riesling se vendent entre 4 et 12 €, mais peuvent afficher des prix bien supérieurs s'ils sont issus d'un terroir classé Grand Cru (il y a 51 Grands Crus en Alsace) et d'un producteur particulièrement réputé.

Le *Pinot Gris* était autrefois appelé Tokay, ce qui pouvait entraîner une confusion avec un vin liquoreux hongrois très fameux, le tokaj, alors qu'il n'y a pourtant aucun lien entre les deux. Pour cette raison, les Hongrois ont souhaité protéger l'appellation Tokaj et, depuis le 1er avril 2007, les producteurs alsaciens n'ont plus le droit d'utiliser le nom Tokay sur leurs étiquettes. Vous le trouverez néanmoins encore sur les bouteilles si vous dénichez des vieux millésimes. En Alsace, il offre des vins riches, épicés et charnus, forts en caractère, qui peuvent accompagner des viandes, notamment des gibiers. Ils sont malheureusement parfois alourdis par des sucres résiduels excessifs.

Truc

Le cépage *Gewurztraminer* offre des arômes et des saveurs si intenses, si mordantes et si épicées qu'il constitue le vin qu'on aime ou qu'on n'aime pas, un point c'est tout. Et il a de nombreux amateurs. C'est en Alsace que ce cépage s'exprime le mieux. Si vous n'avez encore jamais goûté un Gewurztraminer d'Alsace, vous n'avez alors pas rencontré un de ces vins les plus particuliers du monde. Faible acidité, fort taux d'alcool, une combinaison qui donne une impression de complétude et de douceur. Il accompagne à merveille le foie gras et les fromages robustes, et certains l'apprécient aussi avec la cuisine asiatique épicée. Essayez-le sur des plats aux parfums de gingembre ou de cannelle ! Le Gewurztraminer se vend aux mêmes prix que le Riesling, mais ne vieillit pas autant.

Approuvé

En Alsace, le Muscat a la particularité d'être vinifié en sec et non pas en vin doux naturel comme en Languedoc-Roussillon, à Beaumes-de-Venise ou en Corse. Ce cépage fragile se fait de plus en plus discret dans le vignoble alsacien. Il fait pourtant des vins très aromatiques, mais moins exubérants que les Gewurztraminer. Lorsque le vin est réussi, il donne la sensation de croquer dans un grain de raisin. Parfait pour l'apéritif, il accompagne aussi les asperges et les plats à base de chèvre. Sa pointe d'amertume rafraîchissante fait merveille sur une entrée froide au crabe ou de la cuisine épicée à la citronnelle ou au gingembre

Truc

Parce qu'il ne fait pas partie (à l'exception du Grand Cru Zotzenberg) des cépages habilités à faire des Alsace Grand Cru, le cépage Sylvaner était délaissé. Mais des vignerons talentueux le redécouvrent. En le travaillant à petits rendements, sur des sols adaptés, ils en font des vins dignes de certains Riesling. Goûtez, par exemple, ceux du domaine Loew.

Portés par la mode du cépage Pinot noir, les Pinot Noir alsaciens évoluent. Autrefois, ce cépage servait à faire les Crémant ou était vinifié en rouges légers ou rosés. Désormais, le Pinot Noir adopte volontiers un style fruité, charnu et frais tandis qu'une tendance de vinification à la bourguignonne (élevage en fûts) se développe pour des vins destinés à la garde.

Conseil

En Alsace, tous les vins sont produits en appellation d'origine contrôlée (ou protégée). Au sommet de la pyramide figurent les « Alsace Grand Cru ». Il y en a 51. Ils représentent à peine 4 % de la production totale. Les AOC Alsace suivies d'un lieu-dit (par exemple AOC Alsace Rosenberg) ou d'une entité communale (par exemple AOC Alsace Klevener de Heiligenstein) constituent l'échelon suivant, le gros de la production (73 %) étant constitué par les simples AOC Alsace. Les vins effervescents sont tous des AOC Crémant d'Alsace.

Focus

L'Alsace fait aussi des superbes vins liquoreux à partir de Gewurztraminer, de Riesling, de Pinot Gris ou de Muscat. Sur l'étiquette, ils portent, à côté de la mention AOC Alsace Grand Cru ou AOC Alsace, la mention Sélection de grains nobles ou Vendanges tardives.

Snobs

L'un des plus célèbres vins d'Alsace, le Riesling Clos Sainte-Hune de la maison Trimbach, est issu de vignes situées sur le grand cru Rosacker, mais ne le revendique pas. C'est donc une simple AOC Alsace bien qu'il coûte autour de 130 €. Seules 8 000 bouteilles sont produites chaque année. Elles ne sont commercialisées qu'après au moins 5 ans de garde dans les caves du domaine. Sa capacité de garde est remarquable.

Truc

Même si, dans l'ensemble, les vins d'Alsace sont de style sec, ils comportent parfois des sucres résiduels (parce que les raisins étaient très mûrs et n'ont pas transformé tout leur sucre en alcool ou parce qu'ainsi le vin est plus flatteur). Lorsque le vin est équilibré par une bonne acidité naturelle, le sucre n'empêche pas l'harmonie et la fraîcheur du vin. Reste que c'est un élément à prendre en compte pour les accords mets et vins. Certains vignerons proposent sur leur contre-étiquette une échelle de sucrosité, mais ils sont rares. Si vous ne pouvez pas goûter le vin, questionnez le caviste, le sommelier ou le vigneron avant de choisir !

20 domaines pour découvrir les vins d'Alsace

Hors d'Alsace, il n'est pas toujours facile de trouver de bons vins d'Alsace en rayon tant la consommation est régionale et la qualité hétérogène. Nous suggérons les domaines suivants parce qu'ils produisent des vins de qualité et qu'ils sont relativement bien représentés nationalement en restauration, chez les cavistes (boutiques et Internet). Les prix peuvent être assez élevés pour certaines cuvées recherchées :

Domaine Agapé, Domaine Albert Boxler, Domaine Albert Mann, Domaine André Kientzler, Domaine André Rieffel, Domaine Dirler-Cadé, Domaine Barmès Buecher, Domaine Josmeyer, Domaine Kreydenweiss, Domaine Léon Beyer, Domaine Loew, Domaine Marcel Deiss, Domaine Ostertag, Domaine René Muré, Domaines Schlumberger, Domaine Roland Schmitt, Domaine Trimbach, Domaine Valentin Zusslin, Domaine Weinbach, Domaine Zind-Humbrecht.

Provence : le paradis des rosés, mais pas seulement

Aujourd'hui, le rosé représente 90 % des vins produits en Provence. À elle seule, la région fournit 6 % des rosés du monde. Lorsque le rosé y est réussi, il offre un équilibre très agréable entre le fruité, la finesse et le côté rafraîchissant et sec. Il se marie avec la cuisine provençale comme avec des plats simples, des salades ou des plats aux saveurs épicées. C'est donc le roi des vins d'été. Sa faculté à être apprécié même par ceux qui disent ne pas aimer ou connaître le vin explique son succès commercial. Il est tel que presque toutes les régions viticoles se sont mises à faire du rosé.

Les principales appellations de Provence produisant du rosé sont : Côtes-de-Provence, Coteaux-d'Aix-en-Provence, Coteaux-Varois-en-Provence, Baux-de-Provence ainsi que Bandol. Son succès fait de l'ombre à la production de blancs et de rouges qui méritent pourtant l'attention des amateurs de vins. Les rouges tout particulièrement. Chargés d'arômes d'épices, de la sensualité née du soleil tout en gardant de la fraîcheur, ils peuvent atteindre des sommets.

L'appellation Bandol produit les rouges parmi les plus intéressants de Provence. Ils sont issus majoritairement d'un cépage tardif à fort caractère appelé Mourvèdre. Il peut être associé à du Grenache et du Cinsault. Il est cultivé à petits rendements dans un vignoble disposé en terrasse.

Les Bandol vieillissent au moins 18 mois en fûts avant d'être commercialisés. À la fois puissants et élégants, ils déclinent des arômes de tabac, cuir, réglisse, fruits noirs, violette, fruits rouges, confiture, épices, pinède... Leur structure tannique les dote d'une grande longueur en bouche et d'une excellente capacité de vieillissement. Relative rareté, élevage long et petits rendements font des vins de Bandol des vins relativement chers. Il est rare qu'un Bandol rouge coûte moins de 18 €. Recherchez ceux du Domaine Tempier, Domaine de la Bégude, Château Pradeaux, Domaine de Terrebrune, Château Pibarnon, Domaine de la Bastide Blanche, Domaine de La Tour du Bon.

En blanc sec, en dehors des Côtes de Provence, visez les micro-appellations comme Cassis (198 ha entre Marseille et Toulon), Palette (48 ha près d'Aix-en-Provence) ou Bellet (50 ha dans la région de Nice). Elles produisent des blancs aux parfums intenses, à la fois gras, ronds et fins. Le producteur le plus connu de Palette est le Château Simone, celui de Bellet est le Château de Bellet. Pour les Cassis blancs, goûtez ceux du Château Barbanau.

Snobs

Un très grand nombre de cépages différents sont plantés en Provence, mais tous ne sont pas autorisés à faire des vins AOC. Ça n'empêche pas les vins qui en comportent d'être chers et recherchés par les amateurs. Le cas le plus connu est celui du domaine de Trévallon. Son assemblage de cabernet-sauvignon et de syrah est vendu en IGP Alpilles autour de 45 € la bouteille.

Des vignes antifeu

L'île de Porquerolles produit des blancs, rosés et rouges de grande qualité dans un environnement préservé. Les vignes ont été plantées à partir de 1911 par l'unique propriétaire de l'île en tant que pare-feux! Les 170 hectares de vignes ont constitué un temps l'une des plus grosses propriétés viticoles de France. Aujourd'hui, trois domaines viticoles poursuivent sur une soixantaine d'hectares l'histoire viticole de cette île paradisiaque.

Corse : l'île aux vins singuliers

Pays d'oliviers, la Corse est très logiquement une terre privilégiée pour la culture de la vigne. L'ensoleillement y bat des records. C'est en tirant parti des cépages traditionnels qu'une proportion toujours plus grande de vignerons y élabore des vins de qualité. Choix des bons terroirs, rendements maîtrisés et date de vendange optimale sont les défis qu'ils s'imposent. Ces vins sont pour la plupart vendus sur place, mais heureusement, de moins en moins rares chez les cavistes et sur les cartes des restaurants du continent. Seul bémol, ils sont vendus souvent à prix relativement élevés.

Découvrez ceux du domaine Comte Abbatucci, du domaine Comte Peraldi, du Clos Signadore, du Domaine Vaccelli, du Clos Reginu, du Clos Canarelli, d'Yves Leccia, d'Antoine Arena, du Clos Fornelli, du domaine Pieretti, du domaine d'Alzipratu, du Clos Colombu ou encore du Domaine Maestracci.

Comme en Provence, la production de rosés s'est beaucoup développée. Pourtant, les rouges et les blancs sont très plaisants.

En rouge, les principaux cépages sont le Nielluccio (qui n'est autre que le sangiovese de Toscane) et le Sciacarello. À base de Nielluccio, les vins sont denses et structurés par des tanins solides tout en exhalant des arômes de fruits mûrs, d'épices, de moka et de garrigue. Ceux de Patrimonio, au nord de l'île, sont parmi les plus fins. Le Sciacarello est plutôt typique des vignes du sud-ouest de l'île comme celles de l'AOC Ajaccio. Il fait des vins plus légers, aux tanins fins et pouvant développer des notes poivrées. Les deux cépages peuvent être utilisés en assemblage. Grenache, Barbarossa et Mourvèdre peuvent s'y associer.

En blanc, le cépage vedette est le Vermentino (appelé Rolle en Provence). Il produit des blancs bien équilibrés entre gras, densité et arômes rafraîchissants d'agrumes. Ils sont délicieux à boire jeune. Les appellations Patrimonio et Vin de Corse-Figari sont particulièrement réputées pour leurs blancs.

Snobs

Le Muscat du cap Corse est un vin doux naturel à la mode. Très parfumé, il décline des notes raffinées d'agrumes confits, de fruits exotiques, de fleurs blanches, de citronnelle avec des touches de miel. Mais quand le côté mielleux et la lourdeur prennent le dessus sur la finesse, il tend à lasser assez vite le palais. Visez la qualité !

Languedoc-Roussillon : un vaste vignoble à explorer

Les vins du Languedoc-Roussillon

Approuvé

La vaste région du Languedoc-Roussillon a longtemps été la première productrice de vin français, avec notamment plus de la moitié du volume total de vin rouge produit en France. Mais cela ne fait qu'une vingtaine d'années que cette région se libère d'une réputation de vins de qualité très moyenne et commence à exporter.

Désormais le qualitatif prend le pas sur le quantitatif tandis que de nouvelles techniques sont mises en œuvre à tous les stades de la production.

On y trouve à la fois les vins parmi les meilleurs marchés du vignoble français et ceux parmi les plus chers, convoités par des amateurs du monde entier. Certains vignerons sont devenus plus connus que les appellations qu'ils défendent à travers leurs vins. Ils élaborent des cuvées à fort potentiel de garde, vendues entre 50 et 100 € la bouteille. Elles peuvent être aussi bien des AOP que des IGP (ex-Vins de Pays), voire des vins de France.

Truc

Pour vos premières découvertes, essayez en toute décontraction les IGP Pays d'Oc élaborées à partir de cépages typiques de la région (Grenache, Cinsault, Carignan) ou internationaux comme le Merlot, la Syrah, le Cabernet-Sauvignon ou le Chardonnay. Ces vins peuvent offrir d'excellentes opportunités dans les petits prix. Ils valent entre 3 et 7 € pour la plupart.

Beauté, mais aussi rudesse des paysages aux reliefs tourmentés, diversité des sols et des microclimats dessinent une palette de vins diversifiée. C'est dire le vaste choix qui s'offre à l'amateur curieux de découvertes.

Pour commencer, explorez d'abord les appellations suivantes :

En Languedoc :

- Au sein de l'appellation **Languedoc** (qui se substitue à l'ex appellation Coteaux-du-Languedoc), goûtez les vins affichant nom de terroir comme Pic-Saint-Loup ou Saint-Georges-d'Orques. Du fait de leur altitude ou de leur climatologie, ces terroirs apportent une fraîcheur susceptible d'équilibrer la puissance solaire du vin. Visez aussi ceux de Montpeyroux. Les rouges sont intenses avec un caractère sauvage et les blancs sont charnus et fins, avec des accents iodés. L'un des meilleurs producteurs est le Domaine d'Aupilhac.
- **Corbières :** le vignoble est vaste et hétérogène, mais fertile en découvertes notamment parmi les Corbières-Boutenac.
- **Fitou :** les vins uniquement rouges sont issus de deux zones contrastées (l'une maritime, l'autre au pied des châteaux cathares). Les vins y sont puissants, très charpentés, aux arômes de fruits très mûrs et d'épices. Certains producteurs se distinguent en évitant de faire des vins caricaturaux, trop alcoolisés et manquant de tonicité.
- **Cabardès :** à l'ouest du vignoble. Ce terroir a l'originalité d'associer des cépages méditerranéens (Syrah, Grenache) à des cépages « atlantiques » (Merlot, Cabernet-Sauvignon, Malbec) tant il est soumis aux deux influences climatiques. Nous suggérons ceux du Domaine de Cazaban, du Domaine de Cabrol et du Château de Pennautier.
- **Faugères :** ses sols pentus de schistes font des vins rouges d'une superbe complexité. Goûtez ceux du Domaine Jean-Michel Alquier, du Domaine Léon Barral et du Mas d'Alezon.
- Au sein des **Minervois**, privilégiez le cru La Livinière pour la minéralité de ses rouges. Gérard Bertrand prose des cuvées intéressantes et bien distribuées.
- **Terrasses-du-Larzac** est devenue une appellation à part entière en 2014 (elle était jusque-là rattachée à l'appellation Languedoc). Une reconnaissance pour ce terroir niché dans un patrimoine naturel magnifique entre le Massif central et la Côte méditerranéenne. La situation géographique apporte aux vins puissance, équilibre et fraîcheur. Le terroir

met notamment en valeur le cépage Carignan, un vieux cépage languedocien actuellement réhabilité. Recherchez par exemple les vins de : Mas Jullien, Domaine du Pas de l'Escalette, Mas Cal Demoura, Mas des Chimères ou Domaine de Montcalmès.

» **Saint-Chinian** : cette vaste appellation s'est engagée sur la voie de la qualité et hiérarchise ses terroirs. Les vins y sont soit fruités et souples, soit puissants et corsés. Ceux issus de sols de schistes sont les plus intéressants. Les prix sont accessibles.

En Roussillon :

» **Côtes-du-Roussillon** et **Côtes-du-Roussillon-Villages** : les rouges issus de vieilles vignes de Grenache, de Carignan et de Syrah font preuve d'une belle personnalité. Les producteurs les plus connus sont le Domaine du Clos des Fées et le Domaine Gauby. Goûtez aussi ceux de Roc des Anges, Mas Amiel ou Olivier Pithon.

» **Collioure** : issus des mêmes terroirs que les Banyuls, les vins rouges sont en progression constante. Ils associent Grenache, Mourvèdre, Syrah, Carignan et Cinsault. Ils sont en général solaires, puissants, riches en arômes et dotés de tanins souples. Goûtez ceux du domaine de la Tour Vieille, du domaine de la Rectorie, du domaine de Traginer ou du domaine Madeloc.

» **IGP Côtes Catalanes** : les vignes bénéficient d'une influence marine qui tempère les ardeurs du soleil. Goûtez les vins du domaine Cazes, du domaine des Schistes, du domaine Olivier Pithon et du Mas Amiel.

» **Maury sec** : une appellation créée en 2011 permettant aux vignerons du terroir de Maury de développer des vins secs.

Le royaume des vins doux naturels

Le climat est propice à l'élaboration de délicieux vins doux naturels. Élaborés à partir de Muscat, ce sont les aromatiques Muscat de Saint-Jean-de-Minervois, de Rivesaltes, de Frontignan, de Lunel ou de Mireval.

Les Rivesaltes, Maury et Banyuls peuvent donner des vins exceptionnels et de très longue garde lorsqu'ils sont issus de sols de schistes. Ce sont des vins méconnus à (re)découvrir. Ils sont principalement issus de grenaches (noirs, mais aussi gris et blanc). Il existe des styles différents au sein même de ces appellations, selon les choix de vinification (moment du mutage à l'alcool, élevage...). Le Rivesaltes peut être ambré, grenat, tuilé ou hors d'âge. La production est importante, mais la qualité variable. Le Banyuls est le plus connu des vins doux naturels français. Certains Banyuls rivalisent avec les grands Porto. L'un des meilleurs producteurs est le Domaine de la Rectorie. Le Maury réserve aussi de belles surprises avec une qualité de plus en plus homogène. Nous conseillons les Maury du Mas Amiel, du Domaine Pouderoux ou de La Préceptorie de Centernach.

Blanc : la couleur qui monte

Si les rouges sont omniprésents, les blancs du Languedoc-Roussillon sont aussi dignes d'intérêt !

C'est une spécialité de Limoux, zone sous influence atlantique sachant garder une fraîcheur surprenante compte tenu du climat local. Ses effervescents comme la Blanquette-de-Limoux ou le Crémant-de-Limoux sont originaux. Certains de ses Limoux blancs tranquilles issus principalement de Chardonnay peuvent valoir le détour.

L'appellation Languedoc-La Clape (dans l'Aude) offre un bon potentiel pour les blancs.

Grenaches blancs et gris, marsanne, roussanne, vermentino font de beaux vins blancs, amples et minéraux à Collioure et en Côtes-du-Roussillon. Goûtez par exemple les Collioure blancs du domaine de la Rectorie ou le domaine La Tour Vieille.

Très local, le Picpoul-de-Pinet est issu du cépage Piquepoul. Ses arômes fruités et citronnés et son style léger et nerveux le destinent aux fruits de mer, coquillages et apéritifs. Certaines cuvées sont élevées en fûts. Ce ne sont pas forcément les meilleures. Certaines cuvées sont plus amples et ambitieuses. Les Picpoul rencontrent un grand succès à l'export. C'est une appellation à suivre.

Étonnants vins du Jura

Issus de cépages autochtones comme le savagnin (cépage à vin blanc), le poulsard et le trousseau (cépages à vins rouges), les vins du Jura sont résolument atypiques.

Approuvé

Le Chardonnay y est aussi cultivé et certains des vins qui en sont issus peuvent rivaliser avec nombre de leurs voisins bourguignons pour des prix le plus souvent très doux. Vifs, ils développent des arômes frais et délicats alliant l'aubépine, le tilleul ou la poire.

Le Pinot noir, autre cépage bourguignon, est également planté. Il est vinifié seul ou assemblé avec du poulsard ou du trousseau.

Les rouges du Jura ont des robes allant du rouge léger, presque rosé au rouge rubis. Entre vivacité, arômes de fruits rouges et touche épicée, ils sont à la fois gouleyants, de corps léger tout en étant robustes. Compte tenu de la situation géographique du vignoble, l'effet millésime est important.

Mais la star incontestée du vignoble, c'est le vin jaune. Même s'il ne représente que 3 % des ventes annuelles, il façonne l'image des vins jurassiens. Exclusivement issu de savagnin, ce vin blanc sec séjourne en fûts au moins six ans et trois mois sans qu'aucun vin ne soit ajouté pour compenser l'évaporation naturelle.

Grâce à la formation d'un voile de levure sur la surface du vin, il y développe une richesse aromatique exceptionnelle (noix, cannelle, curry, muscade, safran, gingembre, champignon, agrumes, pomme verte…). Ceux du terroir de Château-Chalon sont parmi les plus réputés. Recherchez aussi ceux de L'Étoile.

Conseils pour boire un Vin Jaune

Approuvé

Pour profiter de sa complexité aromatique, il s'ouvre plusieurs heures à l'avance et se sert entre 14 et 16 °C. Le comté est l'un de ses plus sûrs alliés tout comme la fameuse poularde aux morilles et au Vin Jaune. Foie gras, écrevisses, homard, langouste ou encore poissons et volailles à la crème safranée sont aussi dans ses cordes.

Conseil

Original par son élaboration, ses arômes et son exceptionnelle capacité de garde, le vin jaune l'est aussi par sa bouteille appelée clavelin. Elle contient 62 cl et non pas 75 cl comme une bouteille classique. Ce volume correspond à ce qu'il reste de 1 litre de vin mis dans un tonneau après un vieillissement de 6 ans et trois mois, la durée de vieillissement minimum pratiquée pour un vin jaune.

Truc

Nombre de vins blancs secs du Jura sont en partie élevés sous voile, comme le vin jaune, mais avec des élevages moins longs. Ils développent des arômes typiques de fruits secs et d'épices douces, mais sans être aussi puissants. Si vous souhaitez les déguster, sachez que les vignerons les qualifient de blancs « typés » ou « tradition ». Ouvrez-les sur des fromages, une truite aux amandes ou des blancs de volaille à la crème et aux champignons.

Vinifié de façon classique, le Savagnin donne des vins blancs amples et souvent minéraux permettant des accords originaux, notamment avec des légumes d'hiver (céleri, panais, courges…), les poissons comme le haddock et les fromages.

La production de vins effervescents est ancienne. Comme ailleurs, elle bénéficie de l'engouement pour les vins à bulles. Les Crémants du Jura sont blancs, mais aussi rosés. Ils prennent alors des accents épicés venus du poulsard et du pinot noir.

À retenir

Ne pas confondre le vin jaune avec le vin de paille, autre gloire locale. Ce vin liquoreux est issu de grappes récoltées tardivement et mises à sécher sur de la paille ou des claies pendant au moins 6 semaines. Sa complexité aromatique est un régal (marmelade d'orange, prune, coing, datte, pruneau, miel, caramel, fruits confits, raisins secs...). À découvrir pour lui-même ou sur un dessert au chocolat ou aux figues.

Savoie : des vins qui prennent de la hauteur

La Savoie est une zone viticole vaste, mais dotée de vignobles très dispersés et d'une variété presque déconcertante. Exposition au soleil et au vent, altitude, pente, proximité ou non d'un lac, sols... font de chaque terroir une exception. Plus de vingt cépages différents sont utilisés ! Il n'y a que 4 AOC (Savoie, Roussette de Savoie, Seyssel et Crémant), mais 20 crus !

Les vins blancs sont très majoritaires (70 %) et certains valent beaucoup mieux que le rôle d'accompagnateur de fondue, raclette et autres tartiflettes auxquelles on les destine. Certains ont conquis les cartes des vins de restaurants étoilés.

Le cépage le plus répandu se nomme Jacquère. Il est typiquement savoyard de même que l'Altesse (cépage unique de la Roussette de Savoie) et le Gringet. La Roussanne, cépage de la vallée du Rhône, est ici appelée Bergeron. C'est le cépage exclusif du Vin-de-Savoie-Chignin-Bergeron. Puissant et parfumé, c'est l'un des meilleurs blancs de la région. Les vins issus de Chasselas se font rares (ils sont beaucoup plus répandus dans le vignoble suisse). Ils sont d'un style fruité, léger et nerveux très agréable.

Parmi les rouges, ceux à base de Mondeuse (encore un cépage exclusif) méritent l'attention. Ils peuvent donner des vins intenses de fruits rouges et de poivre. Nous recommandons les Vin-de-Savoie-Arbin Mondeuse du domaine Charles Trosset, du domaine Louis Magnien et du domaine Saint-Germain, domaine Genoux - château de Mérande. L'autre cépage rouge dominant est le Gamay.

La Savoie possède une longue tradition de vins effervescents. Depuis 2015, une partie d'entre eux peut revendiquer l'appellation Crémant de Savoie.

Sud-Ouest : une incroyable mosaïque

Bordé à l'Ouest par le vignoble bordelais et au Sud par les Pyrénées, le vignoble du Sud-Ouest s'étend à l'Est jusqu'à l'Aveyron. Cette vaste zone couvre huit départements différents. Les appellations, les cépages utilisés, les types de terroirs et les styles de vins sont d'une grande variété. C'est d'ailleurs la région de France où le nombre de cépages différents utilisés est le plus grand. On trouve donc de tout dans le Sud-Ouest et sa diversité fait sa force ! Une solide tradition gastronomique pratiquée partout avec conviction est le trait d'union entre les vins. Les bouteilles sont le plus souvent vendues à prix très raisonnables.

Cahors : le règne du Malbec

Le Cahors est le plus connu des vins du Sud-Ouest. Il est doté d'une riche histoire. Les Anglais en étaient déjà amateurs au XIIIe siècle et l'appelaient *Black Wine* du fait de sa robe foncée.

Ce vin rouge doit sa personnalité au cépage Malbec qui le compose à 70 % au minimum (les meilleurs en contiennent au moins 80 % voire 100 %). Ce cépage offre un équilibre entre le gras, l'alcool, l'acidité et les tanins propres à faire de grands vins. Merlot et Tannat peuvent le compléter.

Les arômes d'un Cahors allient la violette, la truffe, le menthol, l'eucalyptus, le cassis, la myrtille, la cerise, le pruneau et la réglisse.

Truc

Cépage du Sud-Ouest, le Malbec était autrefois appelé Malbec à Bordeaux, mais Auxerrois localement (et Cot dans le Val de Loire). C'est sous le nom de Malbec qu'il a triomphé en Argentine dans le vignoble de Mendoza. Pour mieux mettre en avant le cépage roi des Cahors, le nom d'Auxerrois a été chassé des étiquettes au profit de Malbec, tandis que, à l'étranger, le vin se présente comme le « French Malbec ». Cahors est la seule appellation française où il a autant de poids.

Après une période de crise au début des années 2000 due à la production massive de vins de basse qualité, le vignoble se redresse. Une nouvelle génération s'attache à produire des vins issus de rendements raisonnables et des plus beaux terroirs, vinifiés dans le but d'extraire une matière dense et fruitée, dotée de tanins fins et de fraîcheur. Trois styles coexistent : les Cahors tradition de style rond et structuré, dotés de tanins souples, valent moins de 7 € ; les cuvées prestige plus charnues et puissantes valent entre 7 et 20 € ; les cuvées spéciales ont à la fois des tanins denses et veloutés et une grande richesse aromatique. Leur capacité de vieillissement est garantie par leur acidité fine. Ils peuvent se garder 10 ans et plus et coûtent plus de 20 €.

Les vignes sont plantées depuis le bord du Lot sur différentes terrasses jusqu'à un plateau calcaire situé en altitude (jusqu'à 300 m). Plus on s'élève, plus les sols sont drainants et plus les vins sont complexes et aptes à la garde. Sur le plateau calcaire, les vins sont en général moins charnus, mais d'une grande finesse.

Quelques domaines à découvrir : château du Cèdre, Clos Triguedina, Mas del Perié, Clos Troteligotte, Domaine Cosse-Maisonneuve, château Combel La Serre, château Les Croisille, Domaine Capelanel.

Bergerac : l'un des plus grands vignobles du Sud-Ouest

Le vignoble de Bergerac s'étend de part et d'autre de la Dordogne. C'est l'un des plus grands du Sud-Ouest en surface. Côté ouest, il touche celui du Bordelais. Les vins de ces deux vignobles sont souvent comparés, car ils partagent les mêmes cépages, mais les vins de Bergerac cherchent à développer leur propre style dans le sillage de quelques vignerons dynamiques. On peut y dénicher de très bons rapports qualité/prix.

Des vins rouges, rosés et blancs y sont produits. Les blancs peuvent être secs, doux ou liquoreux (voir plus loin). Il n'est pas toujours facile de s'y retrouver dans la multitude des appellations (une dizaine). Les rouges dominent, mais les blancs secs révèlent de bonnes surprises. L'AOC Bergerac fournit le plus gros des volumes avec des vins ronds et souples à boire jeune. Les Côtes-de-Bergerac affirment davantage d'ambition et sont encadrés par des conditions de production plus strictes. Certains vignerons militent pour qu'une notion de cru soit introduite afin de distinguer les meilleurs terroirs. Recherchez ceux du Château Tour des Gendres, du Vignoble des Verdots, du domaine de l'Ancienne Cure ou du Château La Robertie.

Le Pécharmant est uniquement rouge. Il doit sa saveur typée à son sol qui renferme une couche d'argile riche en fer. C'est un vin structuré, complexe, élevé en fûts de chêne et de longue garde.

Jouxtant le vignoble bordelais, l'appellation Montravel était autrefois uniquement réputée pour ses blancs secs structurés et élégants. Le Sauvignon y est associé au Sémillon et à la Muscadelle. Désormais, elle concerne aussi des vins rouges produits selon des règles de qualité exigeantes.

Madiran : des rouges sérieux

Sur la rive gauche de l'Adour, au pied des Pyrénées s'épanouit le Tannat, cépage dominant du Madiran. Il donne des vins sombres, puissants, complexes, aux tanins affirmés. Les vins bénéficient aujourd'hui du travail de quelques vignerons pionniers qui, dans les années 1980, ont cherché à produire des grands vins dénués de rusticité et d'astringence. Maîtrise des rendements et nouvelles méthodes de vinification et d'élevage ont été leurs armes. Certains vins sont vinifiés pour être bus jeunes. Ils s'ouvrent sur des brochettes, des magrets, des tajines ou du fromage de brebis. D'autres visent plutôt la concentration, la complexité aromatique et la structure. Ils n'ont pas peur de vieillir 7 à 8 ans voire beaucoup plus. Certaines de ces cuvées valent plus d'une vingtaine d'euros. Ouvrez-les quelques heures à l'avance et servez-les à 18 °C sur des belles viandes (côte de bœuf, gigot d'agneau...). Recherchez les vins du Château Bouscassé, du Château d'Aydie, du Château Montus, du Domaine Labranche-Laffont, du Domaine Viella, du Domaine Berthoumieu et de la coopérative de Crouseilles.

Snobs

Fer de lance de la renaissance de Madiran, le vigneron Alain Brumont (Château Montus et Château Bouscassé) a lancé le prestigieux vin La Tyre en 2000. Ses raisins sont issus d'une parcelle de galets roulés bénéficiant d'une altitude et d'une exposition idéales, plantée de Tannat avec une forte densité de pieds par hectare. Il bénéficie d'un élevage long. Sa capacité de garde est longue. Il coûte autour de 80 € (plus pour un millésime ancien).

Un monde de douceur

Si les tanins de certains vins du Sud-Ouest vous rebutent, vous ne pourrez rester insensible aux charmes de ses vins moelleux ou liquoreux. Le Sud-Ouest est la région de France qui offre la plus belle palette de ce genre de vins. Les rapports qualité/prix y sont imbattables.

Le Monbazillac est le plus célèbre d'entre eux. Il est produit dans le Bergeracois avec les mêmes cépages que le Sauternes, et également à partir de raisins touchés par la pourriture noble. Dans ce même vignoble, goûtez le Saussignac. Il s'astreint depuis longtemps à des règles de production très strictes (l'ajout de sucre est par exemple interdit). Une part importante de ses producteurs se sont convertis au bio. Il développe un équilibre remarquable entre intensité aromatique et fraîcheur.

Toujours dans la zone de Bergerac, la Rosette est un vin moelleux confidentiel d'une agréable légèreté. Ses arômes floraux et fruités (pamplemousse, abricot...) sont délicats et élégants.

À Gaillac, le vin doux est une très vieille tradition. Il est obtenu à partir de raisins récoltés tardivement et dont le vent d'Autan a concentré les arômes en séchant les grains.

Mais le plus grand vin doux du Sud-Ouest est à notre avis le Jurançon. La légende veut qu'une goutte de Jurançon ait été posée sur les lèvres de Henry IV à sa naissance. Ce vin royal (!) est produit à côté de Pau, sur des terrains souvent pentus. Il est issu de raisins récoltés tardivement et qui ont donc concentré leurs arômes.

Son cépage de prédilection est le Petit Manseng dont la peau épaisse résiste bien aux aléas climatiques. Il peut être associé aux Gros Manseng, Petit Courbu et Camaralet.

Les vignerons proposent généralement une gamme de 2 ou 3 Jurançon plus ou moins concentrés en sucre, sachant que le minimum requis est de 35 g de sucres résiduels par litre. L'atout de ce vin est son équilibre entre douceur et vivacité, quelle que soit sa concentration en sucre. Il développe des arômes d'agrumes, de fruits exotiques ou confits, de grillé et de miel. Il s'ouvre dès l'apéritif, sur une entrée au foie gras ou au saumon fumé, des plats exotiques, une tomme de brebis ou un roquefort et sur les desserts aux fruits acidulés. Goûtez ceux de Camin Larredya, du Domaine de Souch, du Clos Lapeyre, du Clos Thou, du Clos Uroulat ou du Domaine Cauhapé.

Réalisé à partir des mêmes cépages, le Pacherenc-du-Vic-Bilh moelleux produit dans la même zone que le Madiran (et par les mêmes producteurs) développe le même genre d'équilibre séduisant entre notes de fruits confits, de fruits secs et de miel et fraîcheur naturelle.

Les blancs secs ont du panache

Vinifiés en secs les cépages du Jurançon et du Pacherenc-du-Vic-Bilh (gros et petit manseng, petit courbu, camaralet) donnent aussi d'excellents blancs, éclatants de fraîcheur et de saveurs d'agrumes, de pêche blanche et de fruits exotiques. Un bonheur dès l'apéritif et sur des poissons marinés ou grillé, des crustacés, des saint-jacques, des salades composées, des asperges, des plats épicés, des volailles, des viandes blanches, des fromages de chèvres... Faites-les goûter à des gens qui disent ne pas aimer les blancs secs !

Approuvé

Auréolé de l'image de convivialité et de plaisirs simples que génère la Gascogne, le blanc sec IGP Côtes de Gascogne a le vent en poupe. Il est produit dans la même zone d'appellation que l'Armagnac. Très aromatique, vif et bon marché, il plaît aussi hors de nos frontières. À tel point que le Côtes-de-Gascogne est le blanc français le plus exporté ! Il est réalisé à partir de cépages locaux typiques que sont le Colombard, le Gros Manseng et l'Ugni blanc, éventuellement associés à du Chardonnay, du Sauvignon et du Chenin. Son prix est doux (entre 3 et 8 €). Les vins les plus connus sont le Colombelle de Plaimont et ceux du Domaine de Tariquet. Découvrez aussi ceux du Domaine Chiroulet. L'appellation AOP Saint-Mont produit aussi des blancs très aromatiques.

La ronde des cépages

Réciter la liste des cépages du Sud-Ouest est aussi chantant qu'une poésie : Colombard, Arrufiac, Camaralet, Petit Courbu, Petit Manseng, Négrette... Sur ce point, Gaillac remporte la palme. Dans ce vignoble situé entre Toulouse et Albi, on cultive l'Ondenc, le Mauzac vert, la Muscadelle, le Loin de L'œil, le Verdanel (cépages blancs), le Braucol, le Duras, la Syrah, le Prunelart, le Mauzac noir, le Fer-Servadou (cépages rouges). Pour les découvrir, recherchez les vins de Robert et Bernard Plageoles. Cette famille de vignerons veille à la pérennité des cépages de Gaillac.

Snobs

Irouléguy est un petit vignoble de 200 ha adossé aux contreforts des Pyrénées qui défend les couleurs du Pays basque. Les rouges sont à base de Tannat et de Cabernet-Franc. Ils sont charnus et structurés et méritent d'être gardés quelques années. Les blancs sont rares, mais savoureux. Les cépages sont les mêmes que ceux de Jurançon. Le style est tout aussi aromatique et nerveux. Parmi les meilleurs producteurs d'Irouléguy figurent le domaine Arretxea, le domaine Brana et le domaine Ilaria.

44 appellations françaises à découvrir absolument

Éric Beaumard

» **Pour les rouges :**

Rhône : Châteauneuf-du-Pape, Côtes-du-Rhône Villages Cairanne, Beaumes-de-Venise, Saint-Joseph, Cornas, Lirac

Provence et Corse : Bandol, Côtes-de-Provence, Coteaux d'Aix, Patrimonio, Ajaccio, Vin de Corse-Figari

Languedoc-Roussillon : Faugères, Languedoc-Montpeyroux, Languedoc-Saint Georges d'Orques, Pic Saint Loup, Terrasses-du-Larzac, Côtes du Roussillon

Sud-Ouest : Cahors, Madiran

Bordelais : Castillon-Côtes-de-Bordeaux, Canon-Fronsac, Blaye-Côtes-de-Bordeaux, Côtes de Bourg

Loire : Anjou, Chinon

» **Pour les blancs :**

Sud-Ouest : Montravel, Jurançon

Loire : Muscadet Sèvre et Maine, Savennières, Saumur blanc, Vouvray, Menetou-Salon, Pouilly-fumé, Anjou blanc

Alsace : Riesling Grand Cru

Rhône : Condrieu

Jura : Château-Chalon, Côtes-du-Jura, Arbois

Savoie : Vin de Savoie, Roussette de Savoie, Seyssel

» **Pour les rosés :** Côtes-de-Provence

» **Vins doux naturels du Roussillon :** Maury et Banyuls

DANS CE CHAPITRE

Les grands B (Barolo et Barbaresco) de l'Italie

•

Chianti : toujours aussi fameux

•

Les trois gentilshommes de Vérone

•

Renaissance du *vino bianco* de qualité

Chapitre 14
Les vins italiens

Plus de 2000 ans après la conquête de la Gaule par Jules César, les Italiens sont restés aussi impétueux. Passion, sens artistique, goût raffiné et réalisation sans faille sont les arguments qui leur ont permis de conquérir des domaines aussi variés que la mode, le cinéma, la gastronomie et, bien sûr, le vin.

La présence dans tous les endroits du monde de restaurants italiens nous a permis à tous de découvrir les vins italiens très répandus que sont les Valpolicella, Chianti, Soave et Pinot Grigio. Mais il existe tellement d'autres vins italiens, et non des moindres ! Et la plupart de ces centaines de vins se marient très bien avec les mets, car ils ont été conçus à cet effet. Les Italiens boivent d'abord du vin en mangeant.

Nous allons découvrir en détail les trois grandes régions viticoles d'Italie : Piémont, Toscane et Nord-Est. Nous présenterons plus rapidement les autres régions d'Italie produisant des vins pouvant également être proposés chez les cavistes, les épiceries italiennes ou dans les restaurants.

Italie : premier vignoble mondial

L'Italie n'est pas un si grand pays, 60 % de la surface de la France et les trois quarts de l'État de Californie, mais elle fait partie des trois premiers producteurs mondiaux. Le vin est le sang du peuple italien. La vigne pousse dans toutes les régions et aucun repas n'est digne de ce nom s'il n'y a pas une bouteille de vin sur la table.

L'inconvénient de cette omniprésence est que les choses semblent acquises d'avance en Italie en ce qui concerne le vin, même lorsque cela n'est pas vrai. L'Italie a ainsi dû attendre vingt-huit ans de plus que la France pour pouvoir mettre en place une classification des vins ; de nos jours encore, trente ans après la création du système, l'Italie n'a pas achevé la mise en place des appellations officielles pour certains de ses meilleurs vignobles. Cette attitude décontractée de l'Italie par rapport au vin a eu pour effet de ralentir la reconnaissance des vins italiens de haute qualité sur les marchés internationaux.

Une autre raison ayant freiné cette reconnaissance au niveau mondial est liée aux cépages autochtones avec lesquels ces vins sont produits : le Nebbiolo, le Sangiovese, l'Aglianico, le Barbera, etc. Ces cépages peuvent être formidables, mais ils ne sont pas cultivés dans d'autres pays (les rares tentatives ont montré qu'on ne parvenait pas aux mêmes résultats qu'en Italie) ; leurs noms ne sont donc pas connus des amateurs de vin. Le tableau 14.1 présente les cépages les plus employés.

L'Italie, au nombre de ses avantages, bénéficie d'une grande variété de sols et de climats, du pied des Alpes au nord jusqu'aux chaudes côtes méditerranéennes du sud, qui offrent une panoplie de vins très diversifiée. (Un amateur curieux peut passer une vie entière à explorer les centaines de vins d'Italie !) Les paysages vallonnés d'Italie offrent de nombreux reliefs très appréciés de la vigne, même dans les chaleurs du sud du pays ; de nombreuses pentes escarpées avec un sol pauvre mettent les vignes au défi, les poussant ainsi à produire de petits miracles.

L'ordinaire et l'extraordinaire

Truc

Les vins d'Italie, tels qu'ils sont perçus à l'étranger, se rangent dans deux groupes distincts :

❶ Les vins rouges et blancs bon marché, souvent vendus dans des bouteilles de grande taille pour la consommation courante pendant les repas.

❷ Les vins fins dont la qualité varie entre bon et excellent.

Un des vins italiens les mieux connus dans la première catégorie est le *Lambrusco*, un vin rouge assez doux et légèrement pétillant (et délicieux) qui représente une première expérience du vin pour de nombreux amateurs en dehors de l'Italie. Dans la seconde catégorie se trouvent le *Barolo*, le *Brunello di Montalcino*...

Les régions viticoles de l'Italie

L'Italie comporte vingt régions viticoles, qui correspondent exactement au nombre de régions politiques (voir figure 14.1). Ce qui se nomme région viticole en France, comme la Bourgogne ou l'Alsace, est généralement appelé zone viticole en Italie, pour éviter toute confusion avec les régions politiques. Nous conservons cette pratique.

Figure 14.1

Les zones viticoles de l'Italie.

L'Italie tout entière produit du vin, mais les vins les plus fins proviennent souvent du nord : le Piémont au nord-ouest, la Toscane au centre nord et trois régions (parfois appelées les Trois Vénéties) au nord-est. L'Italie est l'un des premiers producteurs mondiaux avec une production annuelle moyenne de 51 millions d'hectolitres, soit un peu plus de 20 % de la production mondiale.

Tableau 14.2

Les vins des régions principales de l'Italie.

Région	Vin rouge	Vin blanc	Cépage
Piémont	Barolo	–	Nebbiolo
	Barbaresco	–	Nebbiolo
	Gattinara	–	Nebbiolo, Bonarda*
	–	Gavi	Cortese
	–	Roero Arneis	Arneis
Toscane	Chianti, Chianti Classico	–	Sangiovese, Canaiolo et autres*
	Brunello di Montalcino	–	Sangiovese
	–	Vernaccia di San Gimignano	Vernaccia
	Vino Nobile di Montepulciano		Sangiovese, Canaiolo et autres*
	Carmignano	–	Sangiovese, Cabernet-Sauvignon*, Canaiolo et autres
	Super-toscans**	–	Cabernet-Sauvignon, Sangiovese et autres*
Vénétie	–	Soave	Garganega, Trebbiano et autres*
	Valpolicella	–	Corvina, Rondinella, Molinara*
	Amarone	–	(Mêmes cépages que Valpolicella ; demi-sec)
Vénétie	Bardolino	–	Corvina, Rondinella, Molinara*
	–	Bianco di Custoza	Trebbiano, Garganega, Tocai*
	–	Lugana***	Trebbiano

* *Vins d'assemblage, issus de deux cépages ou plus.*

** *Vins non traditionnels produits essentiellement dans le district de Chianti (voir le commentaire dans la section Toscane).*

*** *La majorité de la zone vinicole de Lugana se trouve en réalité en Lombardie.*

Les appellations de vin italiennes

Conseil

L'Italie est membre de l'Union européenne et son système d'appellation a donc adopté la classification européenne (voir chapitre **9**), mais il n'est pas inutile de rappeler les différentes dénominations.

- Les vins DOCG (*Denominazione di Origine Controllata et Garantita*). C'est l'élite des vins italiens.
- Les vins DOC (*Denominazione di Origine Controllata*) correspondent aux vins de qualité supérieure les plus répandus en Italie.

À retenir

Les termes *DOC* et *DOCG* font référence aux zones viticoles et aux vins qui en sont issus. Par exemple, le DOC Soave indique un lieu (une zone de production spécifique définie par les lois italiennes d'après le nom de la ville de Soave) et le vin qui en provient.

- Les vins IGT (*Indicazione di Geografica Tipica*) sont l'équivalent de nos anciens vins de pays désormais en Indication Géographique Protégée (IGP). Ces vins indiquent donc aussi une zone géographique précise. Leurs règles de production, notamment quant aux cépages possibles, sont plus souples que les DOCG et DOC, si bien que nombre de vignerons très qualitatifs, désirant réaliser des vins en assemblage ou en monocépage non prévus par l'appellation de référence choisissent cette catégorie. On trouve aussi de très bons vins dans cette famille.
- Les vins de table (*vino da tavola*) qui ne comportent aucune indication géographique en dehors du pays, et qui peuvent être des vins issus de différents vignobles d'Italie, souvent sans grande personnalité, ou, beaucoup plus rarement, des cuvées originales, proposées par de grands vignerons.

Les vins rouges dominants du Piémont

La réputation viticole du Piémont est liée au *Nebbiolo*, cépage rouge plein de noblesse qui ne produit de grands vins que dans le nord-ouest de l'Italie. La grandeur du Nebbiolo s'exprime de deux manières : le *Barolo* et le *Barbaresco* sont deux des vins rouges les plus fameux du monde ; ils sont classés appellation DOCG et sont produits uniquement avec le cépage Nebbiolo cultivé dans les collines de Langhe autour d'Alba. Chacun tire son nom d'un village de la zone de production.

Le Barolo et le Barbaresco sont des rouges robustes, très secs, charnus, forts en tanin, en acidité et en alcool. Ni l'un ni l'autre ne sont à boire jeunes. D'ailleurs un Barolo n'est considéré comme tel qu'après trois années de maturation dans les chais, voire cinq ans s'il veut prétendre à la mention *Riserva* (pour le Barbaresco, les seuils sont de deux et de quatre ans).

À retenir

Méthode traditionnelle ou moderne ?

Un Barolo (ou un Barbaresco) peut grandement se distinguer d'un autre en fonction de la méthode de production choisie. Un vin de méthode traditionnelle commence son existence avec une nature très tannique, la longue fermentation laissant les grappes transmettre tous leurs tanins au moût. Le vin doit ensuite mûrir assez longtemps dans de grands fûts de bois pour qu'il perde une bonne partie de ces tanins. Inversement, le même vin en méthode moderne commence par une fermentation courte, suivie d'un vieillissement au moins partiel dans de petites barriques de chêne français, séjour qui amplifie au contraire l'arôme de chêne et les tanins. En toute logique, les vins traditionnels demandent plus de temps de garde que les modernes, ces derniers étant plus fruités et plus rapidement adultes.

Attention

Le Barbaresco et, plus encore, le Barolo partagent quelque chose avec les bourgognes de France : il est indispensable de trouver un producteur correct pour faire une bonne expérience de ces vins.

Approuvé

Au nord du Piémont, où le cépage Nebbiolo se nomme *Spanna*, on réalise un autre vin DOCG nommé *Gattinara*. Bien que ce vin puisse rarement recevoir les mêmes éloges que les deux grands B (Barolo et Barbaresco), il délivre les mêmes arômes et saveurs de Nebbiolo dans un style légèrement moins charnu. Le Gattinara d'un bon producteur constitue un des vins les plus mésestimés du monde. Recherchez notamment les Gattinara d'Antoniolo, Travaglini et Nervi.

Des rouges pour tous les jours

Les habitants du Piémont réservent les grands vins tels que le Barolo ou le Barbaresco à leurs repas du dimanche et aux occasions spéciales. Au quotidien, ils consomment les vins rouges *Dolcetto* et *Barbera*. Le Dolcetto est le plus léger et c'est en général ce vin rouge qui accompagne les repas piémontais.

Si vos notions en italien vous permettent de traduire l'expression *dolce vita*, vous risquez d'en déduire que le nom *Dolcetto* correspond à un vin doux. En réalité, le cépage Dolcetto est doux, mais le vin qui en est issu est franchement sec, offrant même parfois un goût de raisin prononcé avec beaucoup de tanins. Le Dolcetto est fréquemment comparé au Beaujolais (le rouge léger décrit au chapitre **13**), mais il est plus sec, plus tannique.

Truc

Alors que le Dolcetto est limité au Piémont, le Barbera est un cépage très répandu en Italie (le plus planté dans toute l'Italie est le Sangiovese). C'est dans le Piémont, et notamment dans les zones d'Asti et d'Alba, que ce cépage donne le meilleur de lui-même. C'est un vin rouge riche, aux saveurs de bigarreau, acide, fruité et généreux. Le *Barbera d'Alba* est légèrement plus riche que celui d'Asti (quoique certaines vieilles parcelles de Barbera d'Asti puissent rivaliser en puissance et en richesse avec le Barbera d'Alba).

Et pourquoi pas des blancs piémontais ?

Presque tous les vins du Piémont sont rouges, mais deux vins blancs intéressants y sont produits. Le *Gavi* est un blanc très sec et très acide qui tire son nom d'une ville dans le sud du Piémont. Le Gavi est devenu un vin chic.

Un blanc piémontais nommé *Arneis* est produit dans la zone de Roero à côté d'Alba à partir d'un cépage oublié depuis longtemps nommé Arneis, qui a été ressuscité par le producteur Vietti voici plusieurs années.

Beautés de la Toscane

Florence, Sienne, le David de Michel Ange, la tour penchée de Pise, les beautés de la Toscane sont incomparables. Un seul vin peut être digne de leur réputation et c'est un vin toscan : le Chianti.

De Chianti en Chianti

Chianti est une zone viticole assez large qui s'étend dans toute la Toscane. La zone est totalement en appellation DOCG, que ce soit mérité ou non, et elle est divisée en sept districts. Un vin de Chianti peut utiliser le nom du district ou l'appellation plus générique Chianti si la production ne peut pas être qualifiée pour un nom de district (par exemple, si le vin est issu d'un assemblage de cépages de plusieurs districts). Le district Chianti Classico correspond au cœur de la zone de production. C'est la meilleure zone qui, heureusement pour nous, donne aussi les vins les plus faciles à trouver hors d'Italie. Le seul autre district de Chianti qui puisse rivaliser avec le Chianti Classico au niveau de la qualité est le Chianti Ruffino, assez facile à se procurer, notamment celui produit par le fameux Frescobaldi.

Les vins de Chianti se distinguent selon le district de production, mais également selon le style de vieillissement : les vins intitulés *Riserva* sont en général élevés en fûts de chêne français et ne sont commercialisés que trois ans ou plus après vendange, tout en gardant un potentiel de garde supplémentaire. Les Chianti se distinguent également selon l'assemblage de cépages, bien qu'en pratique la plupart soient produits entièrement à partir du cépage Sangiovese.

Le Chianti est un vin rouge très sec (le Chianti blanc n'existe pas à notre connaissance). Comme la plupart des vins italiens, il s'adapte bien aux repas. De corps léger à moyen, il offre souvent des arômes de cerise et même de violette, en laissant un arrière-goût de cerise sauvage. Les meilleurs Chianti conservent une certaine acidité et s'expriment au mieux entre cinq et huit ans, tout en pouvant, dans les meilleurs millésimes, être gardés plus de dix ans.

Approuvé

Le Chianti n'a jamais été aussi bon qu'actuellement. Que ce soit un Chianti simple ou un Chianti Classico plus intense, ce vin reste l'un des plus intéressants du monde. Même le Chianti Classico Riserva n'est vendu qu'environ 1,50 € de plus que le Chianti Classico normal.

Brunello di Montalcino, célèbre en une nuit

Alors que le Chianti est réputé depuis des siècles, un autre grand vin de Toscane, le *Brunello di Montalcino*, est apparu récemment ; devenu célèbre en une seule nuit, il a conservé sa réputation depuis.

La ville fortifiée de Montalcino se situe au sud de la zone de Chianti. Le vin y est produit depuis le siècle dernier, mais il est resté inconnu en dehors de la Toscane jusqu'en 1970. À cette époque, la famille Biondi-Santi, premier producteur de Montalcino, a présenté certains de ses plus vieux vins à des écrivains spécialisés, notamment les millésimes de 1888 et 1891 qui gardaient toutes leurs saveurs ! Le reste n'est que de l'histoire, comme on dit. De nos jours, le Brunello di Montalcino est une appellation DOCG considérée comme l'un des plus grands vins rouges du monde. Ses prix de vente sont en conséquence très élevés.

Ce vigoureux cousin du Chianti est intense, concentré, très tannique et demande beaucoup de vieillissement (jusqu'à vingt ans) s'il est produit de manière traditionnelle. Plusieurs heures d'aération avant consommation lui sont nécessaires. Certains producteurs de Montalcino ont récemment réalisé une version plus accessible de Brunello.

Approuvé

Le *Rosso di Montalcino* est vendu moins cher. C'est un vin prêt à consommer issu des mêmes cépages et de la même zone de production que le Brunello di Montalcino. Le Rosso, lorsqu'il provient d'un bon producteur, est une affaire. De plus, il vous donne, sans vous ruiner, un aperçu de ce qu'est un Brunello.

Les super-toscans

Dans les années 1970, le Chianti a vécu sa descente aux enfers ; des producteurs dynamiques tels que Piero Antinori ont réagi en tentant d'attirer l'attention du monde œnophile. Ils ont donc créé de nouveaux vins connus de nos jours sous l'appellation collective de *super-toscans*. Les premiers exemples en sont le Sassicaia de Marchese della Rochetta et les Tignanello et Solaia de Piero Antinori. Ces vins ne peuvent pas porter le nom Chianti, car ils sont produits en dehors de la zone de Chianti ou bien sont issus d'un assemblage de cépages (en général du Sangiovese et du Cabernet-Sauvignon), ce qui n'est pas conforme à la législation des appellations DOC pour le Chianti.

Ces pionniers ont depuis été rejoints par des dizaines de super-toscans. L'assemblage de cépages utilisés pour les super-toscans dépend du vin, certains producteurs utilisant du Merlot ou même du Syrah assemblés avec le Sangiovese, alors que d'autres ne se servent que de cépages natifs de Toscane. Tous ces vins ont en commun leur prix très élevé. Les super-toscans les plus réputés tels que les *Sassicaia* et *Solaia* sont très appréciés des collectionneurs de vins ; ils peuvent se vendre plus d'une centaine d'euros, voire beaucoup plus dans les bons millésimes.

Un bouquet du nord-est italien

Les trois régions dans lesquelles nous entrons maintenant sont situées dans le nord-est de l'Italie (voir figure 14.1). Elles sont souvent réunies sous l'appellation des trois Vénéties qui date de leur ancienne appartenance à l'Empire de Venise. Chacune de ces régions produit du rouge et du blanc, tous des vins assez bien connus en deçà, mais aussi au-delà des frontières.

Pour faire honneur à Roméo et Juliette

Il y a de fortes chances pour que le premier vin italien que vous ayez bu n'ait pas été du Chianti. Il devait plutôt s'agir d'un des trois vins de Vérone très connus : le Soave blanc ou les deux rouges Valpolicella et Bardolino. Ces vins très populaires proviennent du nord-est de l'Italie, dans les environs de la ville pittoresque de Vérone, patrie de Roméo et Juliette, située non loin du merveilleux lac de Garde. Ils sont vendus à des prix attrayants.

Le Sangiovese à table

Truc

Les Chianti légers savent accompagner les pâtes, le jambon, le poulet grillé ou le pigeon. Les Chianti Classico et Riserva s'adaptent au veau, à la dinde rôtie, à l'agneau, au steak et au rôti de bœuf. Le robuste Brunello di Montalcino et les super-toscans sont à essayer avec le faisan, le steak, le gibier ou même du parmesan frais. Vous servirez ces vins chambrés à environ 19 °C.

Un des vins rouges corsés les plus populaires en Italie, l'*Amarone della Valpolicella* (aussi abrégé en Amarone) est produit à partir des mêmes cépages que le Valpolicella (reportez-vous au tableau 14.2), mais il s'en distingue par le fait que les raisins mûrs sont séchés sur des lits de paille durant plusieurs mois avant mise en fermentation, ce qui permet de concentrer les sucres et les arômes. Il en résulte un vin riche, fort (de 14 à 16 % d'alcool), velouté, de longue garde, parfait pour une froide soirée d'hiver et pour accompagner des fromages secs et à point.

Une alliance austro-italienne

La région montagneuse du Trentin–Haut-Adige (la plus nordique de l'Italie; voir la figure 14.1) est non seulement totalement différente du reste de l'Italie, mais le langage allemand du Haut-Adige ou du Sud-Tyrol pratiqué dans le nord de la région se distingue totalement du dialecte à consonance italienne du Trentin, au sud de la même région. (Avant la Première Guerre mondiale, le Sud-Tyrol appartenait à l'Empire austro-hongrois.) Les vins de ces deux zones sont différents bien qu'appartenant à la même région.

Truc

Si l'on compte également ceux de la zone du Frioul, très proche, cette région produit parmi les meilleurs vins blancs italiens. Ils sont issus de Pinot Blanc (Pinot Bianco), Gewurztraminer, Riesling, Müller-Thurgau, Pino Grigio ou Chardonnay.

Dans le sud de cette zone, la région du Trentin produit également d'excellents Chardonnay. On y trouve aussi des rouges issus du cépage local nommé *Teroldego Rotaliano* dont une des productrices les plus connues est la vigneronne Elisabetta Foradori.

La pointe nord-est : le Frioul-Vénétie Julienne

Près de la frontière est de cette région qui touche la Slovénie, les districts de Collio et de Colli Orientali del Friuli produisent les meilleurs vins du Frioul. Bien qu'elle produise aussi des vins rouges, ce sont les blancs de cette région qui en ont fait la réputation. En complément des cépages Pinot Grigio, Pinot Bianco, Chardonnay et Sauvignon, deux variétés locales utilisées sont le *Tocai Friulano* et le *Ribola Gialla* (tous deux donnent des vins qui accompagnent bien les poissons).

C'est dans cette région qu'est produit le prosecco, célèbre vin effervescent (voir chapitre **17**).

Une brève visite des autres régions d'Italie

L'Italie viticole ne se limite pas aux cinq régions que nous venons de décrire. Nous allons le prouver avec cette brève visite des autres régions productrices. Vous pouvez situer chacune d'elles grâce à la figure 14.1.

- **Lombardie** : le district viticole de Valtellina, dans la partie nord de la région, près de la frontière suisse, produit des vins rouges légers avec le cépage Nebbiolo (appelé localement *Chiavennasca*). Ils peuvent être consommés jeunes, en quoi ils se distinguent du Barolo et du Barbaresco.
- **Émilie-Romagne** : voici la patrie du *Lambrusco*, le vin italien le plus vendu à l'étranger et notamment aux États-Unis. Pour une autre expérience du Lambrusco, essayez d'en trouver un sans capsule à vis – vous devrez peut-être vous rendre directement en Émilie-Romagne, mais ce n'est pas une expérience si désagréable. Deux hauts lieux de la gastronomie, Bologne et Parme, se trouvent dans cette région.
- **Marches** : le *Verdicchio* est un blanc sec abordable qui accompagne bien les poissons. Il est assez facile à trouver et sa qualité augmente d'un millésime à l'autre.
- **Ombrie** : cette région où se trouvent les villes de Pérouse et d'Assise produit de bons vins, rouges comme blancs. Le blanc *Orvieto* peut se trouver aisément à moins de 8 € auprès des producteurs de Toscane tels qu'Antinori et Ruffino. Parmi les vins rouges, nous remarquerons le *Torgiano*, un assemblage de style Chianti, et le *Sagrantino di Montefalco* DOCG, un vin moyennement corsé et élégant produit à partir d'un cépage local (le *Sagrantino*) longtemps resté secret en dehors de l'Ombrie.
- **Latium** : autour de Rome, on produit notamment un vin léger et neutre de cépage Trebbiano nommé *Frascati*.
- **Abruzzes** : le *Montepulciano d'Abruzzo* est un vin rouge très bon marché, facile à boire, peu tannique et peu acide ; c'est un excellent vin quotidien, si vous en aimez le style.
- **Campanie** : la région napolitaine produit un des plus sérieux vins du sud de l'Italie. Le très charnu et très tannique *Taurasi* (un vin DOCG de cépage Aglianico) est un des grands vins rouges de longue garde d'Italie. Le même producteur offre aussi deux vins blancs uniques, le *Greco di Tufo* et le *Fiano di Avellino*. Le Greco est plein de saveurs et doté d'une capacité de longue garde. Le Fiano offre un nez fleuri et délicat et des saveurs de noisette. Quelques années lui suffisent pour s'exprimer, mais il peut se garder jusqu'à quinze ans ou plus.

- **Basilicate :** cette région, à hauteur de la cheville de la botte italienne, offre un vin rouge important, l'*Aglianico del Vulture*, qui se rapproche du Taurasi, mais est moins intense et moins concentré.
- **Pouilles :** voici la première région d'Italie en quantité produite. Un vin notable est le *Salice Salentino*, un rouge corsé et bon marché.
- **Sicile :** ses vins rouges issus du cépage local Nero d'Avola sont largement exportés.
- **Sardaigne :** cette vaste île sous la Corse produit des blancs délicats et des rouges typés avec des cépages locaux ou du Cabernet-Sauvignon. Deux vins de cépage local remarquables sont le blanc Vermentino di Gallura et le rouge Cannonau di Sardegna. En rouge, goûtez aussi le Carignano.

DANS CE CHAPITRE

Le grand retour de l'Espagne

Nouvelles découvertes au Portugal

La recette secrète de l'Allemagne : grappes gelées et pourriture noble

Les vins inhabituels des régions alpines

Chapitre 15

Autres vins d'Europe

Voici dix ans encore, nous n'aurions jamais utilisé l'expression vins européens pour parler de vins venant indifféremment de France, d'Italie, d'Espagne, du Portugal ou d'Allemagne. Tous ces vins n'avaient rien en commun.

Mais depuis, l'Europe s'est unifiée et tous les vins des pays membres de l'Union européenne font l'objet d'une législation commune. Ensuite, par contraste, les points communs des vins européens sont apparus plus criants face à l'essor des vins du Nouveau Monde (ceux des nouvelles régions viticoles). Les vins d'Europe ont donc malgré tout des choses en commun. Leur nom provient généralement du lieu de production et non du cépage ; les procédés de vinification européens se fondent sur des traditions ; les vins correspondent à des goûts locaux plutôt qu'à des objectifs visant à satisfaire des tendances internationales ; enfin, les vins européens sont comparativement moins fruités. Ces vins incarnent les traditions des peuples qui les réalisent et ils délivrent les saveurs des terroirs dans lesquels ils ont été produits, alors que les vins du Nouveau Monde incarnent essentiellement un cépage de vigne.

Les similitudes entre les vins européens s'arrêtent là, car les différents pays d'Eu- rope produisent des vins radicalement différents. Nous avons rendu hommage à l'importance de la France et de l'Italie en consacrant un chapitre à chacun de ces deux pays. Les autres pays d'Europe vont être étudiés dans le présent chapitre

Espagne : d'étonnants nectars

Ce pays chaud, sec et montagneux qu'est l'Espagne détient le record mondial de surfaces plantées en vignes. Elle n'est pourtant que troisième en quantité de vin produite, après l'Italie et la France.

L'image vinicole de l'Espagne a longtemps été associée à des vins rouges bon marché et sans attraits. L'évolution de la qualité a débuté à la fin des années 1950 dans la région d'Espagne la plus réputée, celle de **Rioja** [rio-rhà]. Mais d'autres régions espagnoles concourent à former l'image d'une Espagne viticole de qualité (voir figure 15.1) :

- La région de **Ribera del Duero**, fameuse pour ses vins rouges, s'est ouverte aux amateurs étrangers et ses vins permettent de renouveler l'intérêt pour des vins d'Espagne autres que le xérès ;
- La région des **Rías Baixas** en Galice est depuis peu appréciée pour son fabuleux vin blanc, l'*Albariño (Albarigno)* ;
- La **Navarre**, longtemps connue seulement pour ses vins rosés secs, commence à faire parler de son importante production de vins rouges ;
- **Penedès** prend de l'importance pour ses vins rouges comme pour ses vins blancs ;
- À côté de Penedès, **Priorat**, une autre appellation de Catalogne en plein essor grâce au travail de deux œnologues dans les années 1990 : René Barbier et Alvaro Palacios. Ce dernier a lancé en 1993 un vin à base de Grenache qui est devenu l'un des plus chers d'Espagne : L'Ermita ; cette région cultive aussi le cépage Carignan ;
- Une autre région enfin, **Rueda**, n'est connue que par ses vins blancs.

Conseil

En Espagne, les vins de qualité supérieure produits dans une région déterminée se subdivisent en :

» **Vino de Pago :** cette catégorie très récente est le nec plus ultra de la production espagnole. Elle s'apparente à la notion française de crus. Les vins doivent provenir d'un terroir délimité doté d'un sol et d'un climat spécifiques. Ils doivent aussi se soumettre à un contrôle de la qualité très précis et être embouteillés sur place.

» **Vino de Denominación de Origen Calificada** (DOCa) est l'échelon juste au-dessus des vins DO (voir ci-dessous). Y accèdent les vins qui ont prouvé sur la durée leur haut niveau de qualité. Le rioja a longtemps été le seul vin de cette catégorie créé en 1991. Le priorat l'a rejoint récemment.

» **Vino de Denominación de Origen** (DO) est l'équivalent de l'AOC française. Cette appellation s'applique à des vins issus d'un terroir délimité qui se soumettent à un cahier des charges précis sur leurs conditions de production.

» **Vino de Calidad con Indicación Geográfica** est une catégorie récente qui correspond à des vins exceptionnels produits hors d'une DO existante.

» **Vino de la Tierra**, l'équivalent des vins IGP français. Ils sont attachés à une zone géographique, mais leurs conditions de production sont moins restrictives que pour les catégories des vins de qualité supérieure.

» **Vino de Mesa** est la catégorie de base, équivalente aux vins de France.

Honneur aux pionniers : le Rioja

La région de Rioja, au sud-ouest des Pyrénées (voir figure 15.1), couvre 63593 ha et constitue historiquement la plus importante région de production de vins rouges d'Espagne (Ribera del Duero s'en rapproche peu à peu). Les trois quarts des vins de Rioja sont rouges, 15 % rosés et 10 % blancs.

Le cépage principal est le *Tempranillo*, sans conteste le plus grand cépage rouge d'Espagne. Quatre autres cépages (Garnacha, Vivra, Graciano et Mazuelo) sont autorisés pour produire du Rioja rouge et ce vin est généralement issu d'un assemblage de deux cépages ou plus.

Le Rioja rouge est proposé dans plusieurs âges. Parfois, le vin ne subit aucun vieillissement pour être commercialisé jeune ; parfois, il subit un vieillissement (en barrique de chêne et en bouteille) de deux ans afin de porter le label *Crianza* ; lorsque le vieillissement est de trois ans, le label devient Reserva. Les vins les plus fins sont élevés cinq ans ou plus et obtiennent le statut de *Gran Reserva.*

Figure 15.1

Les régions viticoles de l'Espagne.

Ribera-del-duero

La région de Ribera del Duero, au nord de Madrid, est celle qui progresse le plus vite actuellement. Pendant de nombreuses années, sa réputation se fondait essentiellement sur un producteur, le légendaire Vega Sicilia. Le plus fameux vin d'Espagne est d'ailleurs le

Vega Sicilia Unico (constitué de Tempranillo avec 20 % de Cabernet-Sauvignon), un vin rouge intense, concentré, très tannique et de très longue garde ; il vieillit dix ans en fût et poursuit encore son épanouissement en bouteille.

Appartenant à la même famille que Vega Sicilia, l'Alion est un autre vin très réputé. Cette région recèle un vin encore plus cher que le Vega Sicilia du fait de sa rareté : le Pingus.

Quatre autres régions espagnoles à suivre

Le monde des vins espagnols ne se limite nullement aux Rioja et aux Ribera, surtout si vous cherchez à faire des affaires. Découvrons maintenant les régions de Penedès, Navarra, Rueda et Rías Baixas (en Galice).

Penedès

Truc

La région vinicole de Penedès est en Catalogne, au sud de Barcelone (voir figure 15-1). C'est la patrie de la plupart des vins mousseux espagnols (ils sont abordés au chapitre **18**).

Un producteur domine le marché des vins de table non mousseux de cette région : Torres. La gamme de vins de Torres comporte de nombreux vins basés sur des cépages français (Cabernet-Sauvignon, Chardonnay, etc.), mais aussi sur deux cépages locaux, dont le Tempranillo.

Navarra

Il fut une époque où les amateurs de vins associaient systématiquement le mot Navarra à des rosés secs bon marché et faciles à boire (et aux taureaux lâchés dans les rues de Pampelune). Mais la Navarre (au nord-ouest de Rioja) est en train de devenir rapidement une source de vin rouge correcte, et moins chère que les fameux Rioja.

Rueda

Approuvé

La région de Rueda, à l'ouest de celle de Ribera del Duero, produit un des meilleurs blancs d'Espagne à partir du cépage *Verdejo*. C'est un vin clair, élégant, d'un bon caractère fruité, qui se vend environ 5 €. Le producteur de Rioja Marquès de Cãceres en produit une des illustrations les plus aisément disponibles.

Rías Baixas

Au nord-ouest de l'Espagne, au bord de l'Atlantique et à la frontière du Portugal (voir figure 15-1) se trouve la Galice, une province qui n'était pas encore connue pour ses productions vinicoles. Pourtant, la zone de Rías Baixas a donné naissance à un vin blanc tout à fait excitant, l'Albariño. Sa très forte acidité ne plaira pas à tout le monde, mais il offre un nez très floral et de délicats arômes d'abricot qui ne sont pas sans suggérer le Condrieu de la vallée du Rhône (voir chapitre **13**).

À la découverte du triangle de Xérès

Le xérès est produit en Andalousie, dans la canicule du Sud espagnol. Le vin tire son nom de la ville de Jerez de la Frontera, une vieille cité maure et arabe dans laquelle sont installés la plupart des chais (*bodegas*) produisant du xérès. La ville de Jerez se trouve à une pointe du triangle de la région de production du xérès. Puerto de Santa Marìa est une autre pointe de ce triangle, belle ville côtière au sud-ouest de Jerez, qui accueille de nombreuses grandes *bodegas*. L'air maritime semble y amplifier la qualité des xérès secs du type *Fino* (voir la section suivante). La troisième et dernière pointe est Sanlúcar de Barrameda (sur la côte, mais au nord-ouest de Jerez). Cette zone est si réputée pour ses effluves marins que les xérès très légers et très secs, les *Manzanilla*, ne peuvent être produits officiellement que dans cet endroit.

Le cépage principal utilisé dans le xérès, le *Palomino*, ne s'exprime nulle part aussi bien que dans ce sol. Les deux autres cépages utilisés, le *Pedro Ximénez* et le *Moscatel* (Muscat), servent également à produire les xérès doux.

Le phénomène de la *flor*

Tous les xérès reçoivent de l'alcool en fin de fermentation, mais leur destin sera différent selon la quantité reçue. Ils deviendront soit *Fino* (léger et très sec) soit *Oloroso* (riche et plein tout en restant sec). D'autre part, des xérès doux sont produits en ajoutant du sucre à n'importe lequel de ces deux types. C'est le producteur qui juge de l'avenir du vin une fois la fermentation achevée et prend donc la décision de la quantité d'alcool à ajouter.

C'est à ce moment que commence la magie du xérès : une croûte appelée *flor* se forme à la surface du vin s'il est destiné à devenir un Fino. La *flor* couvre toute la surface, ce qui empêche le vin d'être au contact de l'air. Cette croûte s'alimente en revanche avec l'oxygène de l'air sur une face et avec l'alcool et la glycérine du vin sur l'autre. La *flor* qui se maintient à la surface du vin détermine son caractère en lui donnant des arômes et des saveurs particuliers. Le vin devient plus léger et plus délicat.

L'ajout d'une plus grande quantité d'alcool dans les barriques des vins désignés comme devant devenir des Oloroso empêche tout maintien de la *flor* à leur surface. À la différence des finos protégés par la *flor*, les Oloroso sont exposés à l'oxygène pendant leur vieillissement.

Les générations s'entraident

Les deux types de xérès, Fino et Oloroso, vieillissent selon un procédé original et absolument fascinant à découvrir.

Conseil

Un vin jeune n'est pas laissé seul pour grandir; il est versé dans des barriques contenant déjà un vin plus vieux, ayant déjà commencé sa maturation. Pour libérer un volume nécessaire à l'ajout de vin jeune, une partie de la barrique de vin plus vieux est soutirée pour être ajoutée dans les barriques du vin de la génération précédente. Et puisqu'il faut trouver de la place pour accueillir ce vin, une partie du vin le plus vieux est transférée dans des barriques d'un vin encore plus vieux, etc. En fin de manipulation, on peut obtenir de quatre à neuf générations pour aboutir enfin au xérès des barriques les plus vieilles qui est soutiré pour être mis en vente.

Ce système consistant à assembler des générations se nomme la *solera*, terme issu de *solera* (le plancher) qui est également utilisé pour désigner les plus vieilles barriques de vin. Les générations plus jeunes sont les *criaderas*, ce terme suggérant fort à propos que le vin est encore dans sa prime et bruyante jeunesse.

Lors de cette opération d'assemblage de millésimes, on ne prélève toujours que moins de la moitié de chaque barrique. Théoriquement, chaque barrique (même la plus jeune) contient des quantités de plus en plus faibles, mais jamais nulles, de vin très ancien. Chaque fois qu'un vin plus jeune est versé dans une barrique plus vieille, il reçoit une éducation par son parent en lui empruntant certains traits de caractère ; en quelques mois, le vin d'une génération n'est plus le même que celui qu'il était avant d'avoir accueilli le vin de la génération suivante : il a donné de lui-même. Ce système de *solera* permet de conserver indéfiniment au xérès la même qualité et le même style.

Xérès secs et xérès doux

Chacun des deux types de xérès, le Fino et l'Oloroso, donne naissance à au moins douze styles de xérès différents, ce qui complique singulièrement les choses. Dans certains cas, une adjonction volontaire de sucre dans le vin permet de créer un autre style.

Les styles principaux de xérès secs sont : Fino (léger, à boire frais), Manzanilla (proche du Fino mais uniquement produit à Sanlùcar de Barrameda), Amontillado, Oloroso (corsé) et Palo Cortado.

Truc

Le bouquet ou l'arôme du xérès Fino rappelle en général les amandes. L'Amontillado évoque les noisettes et l'Oloroso fait penser aux noix. Notez en passant que les fruits secs ainsi suggérés accompagnent très bien ces vins.

Les styles principaux de xérès doux sont : Medium Sherry, Pale Cream, Cream Sherry, Brown Sherry, Pedro Ximénez et Moscatel.

Attention

De nombreux autres vins doux, notamment aux États-Unis et en Australie, utilisent le nom *Sherry*. Il s'agit en fait de vins bon marché vendus en grandes bouteilles. Vous pouvez parfois croiser un vin correct, mais il s'agit en général de vins très sucrés et peu intéressants. Le vrai xérès est celui de la région de Jerez en Espagne. Il doit porter sur l'étiquette le nom officiel de *Jerez-Xérès-Sherry* (les noms espagnol, français et anglais de la ville).

Les accords savoureux du xérès

Éric Beaumard

Le **Manzanilla** : très iodé, très minéral, doté d'arômes de fleurs. Il est sublime avec un très bon jambon ibérique. À essayer : le Manzanilla Pasada (Bodega Barbabillo) sur des carabinieros grillés en Espagne ou des huîtres plates de Cancale si on est en France !

Avec un **Fino**, je conseille du jambon, des fruits de mer ou du poisson.

L'**Amontillado** permet le même genre d'accords qu'avec le vin jaune du Jura. Essayez avec un fromage de brebis au goût puissant comme le manchego (fromage de brebis espagnol), un fromage de brebis basque bien affiné ou encore des fruits secs et de la pâte de coing.

L'**Oloroso** fait de beaux mariages avec les fromages à pâte persillée, le chocolat, les pruneaux, les desserts épicés.

Un **Palo Cortado** s'apprécie en apéritif. Un grand Palo Cortado, comme ceux de Bodegas Tradicion, se déguste avec un fromage Manchego.

Les **xérès doux** type Pedro Ximenez s'accordent avec les gâteaux au

Portugal : ce n'est pas que du porto

Le Portugal jouit d'une réputation mondiale pour ses portos. Et des millions d'amateurs ont pris plaisir à consommer des rosés portugais demi-secs et légèrement mousseux de Mateus ou de Lancer. Mais le Portugal a récemment décidé de moderniser ses procédés de viticulture et de vinification pour offrir de meilleurs vins de table, notamment les rouges. Il est à prévoir que les vins d'un rapport qualité/prix particulièrement intéressant qu'offre dorénavant le Portugal – septième producteur – seront amenés à jouer un rôle de plus en plus important dans le marché mondial du vin à l'aube du XXIe siècle.

Conseil

La plus haute catégorie des appellations de vins portugais est la *Denominaçào de Origem Controlada* (DOC). La catégorie suivante, proche du VDQS français (un sous-niveau des VQPRD), se nomme *Indicaçao de Proviniencia Regulamentada* (IPR). Les vins de table supérieurs sont les *Vinho regional* qui équivalent à nos vins de pays. Tous les autres vins sont simplement des *Vinho de mesa* (Vins de table). Pour se conformer à la législation européenne, se sont ajoutées les catégories : Denominação de Origem Protegida (DOP) qui va remplacer les DOC, et Indicação Geográfica Protegida (IGP).

Le vin blanc « vert » du Portugal

Il faut avoir dégusté par une chaude soirée d'été une bouteille fraîche et légèrement mousseuse de ce fameux vin blanc qu'est le *Vinho Verde*. Sa forte acidité a un effet tonique et purifiant sur le palais. Il accompagne particulièrement bien le poisson grillé et les fruits de mer.

Le Vinho Verde est produit dans la région du Minho qui se trouve dans l'angle nord-ouest du Portugal, en face de la région espagnole des Rías Baixas, un lieu particulièrement verdoyant en raison des fréquentes précipitations en provenance de l'océan Atlantique. Le nom « verde » vient probablement du fait que c'est un vin à boire jeune.

Deux qualités de blanc Vinho Verde sont commercialisées. Les marques les plus répandues (Aveleda et Casal Garcia) se vendent environ 4 €. Ce sont des vins demi-secs de qualité moyenne qu'il vaut mieux boire frais.

Focus

Les Vinho Verde plus chers (8 à 11 €) sont issus du cépage *Alvarinho* (le même que celui de l'Albariño espagnol de Rías Baixas). Cette version plus complexe et de plus longue garde du Vinho Verde constitue l'un des meilleurs vins blancs du Portugal. Il est hélas assez difficile à trouver ; vous chercherez chez les bons cavistes ou dans les quartiers portugais des grandes capitales (ou bien profitez donc de votre prochain voyage au Portugal !).

Attention

Il existe aussi du Vinho Verde rouge, et d'ailleurs la majorité des vins de cette région DOC sont rouges. C'est un vin très acide et vous aurez vraiment besoin de vous habituer à ce genre de goût (ce qui n'est pas encore notre cas).

Quelques termes viticoles portugais

Vous pouvez rencontrer les termes suivants sur les étiquettes de vins portugais :

- **Reserva :** un vin de qualité supérieure issu d'un seul millésime.
- **Garrafeira :** un vin Reserva qui a vieilli au moins deux ans en fût et un an en bouteille dans le cas d'un rouge ; six mois en fût et six mois en bouteille dans le cas d'un blanc.
- **Quinta :** domaine ou vignoble.
- **Colheita :** millésime.
- **Seco :** sec.
- **Adega :** producteur de vin (chai).
- **Tinto :** rouge.
- **Vinho :** vin.

Quelques rouges portugais remarquables

Le meilleur rouge du Portugal est le *Barca Velha*, qui provient de la région du Douro (qui produit également le porto). Le producteur Ferreira Port réalise ce vin à partir des mêmes cépages locaux que ceux qui servent à faire le porto, mais il n'en produit que dans les bons millésimes.

Focus

Barca Velha est un vin très charpenté, intense et concentré qui mérite de vieillir. C'est en quelque sorte la version portugaise de l'Unico de Vega Sicilia, mais à un prix bien plus abordable. Comme le Vega Sicilia, il en est peu produit et le Barca Velha est donc difficile à trouver.

Porto : le grand vin doux du Portugal

À notre humble avis, le porto est le plus fameux vin rouge fortifié du monde.

C'est à l'occasion d'une des nombreuses guerres qui se sont produites entre les Britanniques et les Français que la région de Porto a été « découverte » par les Anglais, et ensuite par le reste du monde. En effet, à la fin du XVIIe siècle, les Anglais ne pouvaient plus obtenir du vin français et se sont tournés vers le Portugal. Pour permettre au vin de supporter le long voyage en mer, une petite quantité d'eau-de-vie était ajoutée avant le départ. La première maison de porto britannique, Warre, s'est installée dans la ville d'Oporto en 1670. De nombreuses autres maisons l'ont rejointe par la suite.

Ironie de l'histoire, les Français, ceux-là mêmes qui ont poussé les Anglais à aller s'approvisionner au Portugal, consomment de nos jours trois fois plus de porto qu'eux !

En remontant le Douro

Bien que le porto tire son nom de la ville côtière où se jette le Douro dans l'océan Atlantique, les vignobles sont situés bien plus loin dans les terres, en remontant la chaude vallée montagneuse du Douro (une des premières zones viticoles reconnue en tant que telle par le gouvernement dès 1756). Les pentes de la vallée du haut Douro offrent quelques-uns des plus pittoresques vignobles du monde, en partie restés si sauvages qu'on ne peut les atteindre que par canoë ou à dos de mulet.

La plupart des vins de Porto sont déjà vinifiés avant de descendre la vallée du Douro pour rejoindre la côte. Le vin est ensuite mûri dans les entrepôts qui se trouvent à Vila Nova de Gaia, la banlieue de Porto de l'autre rive. Le vin est ensuite expédié dans le monde entier depuis le port de Porto.

Conseil

Vos amis amateurs de vin seraient sans doute bien en peine si vous leur demandiez de citer les noms des quatre-vingts cépages autorisés pour produire le porto. Avouons que la plupart des amateurs, même les amoureux du porto, auront bien du mal à nommer même un seul cépage. En effet, les variétés utilisées sont presque toutes locales et inconnues hors du Portugal. Devenez incollable en apprenant que les six cépages les plus importants sont le *Touriga Nacional*, le *Tinta Roriz* (Tempranillo), le *Tinta Barroca*, le *Tinta Cão*, le *Touriga Francesca* et le *Tinta Amarela*.

Exigez du porto !

Snobs

Le terme *porto* a été galvaudé bien plus encore que les termes *xérès* ou *sherry*. De nombreux pays en dehors de l'Union européenne (Australie, Afrique du Sud, États-Unis) produisent un vin doux rouge dans le style du porto et indiquent Port sur l'étiquette. Bien que certains d'entre eux puissent être assez satisfaisants, ils ne rivalisent jamais avec les authentiques portos produits au Portugal. Lisez attentivement l'étiquette pour vérifier la dénomination officielle (avec un o!) et l'origine du produit.

Tant de portos dans un seul port ?

Le porto est beaucoup plus complexe qu'on ne l'imagine. Tous les portos sont doux, et la majorité sont rouges, mais il en existe une infinité de styles. Ces styles varient selon la qualité du vin de base (de l'ordinaire à l'exceptionnel), la durée de maturation en fût de bois avant mise en bouteilles (de deux à quarante ans ou plus) et le choix ou non d'utiliser des vins d'un seul millésime. Voyons quels sont ces principaux styles :

» **Porto blanc :** fait avec des raisins blancs, ce vin de couleur dorée est soit presque sec (il se boit en apéritif), soit doux. Les raisons de son existence sont un mystère : le xérès et le madère Sercial sont de bien meilleurs apéritifs secs, et les portos rouges en vins doux leur sont supérieurs ;

» **Porto Ruby :** ce porto jeune, non millésimé, vieillit dans le bois moins d'un an avant d'être vendu. Fruité, simple et bon marché, c'est le porto le plus répandu. Il porte la mention Reserve ou *Special Reserve* s'il a vieilli six ans et coûte donc quelques dixièmes d'euros de plus. Le porto Ruby est une bonne introduction au monde du porto ;

» **Porto Tawny :** de couleur grenat ou rouge-brun, les Tawny simples sont des vins légers qui vieillissent dans le bois pendant trois ans (certains sont des assemblages de porto Ruby et de porto blanc). Les portos Tawny les meilleurs prennent une couleur pâle suite à un long vieillissement dans le bois. Les grands Tawny portent la mention de l'âge moyen (la moyenne de l'âge des vins dont ils sont issus), c'est-à-dire vingt, trente ou quarante ans. Notre préférence va aux Tawny de vingt ans d'âge ; ceux plus vieux encore ne méritent pas la différence de prix (de l'ordre du double).

Un bon Tawny s'apprécie très bien par temps chaud (avec quelques cubes de glace si vous voulez), contexte dans lequel un porto millésimé apparaîtrait trop lourd et trop tannique ;

» **Porto LBV (Late Bottled Vintage) :** il s'agit d'un porto millésimé, mais en général pas d'un grand millésime. Le vin mûrit de quatre à six ans dans le bois et il est prêt à être consommé, ce qui le distingue des véritables portos Vintage.

» **Porto Vintage (millésimé) :** summum de la production de porto, le Vintage est le vin d'une seule année issu de l'assemblage de plusieurs des meilleurs vignobles. Il est mis en bouteilles pendant les terribles deux premières années, alors que le vin n'a pas encore eu la chance de perdre ses tanins si intenses. Il requiert donc une très longue durée de mûrissement en bouteille. On ne peut en général pas boire un porto Vintage à moins de vingt ans (le vin, pas le consommateur).

Ce vin est très riche, très tannique et de longue garde (soixante-dix ans ou plus dans les bons millésimes), mais il dépose énormément et doit donc obligatoirement être décanté et filtré plusieurs heures avant consommation (il a aussi d'ailleurs besoin d'être aéré). Chaque maison de porto prend la décision de produire du porto Vintage chaque année en effectuant une *déclaration* du millésime.

Stockage et service des portos

Les portos Vintage sont à manipuler comme tous les autres vins rouges fins : ils sont stockés couchés dans un endroit frais. Les autres portos peuvent être stockés couchés (si le bouchon est en liège) ou debout, car ils ne grandissent plus en bouteille. Tous les portos, à l'exception des portos blancs et Ruby, peuvent être conservés dans une bouteille entamée pendant plusieurs semaines.

Osez le porto autrement qu'à l'apéritif !

Éric Beaumard

Les Français sont les plus fidèles amateurs de porto au monde, mais ils le consomment souvent à l'apéritif. La richesse aromatique de ce vin permet des accords bien plus larges. Essayez un porto LBV sur un roquefort, un porto Vintage d'une quarantaine d'années sur un fromage à pâte cuite type comté, mimolette ou vieux gouda ou encore sur des desserts au chocolat, à la figue, aux pruneaux avec des épices et de la cannelle. Un vieux porto se marie aussi très bien avec un foie gras rôti aux figues, avec le canard relevé d'une sauce épicée avec une pointe de cacao. Avec les desserts aux fruits rouges type crumbles ou tartes, optez pour un LBV jeune servi assez frais.

Allemagne : l'individualiste de l'Europe

L'Allemagne est un des pays vinicoles les plus septentrionaux d'Europe. Ce qui signifie que son climat est frais. En dehors de certaines poches du sud de l'Allemagne dotées d'un climat plus chaud, aucun cépage rouge ne peut mûrir suffisamment (si l'on obéit au standard des autres vins mondiaux) ; plus de 60 % des vins allemands sont donc des blancs. De plus, le climat est très variable d'une année à l'autre, aussi les millésimes ont-ils une haute importance pour ces vins.

Les meilleurs vignobles d'Allemagne sont plantés au bord du Rhin et de la Moselle ; ces cours d'eau tempèrent la rudesse du climat et aident ainsi le raisin à mûrir correctement.

Maître Riesling et sa cour

C'est dans ce frais climat germanique que le noble cépage Riesling a trouvé sa terre de prédilection. Mais il ne parvient à mûrir correctement et de manière prévisible et constante que dans les meilleurs vignobles d'Allemagne (offrant les meilleures conditions climatiques). Il ne représente donc logiquement que 21 ou 22 % des surfaces plantées de vignes. Le cépage le plus répandu en Allemagne est le *Müller-Thurgau*, un hybride réussi entre le Riesling et le Sylvaner (ou le Chasselas) qui mûrit rapidement, ce qui soulage les vignerons de l'angoisse d'avoir à vendanger avant maturité complète. Il produit des vins plus doux que le Riesling avec moins de caractère et moins de capacité de grandeur.

En dehors du Müller-Thurgau et du Riesling, toute une série de cépages peuplent le reste des vignobles d'Allemagne : *Sylvaner*, *Kerner*, *Scheurebe* et *Ruländer* (Pinot Gris) sont particulièrement répandus. Parmi les rares cépages rouges d'Allemagne, le plus répandu est le *Spätburgunder* (Pinot Noir), que l'on trouve généralement dans les zones plus chaudes du sud du pays.

La législation viticole allemande

Comme la plupart des vins européens, les vins allemands tirent souvent leur nom du cépage (comme dans Piesporter Goldtröpfchen Riesling). Et les vins allemands les plus fins ajoutent un autre élément à leur nom, le *Prädikat (prédiquatte)* qui est une catégorie désignant le degré de maturité des raisins (comme dans Piesporter Goldtröpfchen Riesling *Spätlese*). Les vins qui bénéficient de la mention *Prädikat* sont les mieux placés dans la classification allemande.

Le système allemand consistant à attribuer une plus grande valeur au raisin et aux vins issus des raisins les plus mûrs s'écarte totalement du concept qui régit les autres systèmes d'appellation européens, qui se fondent sur les meilleurs vignobles et districts. Le système allemand inscrit dans les textes officiels la priorité donnée à la maturité si essentielle dans ce pays, car elle n'est jamais garantie dans un climat si frais.

Conseil

Il existe six niveaux de *Prädikat*. Nous les présentons dans l'ordre ascendant de maturité :

Niveau	Degré Dechsle*	Degré minimal d'alcool
Kabinett	67 – 85	8,6 – 11,4
Spätlese	76 – 95	10 – 13
Auslese	83 – 105	11,1 – 14,5
Beerenausleese	110 – 128	15,3 – 18,1
Eiswein	110 – 128	15,3 – 18,1
Trockenbeerenauslese	150 – 154	21,5 – 22,1

** 1 degré Dechsle équivaut à une quantité de 2 à 2,5 g de sucre par litre.*

À retenir

Dans les trois derniers niveaux de *Prädikat* (les plus élevés), la quantité de sucre qui se trouve dans les raisins très mûrs est telle que les vins sont obligatoirement doux. Il en résulte que nombre de gens croient à tort que le niveau de *Prädikat* d'un vin allemand est une indication de la douceur du vin. En réalité, c'est une indication de la quantité de sucre qui se trouve dans les raisins au moment des vendanges et non celle que l'on va percevoir en dégustant le vin. Dans les niveaux de *Prädikat* inférieurs, le sucre peut être totalement converti en alcool, ce qui donne un vin sec. Dans ces vins, il n'y a pas de relation simple de cause à effet entre le niveau de *Prädikat* et le taux de sucre du vin.

Conseil

Les vins issus de raisins suffisamment mûrs pour obtenir une des six mentions *Prädikat* sont rassemblés dans la catégorie de vins QmP (*Qualitätswein mit Prädikat*) ou *Prädikatswein*, ce qui peut se traduire par Vin de qualité avec attribut spécial (cet attribut étant la maturité). Lorsque les raisins d'un vignoble n'ont pas la maturité suffisante pour obtenir une mention *Prädikat*, le vin peut malgré tout prétendre à la mention de vin de qualité dans une catégorie VQPRD inférieure nommée QbA (*Qualitätswein bestimmter Anbaugebiet*), ce qui peut se traduire justement par *Vin de qualité produit dans une région déterminée*. Pour la catégorie des vins QbA, c'est souvent le terme *Qualitätswein* seul qui apparaît. Pour ces vins, l'ajout de sucre avant fermentation (chaptalisation) est autorisé, mais limité (l'ajout ne doit pas produire plus de 20 à 28 grammes d'alcool supplémentaires).

Moins de 10 % de la production de vins d'Allemagne tombent dans la catégorie inférieure des vins de table, les *Landwein* (avec indication géographique) ou les *Deutscher Tafelwein*. Pour des raisons d'harmonisation européenne, le concept de *Tafelwein* va laisser place à celui de vin allemand sans appellation d'origine.

Comment berner Mère Nature

Hélas pour les producteurs de vins allemands, le fait de codifier différents niveaux de maturité n'a aucun effet sur les caprices du climat froid que leur offre la nature. Dans la réalité, même lorsque les raisins sont suffisamment mûrs pour avoir droit au premier niveau, *Kabinett*, ils conservent une telle acidité et si peu de sucres que les vins qui en sont issus ne peuvent être que très légers et très âpres, ce qui n'est pas particulièrement équilibré, ni attractif aux yeux de la plupart des amateurs.

Les producteurs allemands ont pourtant trouvé une solution pour retrouver la maturité que la nature leur refuse. Ils produisent leurs vins dans un style de demi-secs à doux et modifient ainsi l'équilibre des vins. Ils obtiennent de la sorte des breuvages que la plupart des amateurs considèrent comme délicieux et agréables.

À retenir

En bouche, l'acidité s'oppose au côté sucré et alcoolisé. Lorsqu'un vin blanc est fortement alcoolisé ou très doux, son acidité est perçue comme inférieure, et un vin très acide peut donc avoir une saveur relativement douce.

Conseil

L'astuce qu'ont développée les producteurs allemands pour conserver une certaine douceur à leur vin se nomme la méthode de la *Süssreserve* (réserve sucrée). Elle consiste à laisser fermenter le vin jusqu'à ce qu'il soit totalement sec, ce qui produit un vin qui reste peu alcoolisé, mais très acide. Avant la fermentation, une petite proportion du jus de raisin est mise en réserve sans être fermentée. Elle n'est mélangée au vin sec qu'ensuite. Ce jus sucré, mais non fermenté rééquilibre le vin en lui redonnant de la douceur. Les meilleurs producteurs allemands préfèrent laisser le moût fermenter lentement jusqu'à son terme naturel, s'en remettant à sa nature intime quant au degré de douceur qu'il donnera au vin.

Sec, demi-sec ou amical ?

La plupart des vins allemands bon marché tels que le Liebfraumilch sont produits par la méthode de la *Süssreserve*. Ils sont légers et fruités avec une douceur agréable, autrement dit des vins faciles à consommer en dehors des repas. Le terme allemand pour ce style de vin est *lieblich*, qui se traduit par amical, un terme poétique, mais tout à fait approprié.

Ces vins « amicaux » sont devenus populaires dans le monde entier, mais les amateurs allemands commencent à se tourner depuis quelques années vers des vins plus secs, notamment pour accompagner leurs repas. Les vins allemands les plus secs sont dits *trocken* (sec) et ceux qui sont plus doux sans être amicaux sont dits *halbtrocken* (demi-sec). Ces mots apparaissent, mais pas toujours, sur les étiquettes.

De la noblesse dans la pourriture ?

Quelle que soit l'évolution du goût des consommateurs allemands pour les vins secs, ils devront toujours admettre que les plus grands vins de leur pays sont doux. Les amateurs du monde entier reconnaissent d'ailleurs les vins doux allemands comme faisant partie des meilleurs vins du monde.

Cela peut paraître curieux, mais les très grands vins doux d'Allemagne ne doivent aucunement leur douceur à la méthode de la *Süssreserve*. Ils tirent tout simplement profit des bienfaits de la nature, celle-là même qui refuse si souvent une maturité suffisante aux autres vins allemands. En effet, bien que l'Allemagne ait un climat frais avec des étés brefs, ses automnes sont en général longs et chauds. Lorsque les raisins des grands vignobles peuvent être laissés sur la vigne plus longtemps que la normale, ils peuvent devenir la proie d'un horrible, mais magique champignon connu sous le nom de *Botrytis cinerea* et qu'on appelle également pourriture noble.

Cette pourriture noble déshydrate les grains de raisin, ce qui a pour effet de concentrer leurs sucres et leurs arômes. Si l'on utilise ces grains desséchés pour produire du vin, celui-ci devient très doux, merveilleusement riche et d'une complexité défiant toute description. Les prix s'en ressentent immédiatement : les bouteilles se vendent autour de 80 € ou plus !

Conseil

Les vins des niveaux de *Prädikat Beerenauslese* (abrégé BA) et *Trockenbeerenauslese* (abrégé TBA) sont normalement entièrement faits à partir de raisins affectés par la pourriture noble (ce sont des raisins dits *botrytisés*) et ils offrent généralement une texture riche et douce. Les vins de la catégorie *Auslese* ne sont produits qu'en partie de raisins botrytisés ; ils seront doux sans jamais égaler ceux des catégories BA ou TBA.

Un autre moyen d'accorder à la nature le moyen de produire des vins de grande douceur en Allemagne consiste à laisser geler les grains de raisin sur la vigne à la fin de l'automne ou au début de l'hiver. Au moment des vendanges, ce sont des raisins encore gelés qui sont pressés et la majorité de l'eau des grains se sépare du jus sous forme de glace. Le jus restant est donc encore plus concentré en sucres et en arômes, ce qui donne un vin doux et opulent qui porte la mention *Prädikat Eiswein* (vin de glace). Les vins de glace diffèrent de ceux des catégories BA et TBA en ce qu'ils n'ont pas la saveur caractéristique du raisin botrytisé, parfois définie comme miellée.

Les régions viticoles d'Allemagne

Depuis la réunification de l'Allemagne, ce pays comporte treize régions viticoles, dont deux sont situées dans l'ancienne RDA.

La région la plus réputée est celle de Mosel-Saar-Ruwer, qui tire son nom de la Moselle et de deux de ses affluents le long desquels sont situés les vignobles : l'autre région réputée est celle de Rheingau, le long du Rhin.

La Suisse : passez donc nous boire

Cernée par l'Allemagne, la France et l'Italie, la Suisse semble un lieu idéal pour la viticulture et la production de vins fins. Effectivement, elle possède une petite industrie du vin dont elle est fière : on y trouve des vignobles dans ses trois zones linguistiques (française, allemande et italienne). Hélas, peu d'amateurs en dehors de la Suisse ont eu souvent la possibilité de goûter du vin suisse, car la production est très réduite et les vins suisses sont très appréciés par les autochtones.

Quasiment la moitié des vins suisses sont des blancs, essentiellement produits à partir du cépage *Chasselas* (27 %) qui est cultivé avec beaucoup moins de conviction en Allemagne, dans l'est de la France et dans la vallée de la Loire. En Suisse, le Chasselas tend à produire des vins secs, offrant des arômes minéraux, fruités, floraux et parfois miellés. Dans le Valais, le vin dont il est issu s'appelle le Fendant. Les autres cépages blancs utilisés sont le Pinot Gris, le Sylvaner, le Marsanne, le *Petit Arvine* et l'*Amigne*, ces deux derniers étant des cépages locaux. Le Pinot Noir est le premier cépage rouge utilisé, loin devant le Gamay et le Merlot. Certains vignerons ont aussi planté de la Syrah. Au total, la Suisse compterait plus de 200 cépages dont une quarantaine typiquement suisses.

À cette extraordinaire diversité de cépages s'ajoute une géographie diversifiée (des collines de différentes altitudes, de grands lacs, des vallées protégées), de nombreux microclimats. Les vins suisses affichent des styles de vins très divers, depuis les rouges et les blancs assez corsés jusqu'aux blancs délicats et nerveux.

Les régions vinicoles en Suisse sont le canton de Vaud, aux bords du Léman ; le Valais à l'est, sur des terrasses exposées au Sud, jusqu'à 1150 m d'altitude, principalement sur la rive droite du Rhône ; le canton de Neuchâtel à l'ouest, au nord de Vaud ; le Tessin au sud, à la frontière italienne, et la Suisse alémanique, à la frontière allemande.

Si vous parvenez à trouver une bouteille de vin suisse, vous serez surpris par son prix élevé, ce qui dénote des coûts de production élevés. Si vous achetez une bouteille de vin suisse en Suisse, vous serez autrement surpris de constater un bouchage par capsule à vis, ce qui représente une étonnante contribution de la Suisse au plaisir de la dégustation du vin, lorsqu'on sait la pauvre image que véhicule ce mode de bouchage.

L'Autriche : vers une nouvelle qualité

L'Autriche produit deux fois plus de vin que la Suisse, mais la production se concentre dans l'est, où les Alpes s'adoucissent en collines.

L'Autriche a depuis douze ans fait d'énormes progrès pour offrir un autre visage : de nouveaux producteurs se sont installés, des chais privés mettent en bouteilles leur propre production et des vins secs de qualité peuvent dorénavant être proposés aux amateurs du monde entier. L'intérêt croissant que marquent les critiques à l'égard des vins autrichiens est directement le fruit du sérieux des producteurs. La proportion entre vins blancs et vins rouges en Autriche est de 80 pour 20, et les rouges sont essentiellement produits dans la région du Burgenland qui touche la Hongrie, car c'est une des régions les plus chaudes du pays. Les vins rouges sont assez corsés à bien corsés, en offrant souvent des arômes épicés avec peu de tanins et un côté fruité vif. La plupart des rouges sont produits à partir de cépages assez peu répandus tels que le *Blauer Zweigelt*, que l'on trouve rarement ailleurs.

Les vins blancs d'Autriche se rangent dans deux catégories : les blancs secs et fermes qui vont du léger au corsé, et les fabuleux blancs de vendanges tardives issus de raisins botrytisés ou surmûris. Les vins doux autrichiens sont réputés depuis longtemps et les blancs ainsi que les rouges commencent à l'être.

Le cépage le plus important et quasi national est le cépage blanc *Grüner Veltiner*. Il produit des vins corsés tout en restant vifs et offrant des arômes d'herbes, de végétaux et d'épices (notamment de poivre vert). Les cépages Müller-Thurgau et *Welschriesling* sont également bien présents ; ce dernier est très utilisé en Europe de l'Est pour produire des vins bon marché, mais il atteint sa meilleure qualité en Autriche.

L'Autriche comporte quatre régions vinicoles. La Basse-Autriche, au nord, produit les plus grandes quantités, essentiellement dans la plaine du Danube. Le Burgenland, à l'est, arrive en deuxième position. Les deux autres régions sont la Styrie, au sud, en bordure de la Slovénie, et la petite région vinicole autour de la ville de Vienne.

Conseil

La législation autrichienne distingue les vins de table (*Tafelweine*), les vins de pays (*Landweine*) et des vins d'appellations d'origine appelés *Districtus Austriae Controllatus* (DAC). À l'instar de l'Allemagne, les vins de qualité supérieure sont classés selon leur concentration en sucre.

La production autrichienne est très variée grâce à la diversité des vignobles et des cépages. La région du Burgenland est réputée produire parmi les plus grands liquoreux au monde.

Les vins d'Europe et des pays de l'Est

Grande-Bretagne

L'activité vinicole se développe en Grande-Bretagne à la faveur du réchauffement climatique. Le vignoble a dépassé les 2000 ha. Il produit des effervescents en méthode traditionnelle, plutôt haut de gamme, sur le modèle du Champagne : ces *sparklings wines* ont de plus en plus de succès même si la production reste limitée. Des maisons champenoises ont investi de l'autre côté de la Manche, comme Taittinger ou Vranken-Pommery.

Hongrie et Slovaquie

La Hongrie possède un riche patrimoine de cépages et le tokaj (ou tokay), un vin légendaire né au XVIIe siècle et précurseur des grands vins liquoreux. Il doit sa finesse et son exceptionnelle capacité de garde à un champignon concentrant les sucres du raisin, le *Botrytis cinerea*, et à une méthode de vinification unique. Les raisins touchés par le botrytis prennent le nom d'aszú. Sur l'étiquette, le terme « puttonyos » indique la concentration en sucre (de 3 à 6). L'aszú eszencia est encore plus concentré et intense. C'était le vin préféré des tsars.

Russie et pays de l'ex-URSS

Le plus gros producteur de vins est la Géorgie où sont cultivés plus de 500 cépages ! L'élevage traditionnel des vins géorgiens en amphores de terre cuite appelé les qvevri suscite une grande curiosité. Les amphores sont enterrées plusieurs mois dans le sol. La technique a été classée au patrimoine mondial par l'Unesco en 2014. Aujourd'hui, elle est utilisée pour seulement 2 % des 12000 hectolitres produits dans le pays. Il s'agit surtout de vins haut de gamme.

L'Ukraine est connue pour ses vins mousseux.

Grèce

La Grèce est un des plus vieux pays viticoles du monde ; les vins que l'on y produit sont très particuliers : la Grèce est riche de nombreux terroirs différents, de cépages autochtones (Assyrtiko, Savatiano, Roditis, Agiorgitiko, Limnio, Xinomavro...) et de vins de styles variés et originaux comme le retsina, un vin parfumé avec des petits morceaux de résine de pin d'Alep (malheureusement, les versions qualitatives de ce vin sont rares). Elle possède plus de 80 appellations et cultive quelque 300 cépages. La crise du phylloxéra, à la fin du XIXe siècle, a touché la Grèce comme les autres pays d'Europe, mais des zones ont été épargnées. Il reste par exemple sur l'île de Santorin de très vieilles vignes préphylloxériques.

Goûtez les vins de Naoussa, de Céphalonie, de Santorin, du Péloponnèse. La fraîcheur minérale, la finesse et la singularité des vins grecs ne laissent pas de surprendre.

DANS CE CHAPITRE

L'Ancien et le Nouveau Monde

•

Ce n'est pas de la bière qu'ils boivent dans le Sud

•

Quelques belles découvertes de l'Amérique du Sud

•

Un nouveau départ en Afrique du Sud

Chapitre 16

Les nouveaux mondes du vin

Que peuvent avoir en commun les vins d'Amérique du Nord, d'Amérique du Sud, d'Afrique et d'Australie? Tout simplement, aucun d'eux n'est produit en Europe. On pourrait presque les réunir sous l'appellation « vins non européens ».

Une expression fréquemment employée par les amateurs pour définir les vins non européens est celle de *vins du Nouveau Monde.* Un mot né sans doute dans la bouche d'un Européen : l'Europe est la patrie de tant de régions vinicoles mondialement réputées... Elle produit plus de la moitié des vins du monde... En somme, elle est l'Ancien Monde. Bref, tout le reste ne serait que de l'arrivisme.

Mais ce terme de Nouveau Monde n'est-il pas absurde associé au vin? Comment peut-on amalgamer des régions aussi différentes que Napa Valley, les Finger Lakes, le Coonawarra et Santiago du Chili? (Cela reviendrait à dire que la Thaïlande, les États-Unis et le Liechtenstein sont équivalents, simplement parce que ce sont des pays.)

Nous nous sommes malgré tout interrogés sur les origines possibles de cette association à notre sens incongrue. En Europe, on produit des vins depuis des centaines ou des milliers d'années. Le choix des coteaux les plus aptes à recevoir de la vigne, le choix des cépages, la nature sèche ou sucrée du vin, toutes ces décisions sont le fruit d'une expérience transmise de génération en génération depuis des centaines d'années. En dehors de l'Europe, la viticulture et la viniculture sont des champs ouverts ; tout vigneron peut décider seul quels cépages il désire planter, comment il désire conduire sa vigne et quel style de vin il désire produire. Voilà ce que partagent les « vins du Nouveau Monde ».

À les observer davantage, on s'aperçoit que les vins des différentes nouvelles régions viticoles ont des affinités propres et que ce Nouveau Monde viticole est une entité dont la réalité législative, intellectuelle et technique se distingue nettement de celle de l'Ancien Monde – à supposer bien sûr qu'on supporte cette généralisation.

Les vins des États-Unis, du Canada, de l'Amérique du Sud, de l'Australie, de la Nouvelle-Zélande et de l'Afrique du Sud auraient rempli aisément à eux seuls 400 pages, si la place ne nous manquait pas. Les vins du Nouveau Monde sont heureusement faciles à explorer sans requérir une carte détaillée ; la somme de traditions qu'il est nécessaire de décoder et le fonds historique à assimiler avant de pouvoir apprécier les vins sont bien plus limités que pour l'Ancien Monde.

On peut considérer les vins du Nouveau Monde comme de l'art moderne ; vous les abordez et les appréciez de manière directe, sans vous encombrer d'un bagage d'histoire de l'art. Les vins du Nouveau Monde s'offrent franchement au palais du consommateur.

Les anciens et les modernes

Le Nouveau Monde du vin ne se distingue pas seulement du point de vue géographique, il se caractérise aussi par une attitude. On peut trouver des producteurs de vin européens qui ont adopté la même approche que celle du Nouveau Monde ; de même, certains producteurs de Californie suivent la route tracée par les traditions de l'Ancien Monde. Gardez ces remarques à l'esprit lorsque vous parcourrez le tableau comparatif suivant entre Ancien et Nouveau Mondes. Et n'oubliez pas que nous faisons des généralisations, qui ne sont donc valables qu'à de nombreuses exceptions près.

Nouveau Monde	Ancien Monde
Innovation	Tradition
Le vin tire son nom d'un cépage	Le vin tire son nom d'une région
Le producteur cherche à exprimer le fruit	Le producteur cherche à exprimer le terroir
La technologie est essentielle	Les méthodes anciennes sont privilégiées
Les vins sont fruités et pleins d'arômes	Les vins sont subtils et fruités
Les régions vinicoles sont vastes et mouvantes	Les régions vinicoles sont petites et très nettement délimitées
Tout processus contrôlable est contrôlé	L'intervention humaine est la plus discrète possible
C'est le producteur qui reçoit les honneurs d'un bon vin	Les honneurs vont au vignoble et au vigneron
La vinification est une science	La vinification est un art

Le Chili, histoire et évolution

L'appartenance du Chili aux nouvelles régions viticoles peut sembler paradoxale. Des vignobles y sont cultivés depuis le milieu du

XVIe siècle par les Espagnols et le pays n'a pas cessé depuis de maintenir une industrie produisant des vins traditionnels pour le marché intérieur à partir du cépage rouge commun nommé *Pais*. Ce qui est nouveau au Chili, c'est la forte croissance de son industrie du vin depuis le milieu des années 1980 à 1990 ; le marché à l'exportation a littéralement explosé et les vignerons se sont tournés très sérieusement vers des cépages français tels que le Cabernet-Sauvignon, le Sauvignon Blanc et le Chardonnay, sans oublier un cépage bordelais presque oublié, le Carménère, qui s'installe tranquillement au Chili.

Un isolement salvateur

Entre l'océan Pacifique à sa gauche et la cordillère des Andes à sa droite, le Chili est un pays isolé. Au niveau de la viticulture, cette situation offre des avantages : le phylloxera (voir chapitre **4**) n'a pas pu y sévir et l'on peut donc y planter des cépages *vinifera* sur leurs racines naturelles. Les montagnes côtières protègent la plupart des vignobles de l'air et des pluies océaniques. Simultanément, l'influence rafraîchissante générale de l'océan tempère un climat qui pourrait sans elle être bien plus chaud – comme le suggère la latitude du Chili.

L'essentiel des grands vignobles du Chili se trouve dans la vallée centrale qui s'étend des côtes à la cordillère des Andes. Les conditions de culture varient de l'est à l'ouest dans la zone médiane de la vallée centrale : l'est, au pied des Andes, étant plus ensoleillé et plus sec que l'ouest, plus humide.

Voici les quatre zones viticoles de la vallée centrale, du nord au sud :

- **Aconcagua :** au nord de Santiago, la zone la plus chaude pour les vins fins ;
- **Maipo :** petite région où se trouvent la plupart des grands producteurs ;
- **Rapel :** cette zone englobe le district de Conchagua, plus frais que Maipo ;
- **Maulé :** cette dernière zone englobe le district de Curico qui est plus frais et moins sec que Rapel ; certaines parties cultivent le Pais.

Une autre région viticole d'importance du Chili est Casablanca. Elle se situe bien au nord de Santiago, sur la côte, mais pas dans la vallée centrale, et fait techniquement partie de l'Aconcagua. Cette région fraîche offre de nouvelles opportunités pour les cépages blancs et notamment le Chardonnay.

Cépages exotiques

Depuis peu, les ressources naturelles et la popularité des vins du Chili à l'exportation ont attiré les investisseurs étrangers vers de nouveaux vignobles. Les cépages utilisés sont le Cabernet-Sauvignon, le Merlot, le Carménère et le Chardonnay, pour l'essentiel. Certains existaient depuis plus d'un siècle au Chili, mais la surface plantée a énormément augmenté ces 10 dernières années. Deux cépages blancs sont également utilisés au Chili ; appelés Sauvignon et Sémillon, leur identité véritable n'est pourtant pas établie.

Plusieurs producteurs de France, d'Espagne et des États-Unis sont devenus des opérateurs d'importance au Chili. Le catalan Miguel Torrès a investi dès 1978. Château Lafite Rothschild est le propriétaire des chais Los Vascos. Les œnologues du bordelais Bruno Prats (Château Cos d'Estournel) et Paul Pontallier (Château Margaux) ont cofondé les chais Viña Aquitania. La société Baron Philippe de Rothschild (Château Mouton Rothschild) s'est associée à Concha Y Toro et produit Almaviva. L'œnologue français Michel Rolland agit comme consultant pour les chais Casa Lapostolle, cofondé par une famille française (les Marnier-Lapostolle). Augustin Huneeus des chais Franciscan Vineyards de Californie possède les chais Veramonte dans la région de Casablanca. Enfin, Robert Mondavi a établi un partenariat avec les producteurs du vin Caliterra.

Saveurs du Chili

Comme la majorité des vins des nouvelles régions viticoles, les vins chiliens tirent leurs noms du cépage principal, mais portent également une indication de région ou de district. Leurs prix raisonnables (à partir de 3 €) leur ont permis d'attirer l'attention en dehors du Chili.

Pour le style, les vins chiliens n'ont pas le fruité exubérant des vins californiens et australiens. Les blancs peuvent se montrer assez dilués, « mouillés », ce qui résulte sans doute des trop forts rendements ou de l'origine douteuse des cépages, mais les choses vont en s'améliorant. Les rouges sont meilleurs, mais il leur reste à prouver leur capacité dans le haut de gamme.

Nous avons cependant déjà remarqué des vins chiliens de qualité mondiale, tels le Cabernet-Sauvignon Don Melchor et le Casillero del Diablo de Concha y Toro, la Cuvée Alexandre (en Merlot et Cabernet-Sauvignon) et le Clos Apalta (majorité de Carménère), tous deux de Casa Lapostolle, et le Finis Terrae de Cousino Macul, le Montès Alpha M de Montès (Merlot), Almaviva produit dans la Maipo Valley, Don Maximiano d'Errazuriz et les vins de Viu Manent.

Truc

Mais l'essentiel de la production chilienne reste cantonné aux vins de cépage économiques. Les producteurs les plus importants à l'export sont Concha y Toro, Santa Rita, Santa Carolina, Cousiño Macul, Errazuriz, Los Vacos, Undurraga, Carmen, Casa Lapostolle, Caliterra, Valdivieso et Miguel Torrès.

L'Argentine : Buenos Vinos

La production vinicole de l'Argentine représente quatre fois celle du Chili et égale donc celle des États-Unis. C'est le quatrième ou cinquième producteur du monde (les places s'échangent d'une année à l'autre avec les États-Unis). À l'étude de ces statistiques, l'Argentine semble être un acteur majeur de la scène vinicole internationale ; pourtant, ses moyens de production vinicoles sont longtemps restés un peu en recul et les vins presque inconnus à l'export.

En Argentine comme au Chili, on plante de la vigne depuis le milieu du XVIe siècle. Les sources de cépages ont pourtant été plus importantes, de nombreuses vignes ayant été apportées par les immigrants italiens.

Les cépages blancs sont le Pedro Giminez, le Moscatel, le Torrontès d'Espagne, le Chenin Blanc, le Sémillon, le Riesling, le Chardonnay, parmi d'autres. Les cépages rouges les plus importants sont le Malbec (un cépage français qui offre les meilleurs rouges d'Argentine) et le Bonarda d'Italie. Les autres cépages rouges sont le Tempranillo, le Barbera, le Lambrusco, le Cabernet-Sauvignon, le Pinot Noir, la Syrah, par exemple.

Truc

Les vins rouges issus du cépage Malbec constituent sans doute actuellement la carte maîtresse de l'Argentine sur les marchés internationaux. Le Malbec semble s'être trouvé un nouveau lieu d'expression privilégié dans les chauds et secs vignobles de Mendoza (la plus grande région viticole d'Argentine).

Les vignobles argentins se situent essentiellement à l'intérieur des terres, le long de la séparation naturelle de l'Argentine et du Chili par les Andes. Les hautes altitudes tempèrent la chaleur du climat, mais les vignobles restent très chauds le jour, frais la nuit, et d'une sécheresse désertique. Les rivières qui prennent leur source dans les Andes traversent la zone et fournissent l'eau pour l'irrigation.

La grande majorité des vignobles argentins se trouvent dans la province de Mendoza, à la même latitude que Santiago du Chili (un des districts viticoles de Mendoza se nomme Maipu, qu'il ne faut pas confondre avec Maipo au Chili).

Les investisseurs étrangers ont évidemment détecté des opportunités en Argentine. Le Californien Donald Hess (chais Hess Collection) a acquis les historiques chais argentins Bodega Norton. Kendall-Jackson produit du vin en Argentine sous la marque Mariposa. L'œnologue Michel Rolland est consultant chez Trapiche. Le groupe français LVMH a créé le Domaine Terrazas de Los Andes à Mendoza...

L'Australie : les vins des antipodes

Ne vous méprenez pas : l'Australie est bien l'un des plus grands producteurs de vin du monde. En quelques décennies, l'industrie vinicole australienne est passée du statut de producteur de vins doux et fortifiés à celui d'une des nations vinicoles les plus technologiquement avancées de la planète. Elle exporte 60 % de sa production.

Les vignes de l'espèce *vinifera* sont parvenues en Australie, en provenance du cap de Bonne-Espérance et d'Europe, à la fin du XVIIIe siècle (il n'existe pas de vignes locales sur ce continent). Avec une surface sensiblement identique à celle des États-Unis, l'Australie compte environ huit cent cinquante producteurs, mais ne produit que moins de 30 % du volume produit par la Californie. (Cependant, la consommation par habitant y est deux fois plus élevée qu'aux États-Unis.) Les régions viticoles australiennes sont presque toutes dans la partie sud, plus fraîche, avec une densité maximale dans l'État de Victoria, la région sud de l'Australie-Méridionale et les parties fraîches de la Nouvelle-Galles du Sud (ces trois États sont souvent rassemblés sous l'appellation Australie du Sud-Est).

Viniculture, cépages et terroirs

Le cépage roi de l'Australie pour les vins fins est la Syrah, qui s'écrit localement *Shiraz*, suivi de peu par le Cabernet-Sauvignon, le Chardonnay, le Riesling et le Sémillon (notez que ce dernier se prononce « Sémelon » en Australie). Les vins portent généralement le nom du cépage qui constitue au moins 85 % du total. Une pratique originale en Australie consiste à assembler deux cépages et à donner au vin le nom des deux cépages en plaçant celui du cépage dominant en premier comme dans Shiraz/Cabernet-Sauvignon ou Cabernet-Sauvignon/Shiraz.

Les différents vins issus du Shiraz sont quelquefois un peu sucrés en fin de bouche, ce qui est assez original pour les consommateurs français.

Les différents vins issus du Shiraz sont remarquables, car offerts dans des styles très divers, depuis les vins extrêmement légers et gouleyants, débordant d'arômes de fraises fraîches (délicieux, mais simples) jusqu'aux vins complexes qui méritent une certaine maturation. Une autre variété intéressante est le Sémillon, notamment en provenance de Hunter Valley. Certains sont vieillis en fût de chêne, comme pour le Chardonnay, alors que d'autres Sémillon ne subissent pas ce traitement et sont simples lorsqu'ils sont jeunes tout en prenant d'étonnants arômes de noisette, de marmelade d'oranges et de miel en vieillissant.

Le succès des vins australiens est à attribuer au climat généralement chaud et sec de ce pays (qui offre aux producteurs une excellente matière première pour exercer leur art). Il faut également rendre hommage aux producteurs qui s'efforcent d'employer au mieux la technologie afin de produire des vins préservant les intenses arômes des raisins, des vins doux et agréables à boire dès leur plus jeune âge. Les vins australiens illustrent à merveille le concept d'amabilité d'un vin.

Conseil

La grande majorité des vins australiens portent simplement sur leur étiquette la mention *South Eastern Australia*, ce qui signifie que les raisins peuvent venir de n'importe lequel des trois États de l'Australie du Sud-Est, dont l'étendue est tout à fait considérable. Ici, c'est le raisin qu'il faut chercher dans le vin, pas le terroir.

Les nouveaux couples

Partout dans le monde, on pratique l'assemblage des vins à partir de plusieurs cépages. En général, la combinaison obéit au modèle classique français : Cabernet-Sauvignon avec Merlot et Cabernet-Franc ou encore Sémillon avec Sauvignon Blanc. L'Australie, ne se sentant pas forcée de reprendre ces modèles de l'autre bout du monde, a développé deux couples totalement originaux :

- Shiraz avec Cabernet-Sauvignon ;
- Sémillon avec Chardonnay.

Le cépage principal est indiqué en premier et les pourcentages sont souvent mentionnés.

Régions vinicoles de l'Australie

Figure 16.1

Les régions viticoles d'Australie.

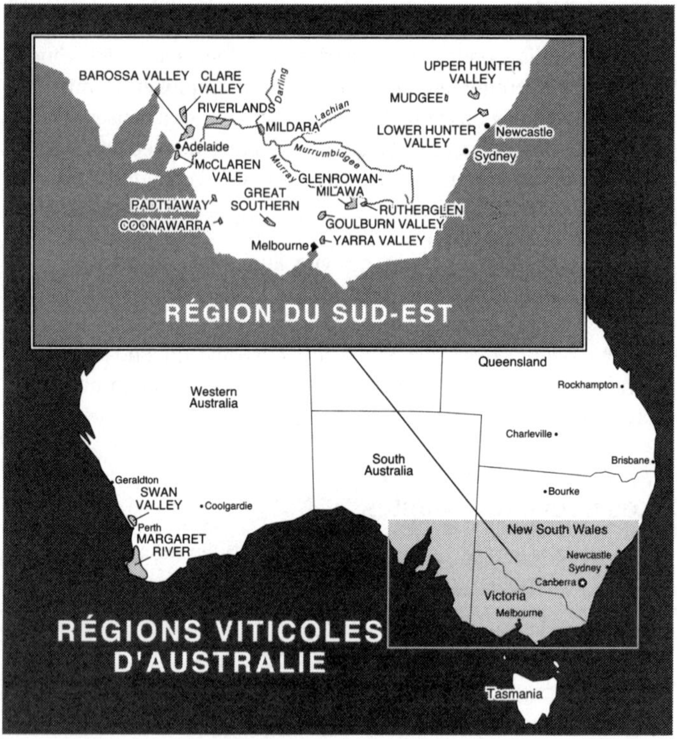

Australie-Méridionale

Le premier producteur de vin d'Australie est l'Australie-Méridionale dont la capitale est Adélaïde (voir figure 16.1). Cet État produit 55 % des vins australiens et tous ses vignobles sont exempts de phylloxera. La production offre deux visages : les vignobles de la région de Riverlands produisent des vins bon marché pour étancher les soifs locales (vendus essentiellement en cubitainers de 4,5 litres) alors que les vignobles les plus proches de la capitale produisent les vins qui sont considérés comme les plus fins du pays. Parmi ces régions de vins fins, citons ; **Barossa Valley** (une des plus anciennes zones vinicoles d'Australie pour les grands vins), **Clare Valley, McLaren Vale, Adelaïde Hills, Coonawarra, Padthaway.**

Victoria

À l'est de l'Australie-Méridionale se trouve l'État de Victoria, plus petit, mais plus important au niveau vinicole ; on y produit 14 % des vins australiens. La plu- part des grands producteurs australiens sont implantés en Australie-Méridionale, tandis qu'ils sont de plus petite taille, mais en plus grand nombre dans l'État de Victoria. On y produit pourtant des vins de consommation courante, notamment dans la zone nord-ouest le long de la Murray River. Les vins fins de Victoria vont des vins de dessert riches et fortifiés jusqu'au délicat Pinot Noir.

Nouvelle-Galles du Sud

Cet État est le premier de l'Australie à avoir vu pousser des vignes. Il produit actuellement 27 % des vins australiens. La production en grande quantité de vins de consommation courante concerne une zone à l'intérieur des terres nommées Riverina (nous aimons prononcer son autre nom, *Murrumbidgee Irrigation Area* ou MIA). Les vins fins proviennent de trois zones : **Lower Hunter Valley**, **Upper Hunter Valley** et **Mudgee**.

Australie-Occidentale et Tasmanie

L'Australie-Occidentale produit peu de vin en comparaison des trois États précédents, mais quelle qualité ! Le centre historique de production est la chaude et sèche Swan Valley, mais des zones à climat frais commencent à prendre de l'importance dont **Margaret River** et **Great Southern**.

La région australienne offrant un *véritable* climat frais est la Tasmanie, île située au sud de Victoria. Quelques producteurs y ont commencé à démontrer le potentiel offert par l'île pour produire des Pinot Noir et des Chardonnay.

Quelques producteurs australiens de renom : Cape Mentelle, Grant Burge, Henschke, Torbreck, Giaconda.

La Nouvelle-Zélande

Les vins de Nouvelle-Zélande s'ouvrent à l'exportation dans le sillage des très réussis vins australiens. Pourtant, les vins des deux pays sont assez différents.

La Nouvelle-Zélande se situe plus au sud que l'Australie ; c'est donc une zone plus fraîche, au climat plus tributaire de l'océan. Des deux grandes îles qui constituent ce pays, l'île du Nord est la plus chaude, ce qui permet de produire des vins rouges autour d'Auckland et de Hawkes Bay (notamment du Cabernet-Sauvignon) ainsi que différents vins blancs à partir des cépages Müller-Thurgau, Chardonnay et Sauvignon Blanc.

Dans l'île du Sud, Malborough est devenue la zone vinicole principale de Nouvelle-Zélande, alors que ses possibilités viticoles n'ont été découvertes qu'en 1973. C'est la région phare pour le Chardonnay et le Sauvignon Blanc.

Les blancs néozélandais sont en général des vins sans goût de chêne qui offrent des arômes épais et riches et une forte acidité. Le Sauvignon néozélandais est si particulier, âpre et intense avec un arôme rappelant l'asperge, qu'il a immédiatement été considéré comme un nouveau prototype de Sauvignon Blanc. Les chais Cloudy Bay ont fait l'objet d'éloges dans le monde entier pour leur Sauvignon Blanc très délicat. Son premier millésime ne date pourtant que de 1985 !

Quelques producteurs renommés : Te Mata Estate, Cloudy Bay, Seresim Estate, Elephant Hill.

L'Afrique du Sud : un nouvel espoir

L'élection démocratique de Nelson Mandela à la présidence en 1994 et l'abolition de l'apartheid qui l'a précédée donnent à l'Afrique du Sud une formidable énergie et un grand espoir dans l'avenir. Le futur de son industrie viticole n'a jamais semblé plus prometteur, notamment pour ses vins de table.

Conseil

Les vignes ont été apportées en Afrique du Sud en 1655 lorsque les pionniers hollandais s'y sont installés. À la fin du XVIIIe siècle, l'Afrique du Sud produisait déjà un vin de dessert luxueux et de réputation mondiale nommé *Constantia* qui était recherché par les cours royales européennes.

Ce n'est que depuis peu que l'Afrique du Sud s'intéresse à la production des vins de table. La pratique courante consiste, pour la plupart des cinq mille vignerons du pays, à apporter les raisins à l'une des soixante-dix coopératives du gigantesque organisme semi-étatique KWV qui en transforme la moitié en alcool distillé ou en concentré de raisin (cela reste vrai de nos jours ; les raisins qui restent servent surtout à fabriquer du sherry ou du porto). La demande actuelle du marché mondial pour les vins de table entraîne une augmentation de la proportion de raisins utilisés pour produire du vin sec, non fortifié.

L'Afrique du Sud se place actuellement entre le sixième et le huitième rang, selon l'année, pour le volume de production de vin. Vingt pour cent de la production sont exportés, essentiellement vers le Royaume-Uni.

Le style des vins sud-africains : modernes mais classiques

Nous classons l'Afrique du Sud dans les nouvelles régions viticoles, mais force est de constater que les vins produits suggèrent plutôt l'Europe. Par exemple, un Cabernet-Sauvignon des antipodes vous fera penser à un vin français (un peu). D'un autre côté, vous ne pourrez pas assimiler ce Cabernet à un vin de Californie ou d'Australie.

Les vins sud-africains sembleraient chercher à unir les subtilités aromatiques des vins français à la voluptueuse maturité des californiens. Comme à mi-chemin entre deux mondes ; en bref, des vins sud-africains.

Régions vinicoles principales de l'Afrique du Sud

En dehors de quelques microclimats plus frais, notamment autour de la côte sud proche du cap de Bonne-Espérance et dans les régions montagneuses, le climat des zones vinicoles d'Afrique du Sud est surtout chaud et sec. L'irrigation est donc souvent nécessaire.

La législation de 1973 instituant les *Wine of Origin* (WO) a défini dix districts vinicoles (et une quantité de sous-districts). Presque tous les vignobles se situent sur la côte sud-ouest dans la province du Cap (à une centaine de kilomètres de Cape Town, qui est la ville la plus fascinante et la plus pittoresque du pays). Ces vignobles se situent tous dans la zone appelée Coastal Region.

Les cinq principaux districts sont :

» **Constantia** : la plus ancienne zone vinicole du pays ; au sud de Cape Town ;

» **Durbanville** : connu pour ses collines douces et ses sols bien drainés ; au nord de Cape Town ;

» **Stellenbosch** : à l'est de Cape Town ; le district le plus important en quantité comme en qualité ;

» **Paarl** : au nord de Stellenbosch ; siège du KWV et des très beaux chais de Nederburg Estate ; seconde région productrice ;

» **Franschhoek Valley** : sous-district de Paarl ; nombreux producteurs innovants.

Le petit sous-district Hermanus/Walker Bay (dans le district d'Overberg, au sud-ouest de la province du Cap et le long de l'océan Indien) semble prometteur avec des Pinot Noir et des Chardonnay conduits par les innovants chais Russel Winery.

Conseil

Environ 10 % des vins d'Afrique du Sud possèdent l'appellation *Wine of Origin* (WO). Ce système d'appellation WO est basé sur les appellations contrôlées françaises. Cette loi définit de manière stricte les vignobles, les cépages autorisés, la date des vendanges, etc. Un vin de cépage doit utiliser au moins 75 % du cépage indiqué ; les vins d'exportation (se conformant ainsi aux lois plus strictes de la CEE) doivent contenir 85 % du cépage mentionné.

Steen, Pinotage et compagnie

Le cépage dominant en Afrique du Sud est le Chenin Blanc qui s'appelle généralement dans ce pays *Steen*. Il compte pour environ un tiers de l'encépagement total. Le Chenin est très versatile. Il permet de produire des vins demi-secs à doux, mais également des vins secs, des mousseux, des vins de vendanges tardives botrytisés et même des rosés. Le cépage Cinsault (le Cinsault de la vallée du Rhône), qui auparavant s'appelait Hermitage en Afrique du Sud, reste le cépage rouge dominant.

Mais les choses commencent à évoluer. Le Cabernet-Sauvignon et le Merlot (et, dans une moindre mesure, le Pinot Noir et le Shiraz) commencent à prendre de l'importance parmi les cépages rouges alors que le Sauvignon Blanc et le Chardonnay se popularisent parmi les blancs. Le Cabernet-Sauvignon et le Sauvignon Blanc s'adaptent particulièrement bien au climat de l'Afrique du Sud (une version très convaincante du Sauvignon Blanc y est produite).

Spécifique à l'Afrique du Sud, on trouve enfin le *Pinotage*, cépage hybride issu du croisement de Pinot Noir et de Cinsault en 1925. Ce n'est que depuis 1959 qu'on produit du vin à partir du Pinotage. Le Pinotage réunit les arômes de cerise d'un Pinot Noir et le goût de terroir d'un vin du Rhône. On peut en tirer un vin rouge léger à moyen véritablement délicieux et parfait comme vin de soif (un vin rouge parfait à boire par temps chaud). On trouve de bons exemples de Pinotage à partir de 6 €. Nous conseillons notamment ceux de Kanonkop ou de Simonsig. Leur Pinotage, plus dense et plus riche que celui de leurs collègues, est une de leurs spécialités.

Truc

Même si le Pinotage produit des vins plaisants qui méritent certainement le détour, nous croyons que le futur de l'Afrique du Sud vinicole est lié au Cabernet-Sauvignon et au Merlot et aux assemblages de ces cépages (pour les rouges), ainsi qu'au Sauvignon Blanc et au Chardonnay pour ses blancs.

DANS CE CHAPITRE

La Californie
à l'âge adulte

•

Du Golden Gate
à Napa et Sonoma

•

Les Pinot de l'Oregon

•

Le rouge est mis
à Washington

•

Îles, rivières et lacs
de New York

•

Vin de glace du Canada

Chapitre 17
C'est l'Amérique !

Quand les conquistadors ont découvert l'Amérique en cherchant de l'or, des missionnaires espagnols les accompagnaient. Ce sont eux qui ont planté les premiers ceps de vigne sur le territoire des futurs États-Unis d'Amérique.

Le premier cépage quelque peu répandu a pris naturellement le nom de Mission. Il en existe encore de nos jours, mais les cépages nobles sont venus le supplanter (Cabernet-Sauvignon, Chardonnay et autres) afin de pouvoir produire non seulement du vin, mais des vins, et des vins de qualité. La seule chose qui n'a pas changé est la prééminence de la Californie sur la production (près de 50 %).

En 1976, lors d'une dégustation professionnelle baptisée Le Jugement de Paris rassemblant des dégustateurs et des journalistes spécialisés, deux vieux californiens (un blanc et un rouge) sont arrivés en tête devant des grands crus français. Cet évènement a développé la réputation internationale des vins californiens.

L'Amérique, un Nouveau Monde pour le vin

Même si une certaine production de vin existait déjà au siècle dernier, l'industrie vinicole des États-Unis n'a pris son envol que depuis une génération. La prohibition de 1920 à 1933, la crise économique des années 1930 puis la Seconde Guerre mondiale ont freiné sérieusement le commerce du vin, et la reprise a été lente.

Les années 1970 ont vu débuter la ruée vers le vin en Californie. Avant cette époque, seule une poignée de producteurs était installée dans cet État ; de nos jours, la Californie compte plus de 3700 producteurs de tailles très variables, et ce nombre augmente jour après jour.

Cette explosion vinicole de la Californie a attiré l'attention des autres États. Il existe actuellement des producteurs de vin dans près de cinquante États, mais la production de vin n'est une industrie conséquente que dans quatre États : la Californie (de loin, le plus grand producteur), l'État de Washington, l'Oregon et l'État de New York. Les États-Unis fluctuent maintenant entre les positions de quatrième et de cinquième pays producteur de vin du monde, mais bien loin derrière le tiercé gagnant Italie-France-Espagne.

La Californie compte trois groupes viticoles parmi les plus importants du monde : E. & J. Gallo Winery, The Wine Group, Constellation Brands (que possède Robert Mondavi, entre autres).

Des méthodes inventées sur place

Les vins des États-Unis constituent les prototypes des vins du Nouveau Monde. Les producteurs travaillent comme bon leur semble, en cultivant les cépages qu'ils jugent les plus appropriés et en les plantant où bon leur semble. Ils assemblent les vins de différentes régions selon leurs besoins – les règles fédérales rendant l'assemblage plus difficile dans un État que dans un autre.

Snobs

Les vins des États-Unis ont transformé les cépages en véritables vedettes. Avant que la Californie ne décide de donner aux vins les noms des cépages, le Chardonnay, le Merlot, le Pinot Noir et le Cabernet se contentaient d'être des ingrédients de base des grands vins, maintenant, ils sont devenus *le vin*. Mais pour que personne n'en déduise trop rapidement que tous les vins issus du même cépage se valent, certains producteurs ont acquis leur renom en produisant des vins meilleurs grâce à leur talent. Avec ces méthodes de production, notamment celles de Californie, la terre, le terroir étaient nettement secondaires, du moins jusqu'à récemment.

Les producteurs américains ont fait de la technologie leur plus précieux allié pour parvenir à créer des vins qui conservent les arômes du fruit. Deux très importantes universités de Californie se consacrent à la science du vin : l'université de Californie (UC) de Fresno et, surtout, l'université de Davis. Elles jouent un rôle de pionnier dans l'étude scientifique du vin. De nos jours, même les producteurs européens font un pèlerinage pour aller étudier à l'université californienne de Davis.

Un jeu d'appellations original

Il existe un système d'appellation des vins aux États-Unis, qui, comme le système français classique, définit des régions de production du vin. Cependant, le système américain, fondé sur les zones viticoles américaines (*American Viticultural Areas*, abrégées AVA), se limite à définir les limites géographiques des zones viticoles ; le système ne réglemente pas les cépages autorisés ni le rendement maximal (*yield of grapes per acre*), ni d'ailleurs quoi que ce soit d'autre qui puisse lier la géographie à un style de vin spécifique (voir la section « Quelques mots-clés de la viticulture », chapitre **3**). Les noms des zones de production AVA ont donc une importance toute relative sur les étiquettes des vins, en tout cas bien moindre que le nom du cépage et celui du producteur.

À retenir

Pour qu'un vin puisse porter le nom d'un cépage aux États-Unis, il doit comporter au moins 75 % de ce cépage selon la loi fédérale. Si le vin désire comporter une indication de zone AVA, 85 % du raisin doit provenir de cette zone AVA. Enfin, les vins portant un millésime doivent comporter au moins 95 % de jus de raisin de ce millésime.

La Californie

Quand nous pensons aux vins des États-Unis, nous pensons à la Californie. Cela n'a rien pour surprendre, la Californie produisant 90 % des vins des États-Unis.

Le plus grand producteur californien est Gallo, qui produit une bouteille sur quatre des vins vendus sur le territoire américain. Si Gallo était un pays indépendant, il serait au treizième ou quatorzième rang mondial pour la quantité produite, ce qui équivaut à la production totale du Chili ou même davantage.

Pourtant, la production de grands vins aux États-Unis est plutôt à mettre à l'actif des chais Robert Mondavi Winery. Lorsque Robert Mondavi a quitté le chai familial (Charles Krug) en 1966 pour commencer à voler de ses propres ailes afin de produire des vins de qualité, une ère nouvelle s'est ouverte aux États-Unis. Ces vins fins sont naturellement devenus des vins de cépage, mentionnant Cabernet-Sauvignon, Chardonnay, etc., en réaction aux étiquettes des *jug wines* qui utilisaient abusivement des noms de régions d'Europe telles que Bourgogne et Chablis. Actuellement, même le grand producteur Gallo se tourne de plus en plus vers le marché du vin de cépage.

Les régions de vins fins de Californie

L'omniprésence du soleil en Californie rend toutes les zones de cet État suffisamment chaudes pour cultiver la vigne. Cependant, pour produire des vins fins, la difficulté consiste à trouver des zones relativement fraîches, avec un sol justement pauvre, pour éviter au raisin de mûrir trop rapidement et sans effort, avant qu'il ait exprimé tout son arôme (voir chapitre **3**). Le climat de Californie dépend d'abord de la proximité du Pacifique ainsi que de l'altitude, bien plus que de la latitude. On peut donc produire des vins fins aussi bien dans le nord que dans le sud de la Californie.

Les régions et districts les plus importants pour la production de vins fins sont :

» **La région de la côte nord :** la vallée de Napa, la vallée de Sonoma, les comtés de Mendocino et de Lake County, moins connus mais méritant le détour.

» **La région de la côte nord-centre :** les vallées de Livermore et de Santa Clara – zone de la baie de San Francisco –, les montagnes de Santa Cruz, le comté de Monterey (2e région viticole de Californie).

» **La région vallonnée du pied de la Sierra (Sierra Foothills) :** la Ruée vers l'or, en 1849, a rendu cette région célèbre. Le Zinfandel y est le cépage de référence.

» **La région de la côte sud-centre :** comté de San Luis Obispo, comté de Santa Barbara, où les missionnaires espagnols ont planté des vignes il y a plus de 200 ans. Aujourd'hui elle est réputée pour le Pinot Noir.

Microtendances dans les vins californiens

Les expérimentations viticoles sont permanentes en Californie. Alors que le Chardonnay, le Cabernet-Sauvignon et le Merlot sont les cépages les plus répandus actuellement, les producteurs se demandent toujours s'ils ne manquent pas l'occasion du siècle en n'exploitant pas un autre cépage. Le seul moyen d'en avoir le cœur net est d'essayer.

Certains producteurs ont trouvé une grande satisfaction avec les cépages de la vallée du Rhône (les cépages rouges Syrah, Grenache, Mourvèdre et Cinsault et le cépage blanc Viognier). Ces producteurs sont connus sous le terme collectif officieux de *Rhône Rangers*. D'autres producteurs se sont intéressés aux cépages italiens tels que le Sangiovese, le Dolcetto et le Nebbiolo. (Des cépages italiens tels que le Barbera ont été plantés en Californie au siècle dernier lors de l'arrivée des immigrants italiens.)

Les variations climatiques d'une année à l'autre sont bien moins sensibles en Californie que dans la plupart des régions viticoles d'Europe. En particulier, il ne pleut généralement pas dans la majeure partie de la Californie pendant la période de croissance (une pluie au mauvais moment est une des causes fréquentes de mauvais millésimes en Europe). Les vignerons contrôlent totalement ce phénomène de pluie artificielle qu'est l'irrigation. C'est au contraire la sécheresse qui, en rendant difficile l'irrigation, influe en Californie sur la qualité des millésimes. Le vignoble est confronté à la survenue d'incendies violents, liés à de longues périodes de canicule.

La vallée de Napa : petite et fameuse

Napa Valley est à une heure et demie de route au nord-est de la splendide baie de San Francisco. La plupart des chais les plus prestigieux de Californie et les terrains à vigne les plus chers se trouvent dans la vallée de Napa où plus de cinq cents producteurs se sont fait une place au soleil. (Rappelons qu'en 1960 il ne s'y trouvait que vingt-cinq producteurs.) La taille de la région est bien inférieure à sa réputation : la Napa ne concerne que 4 % des vins californiens.

La partie sud de la vallée bénéficie de l'influence de l'air marin et des brumes de la baie de San Pablo, et c'est la zone la plus fraîche, notamment dans le district de Carneros. Carneros s'étend à l'ouest jusqu'au comté de Sonoma. Ce district est devenu la zone viticole de choix pour les cépages qui aiment les climats frais : le Chardonnay, le Pinot Noir et les cépages des vins mousseux. Au nord, en allant sur Calistoga, l'influence de la baie diminue et le climat devient assez chaud (mais les nuits restent fraîches).

Les vignobles et les chais sont dispersés dans toute la vallée de Napa, la plupart au fond de la vallée, mais certaines également dans les collines et les montagnes. Les producteurs et vignerons de Napa ont défini des zones AVA plus précises que la zone globale Napa Valley AVA et la zone Carneros AVA partagée entre le comté de Napa et celui de Sonoma. Parmi celles-ci, citons **Spring Mountain** (dans les montagnes de l'ouest), **Stags Leap District** (partie Est de Napa), **Rutherford** et **St. Helena** (dans le fond de la vallée).

À retenir

Rappelons que lorsque les chais sont situés dans la région de Napa Valley, les raisins employés ne proviennent pas nécessairement tous de cette région. Analysez l'étiquette pour connaître la localisation des vignobles concernés. La remarque est la même pour tous les vins californiens.

La diversité de terroirs de Sonoma

Si vous sortez de San Francisco par le sublime pont du Golden Gate, vous êtes à Sonoma en une heure. Les différences entre Napa et Sonoma sont évidentes. Alors que la plupart des établissements vinicoles de Napa sont d'un aspect luxueux, ceux de Sonoma sont rustiques, de style campagnard et cachés à la vue depuis la route. Les millionnaires achètent à Napa ; Sonoma concerne le peuple (nous simplifions, évidemment).

Les appellations AVA de Sonoma

Sonoma est une région plus vaste que Napa et les vignes y sont plus dispersées. Le climat est similaire sauf que certaines zones côtières sont nettement plus fraîches. Huit zones viticoles (AVA) ont été définies, dont **Russian River Valley, Chalk Hill** ou **Alexander Valley.** La région AVA Carnenos est partagée entre Sonoma et Napa Valley.

L'Oregon : la zone aux deux Pinot

L'Oregon se situe au nord de la Californie, et l'on est en droit d'en déduire que les régions viticoles y sont plus fraîches. Mais une raison plus importante du climat frais de l'Oregon est l'absence de montagnes entre l'océan et les vignobles. En plus de la fraîcheur, l'océan apporte des précipitations. La viticulture et la viniculture sont donc totalement différentes dans l'Oregon et en Californie.

Produire du vin est une activité assez récente en Oregon, mais en forte progression, puisque le nombre d'établissements est passé d'une poignée dans les années 1970 à plus d'une centaine de nos jours.

L'Oregon s'est déjà fait connaître dans les milieux avertis pour ses vins à base de Pinot Noir, qui est justement un cépage appréciant les climats frais (voyez la section des cépages rouges, chapitre **4**). Le producteur Eyrie Vineyards a mis sur le marché le premier Pinot

Noir de cet État en 1970, mais l'Oregon n'a commencé à être véritablement connu pour ses vins qu'à partir des excellents millésimes 1983 et 1985. Actuellement, le Pinot Noir reste le fer de lance de cet État et la majorité des producteurs en élèvent.

L'autre Pinot de l'Oregon

Le cépage Chardonnay est traditionnellement le compagnon du Pinot Noir en Bourgogne. De plus, il est très répandu aux États-Unis. On en trouve donc beaucoup en Oregon. Cependant, l'essor du Pinot Gris limite la domination du Chardonnay : c'est le second Pinot de l'Oregon et il est désormais aussi réputé que le Pinot Noir.

Willamette Valley

La patrie du Pinot Noir et du Pinot Gris en Oregon est la vallée de Willamette située juste sous la ville de Portland dans le nord-ouest de l'État. Cette fraîche vallée est devenue en vingt-cinq ans la plus importante région viticole de l'Oregon. Elle est suffisamment vaste pour englober plusieurs comtés. La plus grande concentration de producteurs se trouve dans le comté de Yamhill. Beaucoup d'autres producteurs se sont installés dans le comté de Washington et dans le comté de Polk.

L'État de Washington : des vins de désert

Bien que l'État de Washington se situe directement au nord de l'Oregon, ces régions viticoles offrent des climats très différents par la présence des Cascade Mountains qui divisent en deux les deux États dans le sens nord/sud.

Dans la partie côtière de l'État de Washington, le climat est maritime, frais, pluvieux et la végétation est dense. (En Oregon, presque tous les vignobles se trouvent dans cette partie.) En revanche, à l'est des montagnes, le climat est continental, avec des étés secs et très chauds, des hivers rudes et des conditions quasi désertiques ;

c'est pourtant là que se situent la plupart des vignobles de l'État de Washington, dans les grandes vallées de Columbia et de Yakima.

Les vignerons de cette contrée ont constaté qu'en employant l'irrigation, plusieurs cépages, mais évidemment pas le Pinot Noir, pouvaient s'adapter à cet environnement. Dans cette région presque désertique, ce sont les cépages bordelais (Merlot, Cabernet-Sauvignon, Cabernet Franc, Sauvignon Blanc et Sémillon) qui règnent, ainsi que l'omniprésent Chardonnay et le Shiraz. L'État est devenu particulièrement réputé pour la qualité de ses Merlot, ce qui est confirmé par le fait que le plus grand producteur de Merlot aux États-Unis, Columbia Crest, est situé dans l'État de Washington.

New York et ses vins

La ville de New York peut bien être la capitale du monde sous de nombreux aspects, mais les vins produits dans cet État ne bénéficient pas de la reconnaissance qu'ils méritent, sans doute du fait de l'écrasante présence de la Californie dans le marché intérieur. Pourtant, le plus ancien producteur de vin des États-Unis (sans interruption) est la Brotherhood Winery qui a ouvert ses portes en 1839 dans la Hudson Valley, dans l'État de New York. Par ailleurs, le deuxième plus grand producteur des États-Unis, Canandaigua Wine Company, a son siège dans les Finger Lakes. New York est donc le deuxième producteur de vin du pays.

La plus importante zone est de loin celle des Finger Lakes, dans l'ouest de l'État. Quatre grands lacs y tempèrent le climat. Cette zone AVA produit environ 85 % de tous les vins de l'État de New York. Les deux autres zones importantes sont la Hudson Valley (le long de la rivière Hudson au nord de New York City) et l'île de Long Island qui offre deux zones AVA : North Fork of Long Island (la plus importante) et Hamptons dans la branche sud de l'île.

Le Canada viticole

Si vous demandez à un amateur de vin ce qu'il pense des vins canadiens, vous risquez d'obtenir un long silence. Les vins canadiens sont d'abord connus par les Canadiens eux-mêmes qui consomment pratiquement toute leur production.

Des quatre provinces qui produisent du vin, celle de l'Ontario est largement la plus importante puisqu'elle produit 80 % du total. La deuxième province est la Colombie-Britannique, les deux autres étant le Québec et la Nouvelle-Écosse.

Pour permettre l'identification et la promotion des vins qui sont issus totalement de cépages locaux (car certains chais canadiens importent du vin d'autres pays pour les mélanger à leur production locale), les provinces de l'Ontario et de la Colombie-Britannique ont mis en place un système d'appellation nommé VQA (*Vitner's Quality Alliance*). Ce système définit les modalités d'utilisation des noms de province sur les étiquettes, les cépages autorisés (des variétés de *vinifera* et certains hybrides), l'utilisation des termes *Icewine* (vin de glace), *Late Harvest* (vendanges tardives, voir l'Allemagne au chapitre **15**) et *Botrytised*. De plus, ce label oblige les vins à passer un test de dégustation.

DANS CE CHAPITRE

Extra-dry signifie demi-sec !

Pour juger de la qualité d'un vin mousseux

Différences entre champagne et méthode champenoise

La variété des vins mousseux

Chapitre 18

Beautés pétillantes

Dans l'univers des vins, les mousseux forment une galaxie à eux seuls. On en produit dans presque tous les pays viticoles du monde et ils sont offerts dans une vaste gamme d'arômes, de niveaux de qualité et de prix. Le champagne, ce mousseux provenant de la région de Champagne en France, est l'étoile la plus brillante de la galaxie, mais ce n'est pas la seule.

Ce qui distingue les vins mousseux des autres vins est la présence de bulles, de gaz carbonique. Dans la plupart des pays, la législation édicte que ces bulles doivent avoir une origine naturelle, conséquence de la fermentation, pour que le vin soit officiellement considéré comme mousseux.

On produit du vin mousseux partout dans le monde. Dans certains lieux, les vins mousseux sont en croissance et incarnent la réalité viticole de la région.

Depuis une dizaine d'années, la consommation de vins effervescents augmente beaucoup plus vite que celle des vins tranquilles.

Cette liste des lieux propices à la production de vins mousseux commence par la région de Champagne (c'est d'ailleurs là, sous de nombreux aspects, que le vin mousseux a été *inventé*). D'autres zones d'excellence sont celles d'Asti en Italie, la vallée de la Loire, l'Alsace, le Diois, le nord-est de l'Espagne et certaines zones de la Californie. Et voici venir l'Australie, l'Afrique du Sud et le Royaume-Uni.

Au frais dès la naissance !

La majorité des régions productrices de mousseux sont très fraîches et ne permettent pas une maturité suffisante pour la production de vins tranquilles (non mousseux). Dans ces régions, si l'on tente de vinifier pour faire du vin de table, il sera très acide, âpre jusqu'au désagréable et manquera de corps, les rouges manqueront de couleur. Le processus complexe de production des grands mousseux (nous parlons de la méthode traditionnelle, décrite plus loin, telle qu'elle est pratiquée en Champagne) transforme les inconvénients en avantages. Une magie qui transforme les vilains canards que sont ces grappes frigorifiées en cygnes d'un raffinement extrême.

Tout ce qui brille n'est pas du champagne

Le véritable champagne est le modèle classique dont s'inspirent les autres vins mousseux, pour de nombreuses raisons :

» Le champagne est le vin mousseux le plus connu au monde ; son nom est compris instantanément par toutes les populations et pas seulement par les amateurs de vin ;

» Le champagne montre une finesse et une qualité qu'aucun autre vin effervescent n'a su égaler ;

» Une technique originale de production de mousseux a été inventée dans la région de Champagne ;

» **Les champagnes sont non seulement considérés comme les meilleurs vins mousseux du monde, mais ils font également partie des vins les plus fins du monde en général.**

Attention

Toutes ces raisons sont largement suffisantes pour que le nom *champagne* soit exploité abusivement pour toutes sortes de vins pétillants qui ne sont pas produits dans la région de Champagne. S'il y est autorisé, un producteur de vin désirera utiliser de préférence le mot *champagne* pour assurer de meilleures ventes à ses produits ; les consommateurs eux-mêmes utilisent dans certains pays le mot *champagne* pour n'importe quel vin mousseux.

Au sein de l'Union européenne, seuls les vins de la région de Champagne, en France, peuvent porter ce nom.

Attention

Comble de l'ironie, la majorité des vins mousseux vendus aux États-Unis sous le nom « champagne » ne sont même pas produits selon la méthode champenoise. La plupart de ces imitations emploient une technique qui permet de produire le vin en quelques mois (alors qu'il faut plusieurs années pour le champagne) ; cette méthode est plus économique pour le producteur et elle permet plus facilement son industrialisation.

À retenir

Lorsque nous utilisons le terme *champagne*, nous voulons parler du véritable champagne de la région qui porte le même nom. Pour parler collectivement de tous les vins pétillants, nous utilisons le terme vins mousseux, que nous utilisons également pour tous les *vins mousseux* autres que le champagne.

Les styles de vins mousseux

Les vins mousseux sont presque toujours soit blancs, soit rosés (le rosé rencontre un succès croissant). C'est quasiment la seule généralisation que nous pouvons faire au sujet des mousseux.

En effet, certains mousseux sont franchement doux, d'autres sont secs comme de la pierre et d'autres encore se situent entre le demi-sec et le demi-doux. Certains offrent des arômes de grillé et de noisette et d'autres sont fruités, certains ne renvoient qu'une vague image du raisin alors que d'autres délivrent de délicates nuances de citron, de pomme, de cerise, de baies sauvages, de pêche, etc.

Truc

Tous les mousseux du monde se classent dans l'une des deux catégories suivantes en fonction de leur mode de production :

» **Les vins qui expriment d'abord le caractère des raisins ; ces vins ont une tendance fruitée et directe, sans offrir épaisseur ni complexité ;**

» **Les vins qui expriment de la complexité et de nombreux arômes (de levure, de biscuit, de caramel, de miel) et résultent de la production et du vieillissement plutôt que directement du raisin.**

Chacun des deux styles correspond à une méthode de production différente. Ces méthodes sont décrites dans la section Méthodes de production des vins mousseux.

Douceur des vins mousseux

Presque tous les vins mousseux sont doux au sens où ils contiennent des quantités mesurables de sucre résiduel, en raison normalement de la liqueur d'expédition qui est mélangée au vin dans la phase finale de production. Pourtant, tous les mousseux n'ont pas nécessairement un goût sucré. Rappelons que la perception de la douceur dépend de deux critères : la quantité réelle de sucre dans le vin (qui dépend du style) et l'équilibre du vin entre acidité et douceur.

C'est cet équilibre qui détermine la douceur effective. Les vins mousseux sont en effet généralement très acides (le raisin n'est pas totalement mûr au moment de la vendange). Le gaz carbonique du vin amplifie cette impression acide dans la bouche. Parallèlement, la douceur du vin estompe son acidité. Selon l'équilibre désiré entre acides et sucres, un mousseux peut être perçu comme sec, très légèrement doux, mi-doux ou franchement doux.

Le champagne est offert dans différents degrés de douceur. Le plus répandu est le sec qui se nomme *brut* (reportez-vous à la section qui suit : Catégories de douceur). Les autres vins mousseux produits par la méthode traditionnelle champenoise (voyez la section qui suit : Méthodes de production des vins mousseux) sont offerts dans les mêmes variétés de douceur que le champagne lui-même.

Truc

Les vins mousseux bas de gamme ont tendance à être moyennement doux afin de plaire à un marché de masse qui apprécie la douceur. Les vins italiens portant la mention *Spumante* sur l'étiquette tendent eux aussi à être doux (voir la section les concernant en fin de chapitre).

Critères de qualité d'un vin mousseux

Lorsque vous dégustez un vin mousseux, le critère essentiel reste de savoir si vous l'aimez, comme pour un vin tranquille. Si vous désirez déguster et analyser un mousseux comme les professionnels, il vous faut tenir compte de quelques critères qui ne s'appliquent pas aux vins tranquilles (ou qui y sont moins déterminants que dans les mousseux). Voici quelques-uns de ces critères :

Truc

» **L'aspect visuel des bulles.** Dans les meilleurs vins mousseux, les bulles sont plus petites et montent en colonnes ininterrompues depuis le fond du verre. Lorsque les bulles sont grosses et apparaissent de manière aléatoire, c'est un indice de faible qualité. Si vous ne voyez pas du tout de bulles, la bouteille peut être défectueuse ou le vin trop vieux.

» **Le choix des verres.** Ils peuvent avoir un impact sensible sur la formation des bulles. Le même mousseux peut sembler plat dans un verre et vif dans un autre. Vous devez pouvoir cependant sentir les bulles au goût, même si vous ne les voyez pas (voir nos conseils au sujet des verres, chapitre **8**) ;

» **Le goût des bulles dans la bouche.** Plus le vin est fin, moins les bulles vont sembler agressives en bouche (Si les bulles vous rappellent une boisson gazeuse, souhaitons que vous n'ayez pas payé plus de 5 € la bouteille.) ;

» **L'équilibre entre douceur et acidité.** Même lorsque vous décidez qu'un vin est trop doux ou trop sec à votre goût, vous devez pouvoir juger de son équilibre entre douceur et acidité ;

» **La texture.** Les mousseux produits selon la méthode traditionnelle devraient offrir une certaine épaisseur par suite de leur longue maturation sur lies. (Ces termes sont décrits dans la section suivante.) ;

» **Le final.** Toute impression d'amertume dans le final d'un vin mousseux est un signe de faible qualité.

Méthodes de production des vins mousseux

À retenir

Un vin devient mousseux lorsque la fermentation est réalisée dans un récipient étanche qui empêche le gaz carbonique (CO_2) produit par le travail des levures de s'échapper. (Le gaz carbonique est un produit naturel secondaire de la conversion du sucre en alcool par les levures.) Ne pouvant s'échapper, ce gaz se dissout dans le vin pour réapparaître plus tard sous forme de bulles.

La plupart des vins mousseux subissent deux fermentations : la première transforme le jus de raisin en vin tranquille (sans bulles) et la seconde fermentation transforme ce vin tranquille en vin mousseux. C'est au producteur de déclencher la seconde fermentation en ajoutant des levures et du sucre dans le vin. Les nouvelles levures convertissent le nouveau sucre en alcool tout en produisant du gaz carbonique.

Truc

Le style et la qualité du vin dépendent de la méthode employée pour maintenir le gaz carbonique dans le vin. Pour l'essentiel, plus le processus est lent, plus le vin sera complexe et coûteux. Il faut dix ans pour produire certains mousseux et quelques mois pour d'autres. Les prix des vins mousseux sont donc extrêmement variables.

En écartant les nombreuses variations de détail, la plupart des mousseux sont produits selon deux procédés : soit la seconde fermentation est réalisée dans une cuve, soit elle est réalisée dans la bouteille.

Une économie d'échelle...

La méthode la plus rapide et la plus efficace pour produire un mousseux consiste à réaliser la seconde fermentation dans de grandes cuves étanches à l'air. Cette méthode de cuve close a été inventée par le Français Eugène Charmat au début du xxe siècle.

Les vins produits selon la méthode Charmat sont en général très bon marché, car ils peuvent être vendus peu de temps après les vendanges et sont produits par milliers de litres à la fois. De plus, les cépages généralement utilisés avec la méthode Charmat (Chenin Blanc, par exemple) sont souvent bien moins chers que les seigneurs Pinot Noir et Chardonnay auxquels on fait appel dans la méthode champenoise décrite plus loin.

L'ensemble du processus peut être réalisé en quelques semaines. Dans de rares cas, il s'étale sur plusieurs mois afin de laisser le vin se reposer entre fermentation et filtrage.

... ou une échelle pour le paradis ?

La méthode traditionnelle consiste à effectuer la seconde fermentation dans des bouteilles identiques à celles dans lesquelles le vin sera ensuite vendu.

Le champagne est produit de cette manière depuis plus de trois siècles et la législation française interdit qu'il en soit autrement. De nombreux autres vins mousseux français sont produits de la même manière et c'est également le cas des meilleurs mousseux d'Espagne, de Californie et d'autres pays.

La technique qui consiste à réaliser la seconde fermentation en bouteille se nomme méthode champenoise lorsqu'il s'agit de champagne et méthode traditionnelle pour les mousseux (les Champenois ont voulu protéger leur nom).

Cette seconde fermentation en bouteille est un procédé complexe puisque chaque bouteille devient une cuve de fermentation individuelle. Le processus dure au minimum un an, mais trois années sont une pratique courante. Il est inéluctable que les vins mousseux produits selon cette méthode soient plus chers que ceux produits par celle de la cuve close.

L'élaboration du champagne

Conseil

On vendange habituellement à la mi-octobre en Champagne, encore que selon les conditions climatiques du millésime les vendanges peuvent commencer dès le mois d'août, ou au mois de novembre seulement. Bien qu'on utilise maintenant des pressoirs horizontaux, pneumatiques ou hydrauliques, le plus apprécié reste un petit pressoir vertical, peu profond, d'une capacité de 4000 kilos. Le raisin garde ses rafles au pressurage, ce qui favorise l'écoulement du jus. Ce pressurage doit s'effectuer rapidement, en particulier avec le Pinot Noir, dont les matières colorantes contenues dans les peaux risquent de donner au moût une couleur indésirable. Chaque lot de 4000 kilos de raisin s'appelle un marc, et un marc ne doit pas donner plus de 2550 litres de moût. Le premier pressurage en extrait 2050 litres qu'on appelle la cuvée et qui donne le moût de meilleure qualité, le second pressurage en extrait 500 litres qu'on appelle la taille.

Les tailles étant de qualité inférieure à la cuvée, bon nombre de maisons déclarent ne jamais les utiliser dans leurs champagnes et préfèrent les vendre aux firmes spécialisées dans les marques dites d'acheteur.

La première fermentation alcoolique. La première fermentation du champagne donne un vin sec tranquille, très acide au goût, de caractère quelconque. Comme pour le Porto, le vin de base ne doit pas être équilibré, car seul le produit fini acquiert une harmonie véritable. Autrefois, la première fermentation se faisait dans des fûts de chêne, mais les cuves en acier inoxydable les ont aujourd'hui remplacés dans une large mesure, encore que certaines maisons, parmi les plus réputées, de même que plusieurs milliers de récoltants-manipulants, continuent de faire fermenter tout ou partie de leur vin en fût.

La fermentation malolactique. Le champagne subit normalement ce qu'on appelle une fermentation malolactique, laquelle n'est pas à proprement parler une fermentation, mais plutôt un processus biochimique, qui transforme l'acide malique en acide lactique. Les vins fermentés en fût sont généralement mis en bouteilles avant que cette fermentation n'ait commencé, car il est difficile de la mener à bien dans le bois et on considère qu'elle ne se produit ensuite pas en bouteille. Un champagne qui n'a pas subi de transformation malolactique est souvent de caractère austère et difficile à apprécier avant sa pleine maturité ; en revanche, il restera à son apogée bien plus longtemps qu'un autre champagne.

L'assemblage. L'assemblage est une opération cruciale et minutieuse qui demande de grandes compétences. Assembler un champagne d'une maison donnée, à partir parfois de soixante-dix vins, dont chacun change de caractère d'une année sur l'autre, relève de l'exploit. Même un champagne millésimé demande à être assemblé de façon à rendre à la fois la qualité et le caractère du millésime, mais aussi le style de la maison.

La deuxième fermentation ou prise de mousse. Une fois que le vin assemblé a subi son dernier soutirage, on y ajoute la liqueur de tirage, un mélange de champagne tranquille, de sucre et de levures sélectionnées. La quantité de sucre ajoutée dépend du degré d'effervescence souhaité et de la quantité de sucres naturels que contient le vin. Après avoir reçu la quantité adéquate de liqueur, les vins sont mis en bouteilles et bouchés provisoirement. On utilisait autrefois un bouchon en liège retenu par une agrafe, mais aujourd'hui on emploie une capsule couronne (comme on le fait pour la bière), qui tient en place un bouchon en plastique destiné à recueillir les sédiments laissés par la seconde fermentation. Les vins sont alors emmagasinés dans les caves les plus profondes, souvent dans les célèbres crayères, des carrières creusées par les Romains. Dans la fraîcheur de ces caves, la fermentation se fait très lentement, ce qui donne des vins aux propriétés très aromatiques, aux saveurs complexes et aux bulles minuscules. Le gaz carbonique reste prisonnier du vin et c'est uniquement quand la bouteille est débouchée qu'il pourra s'en échapper, se précipitant à la surface sous forme de bulles. C'est cette seconde fermentation que l'on appelle prise de mousse.

Le remuage. Lorsque la seconde fermentation est achevée, ce qui peut demander de dix jours à trois mois, les bouteilles sont rangées sur des pupitres, de lourdes planches rectangulaires articulées et comportant 60 trous. Celles-ci permettent de tenir les bouteilles par le goulot à une inclinaison variable de l'horizontale à la verticale. Le remuage consiste alors à faire tourner chaque bouteille pour amener les dépôts dans son col. Cette opération, effectuée manuellement, demande environ huit semaines, mais elle est désormais presque toujours assurée par des équipements informatisés qui gèrent des palettes de 500 bouteilles et font le même travail en huit jours.

Le vieillissement du vin. Après le remuage, bon nombre de bouteilles vieilliront pendant un certain temps avant que le dépôt ne soit ôté. Ce laps de temps est d'un an (à partir du mois de janvier qui suit la récolte) pour les champagnes non millésimés, et de trois ans pour les champagnes millésimés. Plus le champagne vieillit, meilleur il est, car le dépôt contient des cellules de levure mortes dont la décomposition progressive donne au champagne sa saveur et son bouquet particuliers. Ce processus qu'on appelle autolyse contribue dans une large mesure à la qualité des cuvées de prestige.

Le dégorgement. Le dégorgement consiste à ôter le dépôt qui s'est formé dans le bouchon en plastique retenu par la capsule. On plonge le goulot de la bouteille dans un bain de saumure à -25 °C, ce qui fait adhérer le dépôt à la base du bouchon en plastique. On peut ainsi retourner la bouteille sans agiter le dépôt. On retire alors la capsule et le dépôt se trouve éjecté par le gaz sous pression. La quantité de vin perdu est faible, car la glace réduit la pression.

La liqueur d'expédition. Avant le bouchage, les bouteilles sont complétées avec la liqueur d'expédition, qui peut comporter une petite quantité de sucre. Plus le vin est jeune, plus le dosage de sucre est fort pour équilibrer l'acidité. Un beau champagne a besoin d'être acide, car c'est l'acidité qui communique la saveur au palais à travers l'effet tactile de milliers de bulles qui éclatent. Mais cette acidité s'arrondit avec l'âge et plus le champagne est vieux, moins il a besoin de sucre.

Le bouchage. L'étape suivante consiste à boucher les bouteilles à la machine. Une capsule métallique protectrice est placée sur le bouchon de liège, lequel prend sa forme caractéristique de champignon sous l'effet de la pression. Un fil métallique fixe l'ensemble, après quoi on agite automatiquement la bouteille pour mélanger le vin et la liqueur. Les meilleures cuvées sont en général gardées quelque temps pour que la liqueur se marie au vin. Un bon champagne mérite toujours d'être gardé une année ou deux avant d'être bu.

Le goût : fruité ou souplesse

Les mousseux produits en cuve close ont une tendance naturelle à être plus fruités que ceux produits selon la méthode traditionnelle. Dans la cuve, la route menant du raisin au vin est plus courte et plus directe que celle passant par la bouteille. Les producteurs adoptent donc la méthode Charmat (de cuve close) lorsque leur objectif est de produire un vin fruité. Le plus fameux mousseux d'Italie, l'Asti (anciennement appelé Asti Spumante), en est un exemple parfait. Les mousseux de cave close sont à consommer jeunes, lorsque leurs arômes fruités sont les plus intenses.

Les mousseux produits par seconde fermentation en bouteille sont donc moins fruités, car les modifications chimiques qui se produisent par l'interaction avec les lies de fermentation affaiblissent les saveurs fruitées au profit d'arômes et de saveurs de grillé, de noisette, de caramel ou encore de levure. La texture du vin évolue également en vieillissant sur les lies et offre de plus en plus de souplesse et de velouté. Les bulles diminuent en diamètre et perdent de leur agressivité en bouche.

La Champagne et la magie de ses vins

Champagne ! Quel nom symbolise mieux la fête ? Imaginez : chaque fois que quiconque, n'importe où dans le monde, veut célébrer un événement, il annonce : « Il nous faut du champagne pour fêter ça ! » (« Il nous faut du thé glacé ! » n'a pas vraiment le même effet.)

Le champagne, le vrai, le seul, l'unique, ne peut provenir que de la région champenoise du nord-est de la France. Le célèbre moine qui était maître de chai à l'abbaye d'Hautvillers, Dom Pérignon, n'a peut-être pas inventé le champagne, mais il a formalisé plusieurs procédés qui permettent de produire le champagne tel que nous le connaissons de nos jours. Il a notamment perfectionné la méthode qui permet d'obtenir du vin blanc avec des cépages noirs et il a surtout maîtrisé l'art d'assembler les vins de plusieurs cépages et villages pour obtenir un vin de base complexe (revoir à ce sujet la section précédente).

La Champagne est la zone viticole la plus septentrionale de France. La majorité des grandes maisons de champagne (c'est ainsi qu'on appelle les producteurs dans cette région) sont installées dans la ville de Reims (où Jeanne d'Arc fit sacrer Charles VII roi de France en 1429) et dans la ville d'Épernay, au sud de Reims. Les vignobles principaux se distribuent autour de ces deux villes (trois cépages y sont autorisés, deux noirs et un blanc) :

» **La montagne de Reims,** au sud de Reims, où se trouvent les meilleurs Pinot Noir ;

» **La côte des blancs,** au sud d'Épernay, qui offre les meilleurs Chardonnay ;

» **La vallée de la Marne,** à l'ouest d'Épernay, la plus appropriée au Pinot Meunier (un cépage noir), mais les trois cépages y sont plantés.

Une autre partie du vignoble est située dans l'Aube, au sud-est de Troyes. Il s'agit de la Côte des Bar. Elle est beaucoup moins prestigieuse, mais il y existe d'excellents producteurs élaborant leur propre Champagne avec des très bons rapports qualité-prix. La plupart des champagnes utilisent les trois cépages. Le Pinot Noir donne du corps, de la structure et de la longévité à l'assemblage ; le Chardonnay donne de la finesse, de la fraîcheur et de l'élégance ; le Pinot Meunier offre sa précocité, ses arômes de fleurs et de fruits. Certains utilisent aussi du Pinot Blanc ou d'autres vieux cépages comme l'Arbane ou le Petit Meslier.

Un peu de magie dévoilée

Le climat de la région champenoise comporte des hivers froids et des étés chauds (mais pas trop). Le raisin doit donc se battre pour mûrir suffisamment certaines années. Même dans les années clémentes, les invariants du climat entraînent obligatoirement une forte acidité. Cette forte acidité serait désolante pour des vins tranquilles, mais elle est parfaite pour produire du mousseux.

Ce climat frais, associé à un sol où la craie est omniprésente, est un facteur décisif de l'excellence du champagne.

Trois autres éléments distinguent le champagne des autres vins mousseux :

❶ La quantité et la diversité des vignobles (de l'ordre de trois cents crus, ou vignobles indépendants) qui constituent une vaste palette de choix pour les assemblages ;

❷ Les vastes, profondes et fraîches caves creusées dans la craie (beaucoup d'entre elles à l'époque romaine) dans lesquelles le champagne vieillit pendant plusieurs années ;

❸ Les trois siècles d'expérience des Champenois dans la production du vin mousseux.

Le résultat est un mousseux d'une élégance infinie, peuplé d'une myriade de petites bulles et offrant une complexité d'arômes et une très longue finale. Voilà le seigneur Champagne !

Les champagnes non millésimés

Les champagnes non millésimés, tous ceux qui n'indiquent pas une année sur l'étiquette, représentent 85 % de la production. L'assemblage typique comporte deux tiers de cépage noir (Pinot Noir et Pinot Meunier) et un tiers de cépage blanc (Chardonnay). L'assemblage incorpore des vins de trois vendanges ou plus. Ces vins proviennent de trente ou quarante villages différents pour chaque vendange. Le producteur de champagne est donc par obligation passé maître dans l'art de l'assemblage.

Chaque maison de champagne contrôle ses propres assemblages, créant ainsi un style de la maison pour son champagne non millésimé. Une maison peut ainsi rechercher élégance et finesse, une autre peut vouloir mettre en valeur le fruité et une troisième le corps, la puissance et la longévité. La capacité de maintenir un style constant est un objectif essentiel des producteurs de champagne, car les consommateurs développent des préférences pour certains styles et s'attendent à retrouver ce style année après année dans les champagnes non millésimés d'une maison.

La plupart des grandes maisons de champagne font vieillir leur non-millésimé deux ans et demi à trois ans, même si le minimum légal pour cette catégorie est dorénavant de quinze mois. Le vieillissement supplémentaire prolonge la durée de mariage de l'assemblage, amplifiant ainsi les arômes et la complexité du vin. Dans de bonnes conditions de stockage, vous pouvez encore développer les arômes d'un champagne non millésimé en le gardant un ou deux ans après l'achat.

Truc

La plupart des champagnes non millésimés se vendent entre 15 et 30 €. Certains négociants achètent de grandes quantités de champagne qu'ils revendent sous leur propre marque afin d'offrir des prix attrayants.

Champagnes millésimés

Sur dix ans, quatre ou cinq années offrent un climat suffisant en Champagne pour produire du vin millésimé. Autrement dit, les cépages mûrissent assez pour qu'on puisse produire du vin uniquement à partir des vendanges de cette année sans avoir à recourir aux vins de réserve des années antérieures.

Truc

Un millésime doit être élevé trois ans au moins, mais les grandes maisons le gardent six ans pour mieux affiner ses arômes et sa richesse.

Les producteurs décident chaque année de faire ou non un millésime. Il leur faut garder du liquide pour leur champagne non millésimé (85 % du chiffre d'affaires tout de même). De plus, le candidat au millésime doit cadrer avec le style de ses prédécesseurs dans la même maison. Par exemple, 1989 n'a pas été une mauvaise année du tout; pourtant, peu de maisons firent du millésimé (trop peu acide, ou trop rapide à mûrir).

Les champagnes millésimés entrent dans deux catégories :

- **Les millésimes normaux qui se vendent entre 20 et 60 € la bouteille; l'étiquette mentionne l'année ainsi que le nom de la maison; reportez-vous à la liste des producteurs de champagne recommandés, plus loin dans ce chapitre;**
- **Les grands millésimes (souvent intitulés *cuvée de prestige* ou *tête de cuvée*) tels que le Dom Pérignon de Moët & Chandon, le Cristal de Roederer ou encore La Grande Dame de Veuve Clicquot; les prix de ces cuvées prestige débutent autour de 70 €, mais dépassent souvent 150 € voire beaucoup plus pour certaines.**

Les champagnes millésimés sont nécessairement meilleurs que les non-millésimés pour quatre raisons :

❶ **On n'utilise pour les millésimés que les meilleurs raisins des meilleurs vignobles (la sélection est encore plus fine pour les cuvées de prestige);**

❷ **En général, on ne choisit que les deux cépages les plus fins (Pinot et Chardonnay) pour les millésimés, le Pinot Meunier étant réservé aux non-millésimés;**

❸ **La plupart des maisons font vieillir les champagnes millésimés au moins deux ans de plus que les autres, ce qui amplifie encore la complexité de leurs arômes;**

❹ **Tous les raisins proviennent de la même année, qui doit donc être une année au-dessus de la moyenne, voire exceptionnelle.**

Truc

Les champagnes millésimés offrent des arômes très intenses, ils ont plus de corps, plus de complexité et une plus longue note finale. Cette forte présence leur permet d'accompagner aisément les repas. Les champagnes non millésimés, plus légers, plus frais et moins complexes, sont parfaits en apéritif et ce sont de très bons achats. C'est à vous de décider à chaque occasion si elle mérite la différence de prix d'un millésimé.

Les millésimes de champagne inoubliables

Éric Beaumard

Dans les années 1980, les millésimes 1982, 1988 et 1985 ont été remarquables. Peut-être en trouverez-vous encore !

Les années 1990 comptent quatre millésimes intéressants : 1990, 1992, 1996 et 1998. Peut-être en trouverez-vous encore.

Dans les années 2000, les millésimes 2000, 2002, 2006 et 2008 sont également à rechercher dans les bonnes maisons.

Plus près de nous, 2012 est riche et opulent. C'est le plus glamour de ces 10 dernières années. 2013 est méconnu. Il révèle une tension remarquable. C'est un millésime de garde. 2015 et 2016 sont riches et opulents, rappelant le 1995. 2017 est une nouvelle grande référence surtout pour les 100 % chardonnay.

Les blancs de blancs et blancs de noirs

Une faible proportion de champagne est produite en utilisant un seul des trois cépages autorisés, le Chardonnay. Ce type de champagne se nomme *blanc de blancs* (un vin blanc issu de raisins blancs). Il peut être millésimé ou non et coûte en général plus cher. Étant plus léger et plus délicat que les autres champagnes, le blanc de blancs est idéal pour l'apéritif. Les blancs de blancs sont surtout présents chez les maisons et producteurs très implantés sur la Côte des Blancs (le chardonnay y règne en maître).

Focus

Il existe aussi, mais il est plus rare, du *blanc de noirs* (produit uniquement avec du Pinot Noir ou Meunier). Le blanc de noirs *Vieilles Vignes françaises* de Bollinger (produit uniquement avec des vignes non greffées de Pinot Noir) est absolument le meilleur, mais il coûte très cher (plus de 700 €). Le blanc de noirs Bollinger 1985 est un des meilleurs champagnes que nous ayons pu goûter ; l'autre était le Krug 1928.

Qui boit tout ce champagne ?

Désormais, 52 % de la production de champagne est exportée. Le Royaume-Uni est le premier marché à l'exportation en volume devant les États-Unis, le Japon, l'Allemagne et la Belgique. Mais ce sont les États-Unis qui achètent la plus grande quantité de champagne en cuvée de prestige, notamment le Dom Pérignon. De fait, ils sont le premier pays importateur de champagne en valeur.

Les champagnes rosés

Le champagne rosé est le seul vin européen qui peut être obtenu par assemblage de vin blanc et de vin rouge. Les champagnes rosés peuvent être millésimés ou non et se basent normalement sur le Pinot Noir et le Chardonnay en proportions variables d'une maison à l'autre. Le rosé est généralement produit en ajoutant un peu de vin rouge Pinot Noir à l'assemblage du vin de base, mais quelques maisons vinifient directement des raisins rouges en vin rosé. La couleur va de la pelure d'oignon au rouge saumon.

Les champagnes rosés sont plus pleins et plus ronds que les autres et accompagnent bien les repas.

Focus

Le premier champagne rosé commercialisé fut produit en 1777 par Clicquot. Tout comme les blancs de blancs, les champagnes rosés coûtent plus cher que les champagnes classiques. Parmi les meilleurs rosés, citons ceux de Roederer, Billecart-Salmon, Deutz, Gosset et Moët & Chandon (le Dom Pérignon rosé, Lallier, Devaux).

Catégories de douceur

Attention

L'étiquette d'un champagne indique toujours la catégorie de douceur, mais les mots utilisés peuvent être trompeurs au premier abord : *extra-dry* n'est par exemple pas le champagne le plus sec. Voici les catégories de douceur du champagne, du plus sec au plus doux :

» **Extra-brut :** moins de 6 g de sucre résiduel par litre ; s'il a moins de 3 g, il peut utiliser les mentions brut nature, dosage zéro ou non dosé

» **Brut :** moins de 12 g

» ***Extra-dry* :** entre 12 et 17 g

» **Sec :** entre 17 et 32 g

» **Demi-sec :** entre 32 et 50 g

» **Doux :** plus de 50 g.

Le style de champagne le plus vendu (et c'est le cas des autres vins mousseux de grande classe) est le brut. Cependant, le champagne le plus vendu aux États-Unis (le Moët & Chandon White Star) est un *extra-dry*. Les trois styles que l'on rencontre quasiment partout sont le brut, l'*extra-dry* et le demi-sec.

Truc

Le blues du réfrigérateur

Ne laissez pas votre champagne, ni aucun autre mousseux, dans le réfrigérateur au-delà du lendemain ! Il perdra toutes ses bulles et l'intensité de ses arômes à cause de la température trop froide ; enfin, les vibrations du moteur du réfrigérateur ne sont pas appréciées par les mousseux, ni d'ailleurs par aucun vin (voir chapitre **23**).

Notre sélection de producteurs de champagne

Le commerce du champagne, notamment à l'exportation, est dominé par une trentaine de grandes maisons, la plupart d'entre elles achetant l'essentiel de leurs raisins auprès d'une kyrielle de vignerons indépendants. Ces derniers détiennent 90 % du vignoble. Seules les maisons Roederer et Bollinger possèdent l'essentiel des vignobles dont elles tirent leurs vins, ce qui constitue à leurs yeux un avantage tant au point de vue économique qu'au niveau du contrôle de la qualité.

Truc

Un champagne est donc soit produit par une maison de champagne qui a acheté la plus grande partie des raisins, soit produit par un vigneron indépendant (on l'appelle alors champagne de vigneron), soit par une coopérative. Sur l'étiquette, des codes en petits caractères indiquent l'origine du vin (par exemple NM pour négociant-manipulant, RM pour récoltant-manipulant, CM pour coopérative de manipulation).

Parmi les maisons de champagne les plus réputées, citons : Ayala, Billecart-Salmon, Bollinger, Charles Heidsieck, Delamotte, Deutz, Gosset, Henriot, Jacquesson, Krug, Lanson, Laurent Perrier, Moët & Chandon, Mumm, Perrier-Jouët, Philipponnat, Pol Roger, Louis Roederer, Ruinart, Salon, Taittinger, Veuve Clicquot.

Parmi les producteurs : Selosse, Drappier, De Sousa, Diebolt-Vallois, Peters, Egly-Ouriet, Marie-Noëlle Ledru, Pierre Gimonnet, Guy Charlemagne, Cazals, Larmandier-Bernier, Tarlant, Fleury.

Parmi les coopératives : Devaux, Pannier, Mailly.

Focus

Cette autre liste présente les cuvées de prestige les plus intéressantes des maisons de champagne. Pour les goûter, il faut en général être prêt à dépenser une centaine d'euros voire beaucoup plus.

» **Krug :** Clos du Mesnil, Clos d'Ambonnay

» **Louis Roederer :** Cristal

» **Bollinger :** Vieilles Vignes françaises

» **Moët & Chandon :** Dom Pérignon

» **Veuve Clicquot :** la Grande Dame

» **Philipponnat :** Clos des Goisses

» **Pol Roger :** Cuvée Sir Winston Churchill

» **Taittinger :** Comtes de Champagne

» **Laurent Perrier :** Grand Siècle

Explorez les champagnes de vignerons

Éric Beaumard

Ce sont des champagnes élaborés par le vigneron lui-même (la plupart des vignerons livrent leurs raisins à une grande maison de Champagne ou à une coopérative). Ce sont des propriétés à taille humaine, le rapport est plus fort entre la vigne, le paysage et l'homme. Le style varie plus d'une année sur l'autre, ce qui justement est évité dans les cuvées des grandes maisons (c'est leur avantage). Avec ces champagnes, on va être sensible aux variations de style nées de chaque millésime, c'est source d'une émotion.

Mes suggestions : Chartogne-Taillet, Agrapart, Diebolt-Vallois, Ulysse Colin, Jean-Marc Sélèque, Pierre Paillard, Frédéric Savart, Mouzon-Leroux & fils.

Les autres vins mousseux

Tout autour du monde, on a adopté la méthode champenoise pour produire des vins pétillants. Pourtant, le résultat est différent. La conduite de la vigne très spécifique pratiquée en Champagne et le terroir sont en partie la cause de cette différence. De plus, certains producteurs vont jusqu'à ne pas même utiliser les cépages officiels du champagne. Et d'autres s'éloignent encore un peu plus de leur cible en adoptant la méthode de fermentation Charmat.

Les vins mousseux de France

Apparue au VIIIe siècle, la Clairette de Die est un des plus anciens vins effervescents. Elle est produite dans la région de la Drôme. La France produit de nombreux autres vins mousseux en dehors du champagne, notamment dans la vallée de la Loire, autour de Saumur et à Vouvray, ainsi qu'en Alsace et en Bourgogne. C'est aussi une tradition dans le Sud-Ouest, à Gaillac. Certains producteurs en élaborent même s'il n'y a pas d'appellation correspondante dans leur région, par envie d'élargir leur gamme de vin et de relever un défi technique.

Lorsque le mousseux est produit selon la même méthode que celle du champagne, on parle de méthode traditionnelle (seconde fermentation en bouteille). C'est ainsi que sont produits les crémants en France, selon un cahier des charges spécifique. En France, il y a huit appellations d'origine contrôlées de crémants : crémant d'Alsace, crémant de Bordeaux, crémant de Bourgogne, crémant de Die, crémant du Jura, crémant de Limoux, crémant de Loire et crémant de Savoie. Les cépages utilisés peuvent différer d'une région à l'autre.

Ces dernières années, motivés sans doute par le succès toujours plus grand du champagne, nombre de producteurs de crémants ont amélioré la qualité de leur production (notamment en Alsace, Jura, Loire et Bourgogne). Résultat : certains crémants n'ont rien à envier à certains champagnes.

Lorsque le vin est mis en bouteille avant la fin de la fermentation on parle de méthode ancestrale. Le vin achève sa fermentation dans la bouteille. Selon le taux de sucre qui reste à la fin de la fermentation (sucres résiduels non transformés en alcool), il est brut, demi-sec ou doux. C'est la méthode utilisée à Gaillac pour faire le Gaillac méthode ancestrale. Ce vin AOP, uniquement issu du cépage Mauzac, a des arômes caractéristiques de pomme verte et de fleurs blanches. C'est un vin idéal pour les apéritifs et les desserts légers aux fruits ou aux amandes. La Clairette de Die, issue des cépages Muscat et Clairette, est élaborée de la même façon.

Snobs

Un Pet'Nat pour la soif

Le Pétillant naturel ou Pet'Nat fait fureur dans certains bars à vins ou chez certains cavistes. C'est tout simplement un vin pétillant élaboré selon le principe de la méthode ancestrale et selon le principe des vins nature (voir chapitre **1**). Fruités et désaltérants grâce aux bulles, les pétillants naturels ont le côté décontracté et spontané que le champagne et les crémants n'ont pas. Ils ne cherchent pas d'ailleurs à rivaliser avec eux. Ils sont plutôt sur le même registre que la bière.

Les vins mousseux des États-Unis

Presque tous les États viticoles sont producteurs de vins mousseux, mais les deux plus fameux sont la Californie et New York. Les vins mousseux produits par les maisons de champagne françaises ont eu un succès notable en Californie. Les Espagnols se sont aussi installés (Freixenet, Cordoniu).

Attention

Les vins mousseux de Californie sont absolument différents de ceux de la Champagne, même lorsqu'ils sont produits par une maison de champagne avec les mêmes méthodes et les mêmes cépages qu'en Champagne (la saveur est plus fruitée).

La plupart de ces mousseux de Californie ne portent pas l'indication de *champagne* alors que les mousseux bon marché de consommation de masse n'hésitent pas à le faire. Un des vins mousseux les plus vendus aux États-Unis qui porte le nom de *champagne* est le Korbel. C'est le seul qui a subi une fermentation en bouteille.

Les vins mousseux espagnols (Cava)

Si vous cherchez un vin mousseux à moins de 8 € la bouteille, voyez aussi du côté des Cavas espagnols, dont la plupart sont produits dans la région de Penedès, en Catalogne, près de Barcelone.

Le *Cava* est produit selon la méthode traditionnelle de fermentation en bouteille. Il utilise en général des cépages espagnols, ce qui donne des arômes très différents de ceux de Californie et de Champagne (d'agréables saveurs de champignon). Les plus grandes cuvées de Cava contiennent cependant du Chardonnay.

Truc

Deux chais géants dominent toute la production : Freixenet et Cordoniu. L'aspect particulier de la bouteille de Cordon Negro de Freixenet la rend aisément reconnaissable. Deux de nos Cavas favoris sont le Marques de Monistrol et le Juve y Camps. Voyez également du côté de Mont Marçal, Paul Cheneau et Segura Viudas.

Les vins mousseux allemands (Sekt)

L'Allemagne produit de grandes quantités de vins mousseux, appelés *Sekt*, qui sont essentiellement consommés en Allemagne même. La méthode de cuve close (méthode Charmat) est employée ; le style des vins est donc frais et fruité. Les cépages sont le Riesling (pour les meilleurs) et le Müller-Thurgau.

Les vins mousseux italiens : secs et doux

Le mot *spumante* signifie simplement mousseux en italien. Il est devenu l'emblème des nombreuses imitations douces et fruitées, italiennes ou non, de l'authentique mousseux italien nommé *Asti Spumante*.

Truc

Le véritable Asti (ses producteurs ont fini par abandonner le second mot, pour éviter des confusions) est un vin mousseux délicieusement fruité jusqu'à l'exubérance, originaire du Piémont et basé sur le cépage Moscato selon la méthode de cuve close. C'est un mousseux qui se boit aisément avec les desserts (parfait avec un gâteau de mariage !). La fraîcheur est essentielle dans l'Asti et il faut essayer de trouver une marque qui se vende beaucoup (l'Asti n'étant pas un vin millésimé, il n'y a pas d'autre solution). Nous recommandons Fontanafredda, Cinzano, Gancia et Martini & Rossi.

Focus

Si vous désirez l'arôme de l'Asti avec moins de bulles, essayez le *Moscato d'Asti*, un vin demi-sec délicat et délicieux, qui convient tant à l'apéritif qu'au dessert ou au brunch (moins de 7 % d'alcool). Vietti en produit un correct nommé Cascinetta. Ici aussi, la fraîcheur est essentielle. Pour le Moscato d'Asti, laissez le millésime vous guider en recherchant le plus jeune que vous puissiez trouver.

L'Italie produit également plusieurs vins mousseux secs selon la méthode traditionnelle dans les zones viticoles d'Oltrepò-Pavese et de Franciacorta en Lombardie et dans le Trentin. Ils sont vendus sous le nom de Franciacorta. Les mousseux secs d'Italie sont franchement secs, avec peu ou pas de dosage final. Vous en trouverez à tous les prix.

Truc

L'effervescent italien le plus connu est désormais le Prosecco. Il doit son incroyable succès à son utilisation dans un cocktail (le spritz), mais aussi à son prix très doux. C'est désormais l'un des mousseux les plus exportés au monde. Il est produit en Vénétie et dans le Frioul. Son cépage principal est le Glera. Il est élaboré selon la méthode de la cuve close. La qualité est extrêmement variable. Ceux de la zone de Conegliano Valdobbiadene sont les plus réputés. Le Prosecco est plus ou moins sucré. Le brut est le moins sucré, le dry est doux, l'*extra-dry* est entre les deux. Il développe des arômes assez fruités de poire, pomme et agrumes.

Le service du champagne et des mousseux

Les mousseux se boivent normalement froids à environ 7 à 8 °C, bien que certains le préfèrent un peu moins frappé à 11 °C. Nous-mêmes le préférons bien froid : c'est ainsi que le vin garde le mieux son effervescence. Les champagnes vieux et millésimés sont plus complexes et peuvent être servis plus chambrés.

Attention

Ne laissez jamais une bouteille de mousseux ouverte sur la table sans la placer dans un seau à glace (moitié eau froide, moitié glace), car le vin se réchauffe très vite. Utilisez un bouchon à champagne pour garder sa mousse si vous avez besoin de laisser la bouteille au réfrigérateur jusqu'au lendemain.

Si vous préparez une fête, sachez que la taille idéale pour le champagne est le magnum, qui équivaut à deux bouteilles. Le vin vieillit plus lentement dans cette grande bouteille. Le magnum (parfois le Jéroboam, ou 3 l) est la taille maximale dans laquelle le champagne est produit. Toutes les bouteilles de plus grande taille ont reçu le champagne en fin de parcours ; le vin n'y est donc pas aussi frais que dans le magnum ou la bouteille normale.

Invitez le champagne à table !

Éric Beaumard

Si ses bulles et sa vivacité font merveille à l'apéritif, le champagne est aussi un vrai vin qui accompagne merveilleusement bien certains plats.

Essayez par exemple :

- En entrée, un champagne blanc de blancs très minéral sur les fruits de mer.
- Un champagne blanc de noirs sur les volailles, les ris de veau et les viandes blanches.
- Un champagne d'une quinzaine d'années sur un risotto.
- Un champagne rosé sur de l'agneau.
- Des vieux champagnes rosés sur des petits gibiers à plume ou du chevreuil.
- Un champagne blanc de blancs bien charnu sur des fromages à pâte cuite et sur toutes les préparations feuilletées.
- Un champagne rosé avec un dessert à base de fruits rouges.

Attention

Évitez les demi-bouteilles (375 ml) et les quarts (187 ml), car le champagne est rarement bien frais dans ces petits flacons. (Si on vous offre une demi-bouteille de champagne ou d'un autre vin mousseux en cadeau de mariage, ouvrez-la dès que possible ; il est inutile de la conserver dans l'attente d'une occasion adéquate !)

Truc

Ne servez jamais un champagne brut ou extra-brut avec un dessert très sucré. Ces styles sont trop secs et le contraste sera trop brutal. Sur ce genre de desserts, essayez plutôt un vin comme un Asti italien !

Partie 4

La Partie des Dix

NOUS N'IRONS PAS JUSQU'À PRÉTENDRE ÊTRE CE QUE VOUS APPELEZ UN VIGNOBLE DE PRESTIGE. CETTE ANNÉE, L'ESSENTIEL DE NOTRE RAISIN VA SERVIR À PRODUIRE UN BON PETIT VIN D'AVRIL !

Dans cette partie...

Vous trouverez dans cette partie des réponses rapides et des solutions faciles. La prochaine fois qu'un ami prétendra qu'un vin cher est toujours meilleur, que rien ne vaut le vin bio ou qu'il paraît que le champagne ne peut pas vieillir, voyez d'abord les conseils qui suivent.

DANS CE CHAPITRE

Le bon moment pour ouvrir une bouteille

•

Le meilleur millésime

•

Les vins bio et sans soufre

Chapitre 19
Les réponses à dix questions fréquentes sur le vin

Tout au long de nos années d'enseignement œnophile et de conseils aux clients des cavistes, nous avons constaté que les mêmes questions revenaient sans cesse. Voici donc nos réponses.

Qu'est-ce qu'un bon vin ?

Cette question est sans doute la plus fréquemment posée par les clients chez les cavistes. En général, elle signifie pour eux : « Pouvez-vous me recommander un bon vin ? » ce à quoi le vendeur répond généralement par un tir nourri de questions :

» « Vous préférez le rouge ou le blanc ? »

» « Quelle somme comptez-vous dépenser ? »

» « Avez-vous prévu avec quoi vous allez servir le vin ? »

Chaque magasin offre des centaines de bons vins. Il y a vingt ou trente ans, ce nombre était bien moins important, mais les techniques de production et de viniculture ont suffisamment progressé pour qu'il ne reste que très peu de vins de mauvaise qualité dans le commerce. Ce n'est pas pour autant que tous ces vins vont vous satisfaire. Sachez qu'il reste impossible de faire l'économie du face-à-face pour savoir si un vin est bon pour vous. Si vous voulez boire un vin qui vous fasse plaisir, c'est à vous de savoir quelles doivent être les caractéristiques du vin que vous désirez acheter. Demandez alors conseil aux spécialistes.

Quand ce vin sera-t-il bon à boire ?

Combien de fois les cavistes entendent-ils cette question? Pour la plupart des vins, la réponse est simplement « n'importe quand à compter de maintenant ». En effet, la majorité des vins peuvent être bus dès que vous les achetez. La plupart des vins resteront buvables si vous les gardez deux ou trois ans, mais ils ne vont pas se bonifier.

Il en va évidemment autrement des grands vins fins, dits de garde, qui doivent absolument vieillir. En supposant des conditions de stockage correctes (voir chapitre **10**), quelques grandes règles peuvent être indiquées :

» **Les grands bordeaux rouges peuvent être gardés 10 ou 20 ans, voire plus, notamment dans les grands millésimes.**

» **La plupart des bourgognes rouges actuels sont à consommer dans les 10 ou 15 ans (et les moins chers plus tôt). Privilégier toutefois les vins de propriétaires.**

» **Les Barolo, Barbaresco et Brunello di Montalcino peuvent être gardés 20 ou 25 ans dans les bons millésimes.**

» **Les meilleurs bourgognes et bordeaux blancs dans les bons millésimes peuvent se bonifier en 10 ou 15 ans si les conditions de stockage sont correctes.**

Des producteurs recommandés sont indiqués tout au long des chapitres **13** à **17**.

Le vin fait-il grossir ?

Un verre de vin sec contient environ 85 % d'eau, 12 % d'alcool éthylique et de faibles quantités d'acide tartrique et d'autres composants. Le vin ne contient aucune graisse.

La teneur en calories varie en fonction du taux d'alcool et de la douceur du vin. Un verre de 12,5 cl de Champagne apporte environ 90 kilocalories, un verre de blanc sec ou de rosé également autour de 90 kilocalories. Compter plutôt autour de 100 kilocalories pour un vin rouge et 150 kilocalories pour un vin doux. En proportion, les vins sont moins caloriques que les spiritueux : 4 cl de whisky apportent par exemple autour de 100 kilocalories.

Voulue par l'Union européenne dans le cadre de l'étiquetage des produits alimentaires, l'indication de la valeur nutritionnelle des vins sera bientôt obligatoire en principe. La filière Vin milite pour qu'elle soit indiquée par renvoi sur un site Internet. À suivre...

De quel cépage ce vin est-il issu ?

La plupart des vins des nouvelles régions viticoles annoncent la couleur en mentionnant le nom du ou des cépages sur l'étiquette, ce nom servant de nom au vin lui-même (parfois ce nom est mentionné sur l'étiquette arrière). La plupart des vins européens traditionnels sont issus de l'assemblage de plusieurs cépages et n'indiquent pas leurs noms : a) les producteurs pensent que le nom du lieu de production est plus important que celui des cépages ; b) les cépages employés sont locaux et leur nom ne suggérerait pas grand-chose à la majeure partie des clients.

Si vous désirez savoir quels cépages sont utilisés pour le Soave, le Valpolicella, le Châteauneuf-du-Pape, le Rioja, les Côtes du Rhône ou tout autre vin européen d'assemblage, vous vous reporterez à nos chapitres **13** à **15**. En cas de trou de mémoire, sachez que de plus en plus de vignerons apposent une contre-étiquette à l'arrière de la bouteille pour donner plus d'informations sur leur vin, dont la liste des cépages utilisés, voire leur proportion.

Quel millésime doit-on acheter ?

Cette question suppose que vous avez le choix entre plusieurs millésimes pour le même vin. En général, un seul millésime est disponible chez le caviste : le millésime courant.

Pour les vins blancs, le millésime courant correspond à des raisins qui ont été vendangés entre neuf mois et trois ans auparavant ; pour les vins rouges, le millésime courant est âgé d'un à quatre ans selon le vin.

L'exception remarquable à cette règle concerne les bordeaux rouges classés (voir chapitre **13**) ; la plupart des cavistes proposent plusieurs millésimes de ces grands vins. Quelques autres vins fins tels que les bourgognes, les Barolo et les Côtes du Rhône sont également disponibles en plusieurs millésimes, mais plus rarement, car les quantités produites sont faibles et les stocks s'écoulent donc vite.

Un Rioja ou un Chianti Classico rouge peuvent sembler offerts en plusieurs millésimes. Si vous lisez correctement l'étiquette, vous constaterez qu'un millésime d'un Rioja est du type *crianza* (deux ans d'âge) alors qu'un autre indique *reserva* (trois ans) et un autre *grand reserva* (cinq ans) ; ce sont trois vins différents et non trois millésimes du même vin. De même, le Chianti peut être offert dans une version âgée *riserva* et une version non *riserva*.

En général, et pour la plupart des vins, le millésime qu'il faut acheter est celui que vous pouvez acheter, le millésime courant.

Existe-t-il des vins sans soufre ?

Les viticulteurs ajoutent du dioxyde de soufre à différentes étapes de la réalisation du vin, car ce produit permet de stabiliser le vin (cela l'empêche de tourner au vinaigre ou d'être altéré par l'oxygène) et il en protège les arômes. Le dioxyde de soufre est un outil essentiel de la viniculture depuis l'époque romaine. Le soufre est reconnu comme une substance allergène. Un excès de soufre modifie également le goût du vin. Pour ces raisons, la tendance actuelle est de réduire au maximum les apports en soufre, notamment en améliorant la sélection des raisins avant de presser le vin. Certains vignerons essayent même de ne pas en mettre du tout (ou une infime quantité) dans les vignes et lors de l'élaboration du vin. Ils qualifient leurs vins de vins sans soufre ou de vins naturels (ils ne contiennent que le soufre naturellement apparu pendant le processus de fermentation). Réussir ce genre de vin est extrêmement délicat : il faut accepter des rendements généralement très bas, réussir à obtenir des raisins d'une excellente qualité pour éviter que le vin ne dévie ou ne refermente en exhalant de détestables arômes de pomme blette. Il existe presque autant de visions de ce qu'est un vin sans soufre que de vignerons qui en font. Parmi eux, on compte de belles réussites. L'une des plus connues est le Morgon de Marcel Lapierre qui a été l'un des précurseurs de ce mouvement (mais qui fait aussi des cuvées utilisant des sulfites). Les vins peu soufrés sont plus sensibles aux écarts de température (il faut absolument les conserver à moins de 14 °C). Pour cette raison, il arrive qu'ils soient meilleurs chez le vigneron qu'après avoir été transportés ou stockés de façon inappropriée. Consultez le chapitre **1** pour en savoir plus.

Existe-t-il des vins « bio » ?

Jusqu'à une date très récente, le terme de vin biologique était inapproprié, car la législation européenne n'encadrait que la façon de cultiver le raisin et non la façon de le transformer en vin. Un vin portant la mention AB (logo français) ou le logo bio européen (en forme de feuille) était donc un vin issu de raisins cultivés en agriculture biologique.

Mais à partir de la récolte 2012, une réglementation européenne sur la vinification s'applique à ceux qui désirent revendiquer le terme de vin biologique. Elle définit les pratiques et les produits œnologiques autorisés et limite les doses de sulfites permises. En fonction de la teneur en sucre résiduel du vin, les sulfites doivent être inférieurs de 50 mg à 30 mg par rapport aux taux maximaux prévus dans la réglementation générale.

Pour s'affirmer vin biologique, le vin doit afficher sur son étiquette le logo biologique de l'Union européenne et doit être certifié par un organisme officiel. Certains vignerons cultivent leurs vignes et font leur vin sans ajout d'intrants chimiques, mais refusent de rentrer dans le processus de certification qu'ils jugent coûteux et bureaucratique. Ils ne peuvent donc revendiquer leur approche bio que de vive voix, mais en aucun cas de façon officielle. Libre à vous de les croire ou non !

Certains vignerons adoptent des pratiques biodynamiques qui visent à activer les défenses naturelles de la vigne, notamment en favorisant la vie microbienne des sols. Si les vignerons en bio ou en biodynamie s'efforcent de réduire au maximum l'utilisation du soufre, pour la plus grande partie d'entre eux, ils ne sont pas adeptes du sans soufre total. Il ne faut donc pas confondre vin « bio » et vin naturel ou sans soufre.

Snobs

Le vin bio est à la mode, mais n'oublions pas que le vigneron est un élément essentiel dans la naissance d'un vin. Il peut suivre la réglementation bio et faire du mauvais vin s'il n'a pas de talent. Acheter un vin bio, c'est être assuré qu'il a été produit d'une certaine façon, mais ce n'est pas un gage de qualité. Il y a d'excellents vins bio, mais aussi de très mauvais comme il existe d'excellents vins non bio et d'autres exécrables.

Aux États-Unis, le terme **Organic Wine** recouvre différentes réalités. Les vins 100 % Organic sont produits à partir de raisins certifiés bio et n'ont pas eu d'apport en sulfites. Les vins **Organic** ont au maximum 95 % de leurs ingrédients bio, mais certains peuvent utiliser des produits non bio et du dioxyde de soufre à hauteur de 100 ppm. Pour les vins **Made with Organic Grapes**, 70 % maximum d'ingrédients sont bio et le dioxyde de soufre est autorisé.

Que faut-il en conclure ? Selon ce que vous entendez par vin bio, vous pouvez en trouver ou non. Demandez conseil à votre caviste.

Qu'est-ce que le chêne neuf ?

En lisant les revues spécialisées, vous tomberez rapidement sur une remarque indiquant qu'un producteur utilise du chêne neuf pour faire vieillir son vin et qu'il en est fier. Il s'agit de barriques d'environ

220 litres qui servent à la fermentation ou à l'élevage (vieillissement) des meilleurs vins blancs et à l'élevage des meilleurs vins rouges.

La quantité d'arôme et de saveur de chêne qu'une barrique peut transmettre au vin qui y séjourne (et la quantité de tanins) dépend du nombre d'utilisations de la barrique. Dans certaines régions d'Europe, les producteurs utilisent les mêmes fûts de chêne (ou même des cuves et des foudres) pendant vingt ans ou plus avant de les remplacer. Au bout de quelques années, le chêne ne communique plus d'arômes au vin, mais il garde son rôle de lente oxygénation du vin. Il s'agit là de vieux chêne.

Les producteurs qui disent utiliser du chêne neuf pour leurs fûts les remplacent tous les trois ou quatre ans. Pour diminuer le coût de ces remplacements, ils pratiquent une rotation en ne remplaçant que 20 % de leurs fûts chaque année. Leur population de fûts est donc à 20 % issue de chêne neuf, à 20 % de chêne d'un an, de chêne de deux ans, etc. (Il est d'ailleurs conseillé de mélanger les âges des fûts neufs.) Lorsqu'un producteur remplace 20 % de ses fûts de chêne chaque année, il peut également dire qu'il pratique une rotation sur cinq ans de son chêne. S'il remplace un tiers de ses fûts chaque année, il pratique une rotation sur trois ans.

Un bon vin est-il forcément cher ?

Le prix d'une bouteille de vin peut aller de moins de 2 ou 3 euros à plus de 5 000 euros. Certaines bouteilles des vins les plus prestigieux dépassent même allègrement le seuil des 10 000 euros en vente aux enchères ! Des écarts considérables pour ce qui au final n'est que du jus de raisin fermenté.

De multiples facteurs influencent le coût de production d'un vin, mais pas au point d'expliquer de telles différences. Les vins sont soumis à une loi de l'offre et de la demande implacable. Pour les vins très réputés, l'offre est forcément limitée tandis que la demande est alimentée par les amateurs du monde entier auxquels s'ajoutent les spéculateurs. Aucun de ces vins, si excellent soit-il, ne justifie le prix engendré par sa rareté.

Heureusement, les vignobles fourmillent de très bons vins à des prix accessibles. C'est d'ailleurs une activité motivante que de les découvrir lorsque l'on est atteint par la passion du vin ! Un bon vin c'est avant tout le vin que l'on a plaisir à boire.

Quand le moment est-il venu d'ouvrir mon vin vieux ?

Il n'existe hélas pas de réponse précise à cette question, parce que tous les vins vieillissent à leur propre rythme. D'ailleurs, deux bouteilles sœurs (même provenance, même millésime, même barrique), stockées dans les mêmes conditions, peuvent vieillir différemment.

Une fois que vous avez clairement identifié le vin pour lequel la question se pose, vous pouvez obtenir des conseils par les moyens suivants :

» Consultez les commentaires des critiques spécialisés. Ils offrent généralement une liste de dates de maturation optimale des vins qu'ils dégustent ; leur grande expérience est généralement très fiable ;

» Si vous n'êtes pas pressé d'obtenir une réponse, écrivez à une revue spécialisée. Les experts de leur comité de rédaction vous répondent dans le courrier des lecteurs ou par e-mail. Vous pouvez aussi chercher l'information sur des sites spécialisés de vente aux enchères de vin comme Idealwine ou une application smartphone spécialisée dans le partage de commentaires de dégustation (Vivino, WineAdvisor...) ;

» Appelez le producteur ou écrivez-lui ; il sera généralement très heureux de vous donner son avis sur la date optimale pour déguster son vin. De plus, les producteurs ont généralement plus d'expérience que quiconque au sujet des vins qu'ils produisent ;

» Si vous disposez de plusieurs bouteilles du même vin, ouvrez-en une de temps à autre pour voir comment il se développe. C'est votre palais qui sera le seul guide, car vous pourrez préférer le vin un peu plus jeune ou un peu plus vieux qu'à l'âge optimal prédit par les experts.

Comme les êtres humains, les vins peuvent devenir fragiles lorsqu'ils s'approchent de la fin de leur vie. Tout d'abord, ils détestent voyager. Si vous devez transporter un vin vieux (et vous le secouerez sans doute un peu), vous devez ensuite le laisser reposer pendant plusieurs jours avant de l'ouvrir. (Les bourgognes rouges et tous les autres Pinot Noir sont particulièrement sensibles aux voyages.)

Le bouquet délicat des vins vieux peut être facilement écrasé par des plats et des sauces trop aromatiques. Les meilleurs compagnons des grands vins sont des mets de qualité cuisinés simplement, sans excès d'épices ou de crème.

Un vin vieux ne doit pas non plus être rafraîchi (qu'il soit rouge ou blanc). Une température inférieure à 16 °C bloque le développement dans le verre.

Vous devez toujours faire décanter les vins rouges ou les portos millésimés (la décantation est décrite au chapitre **8**). Vous mettrez la bouteille debout deux ou trois jours avant ouverture pour que les sédiments puissent tomber au fond. Vous devez faire attention à ne pas trop aérer le vin lorsque vous le décantez : un vieux vin se fane rapidement lorsqu'il est exposé à l'air, parfois en moins d'une demi-heure.

Une fois que vous avez décanté un vin vieux, goûtez-le immédiatement afin d'être prêt à le déguster dans un très court délai s'il montre des signes d'affaiblissement.

DANS CE CHAPITRE

Le vin cher est-il toujours bon ?

Le blanc pour les poissons, le rouge pour la viande

Le vieillissement du champagne

Un vin bien noté est-il toujours bon ?

Chapitre 20
Dix mythes sur le vin à détruire

Tout au long de cet ouvrage, vous avez sans doute rencontré des références à plusieurs des mythes dont nous allons parler ci-dessous. Il s'agit de croyances erronées au sujet du vin.

Le vin est réservé aux experts

Snobs

Bien sûr, le vin est une affaire d'expert. Une telle masse d'informations est associée aux domaines, millésimes, techniques de viticulture et de production, histoire, traditions, géologie, météorologie, nouvelles tendances, qu'une âme d'expert peut aisément en faire son pain quotidien.

Mais le vin n'est pas réservé qu'aux seuls experts. Le vin est destiné à toute personne qui aime le goût du vin.

Truc

Le vin est une boisson, une des plus anciennes sur cette planète. Des millions de gens dans le monde entier boivent du vin sans penser particulièrement à ce qu'ils boivent ; c'est tout simplement le vin produit localement dans la région, ou le vin recommandé par un ami, ou bien encore c'est un vin qu'ils ont apprécié.

Le vin est une boisson très simple et naturelle. C'est du jus de raisin fermenté et transformé par un processus naturel. La prochaine fois que vous vous inquiéterez de ne pas en savoir assez pour apprécier, pensez à ceci : si les gens qui sont dans le négoce du vin ne devaient vendre qu'aux seuls experts, l'immense majorité des négociants et des vignerons auraient fait faillite depuis longtemps !

Un vin cher est toujours bon

Comme pour de nombreux autres produits, le prix d'une bouteille de vin indique en général son niveau de qualité et son niveau plus ou moins grand de rareté. C'est la fameuse loi de l'offre et de la demande ! Mais ce prix élevé ne signifie pas que ce sera le meilleur vin. Expliquons-nous :

À retenir

- **Vos goûts sont personnels et vous pouvez ne pas apprécier un vin que tous les autres apprécient ;**
- **Un vin, même cher, n'est pas le plus adapté à toutes les situations.**

Vous pouvez sans problème prendre plaisir à déguster un vin à 5 € dans de nombreuses circonstances. Lorsque vous invitez des dizaines de personnes, lors des pique-niques, pour vos repas de vacances après une journée de plage, un vin de haute qualité très cher serait déplacé, sa dégustation étant un moment trop sérieux et trop important pour de telles occasions.

À retenir

De même, les vins chers sont rarement le meilleur choix dans les restaurants, si l'on tient compte du prix habituellement pratiqué. En ce qui nous concerne, nous recherchons d'abord le vin qui offre le meilleur rapport qualité/prix tout en s'accordant au mieux avec ce que nous avons commandé ou bien nous en profitons pour essayer un vin d'un prix moyen que nous ne connaissons pas encore – et il y aura toujours au moins un vin sur une carte que vous ne connaissez pas.

Le choix d'un vin ne doit pas se faire uniquement en fonction du prix. Le meilleur vin, pour votre goût ou pour une certaine situation, peut souvent être un vin pas très cher.

Les vins importés sont inférieurs aux vins français

En France, une grande majorité de gens pensent que tous les vins importés sont inférieurs aux vins français. La richesse et la variété des vins français sont telles qu'un amateur de vin français peut très bien ne jamais goûter aucun vin produit en dehors de nos frontières. Pourtant, de grandes joies vous attendent si vous partez à la découverte des vins allemands, espagnols, italiens, suisses, portugais, hongrois. Par cercles concentriques de diamètre croissant, votre voyage vous mènera ainsi jusqu'aux nouvelles régions viticoles (États-Unis, Chili, Argentine, Afrique du Sud, Australie, etc.).

Snobs

Un de nos amis américains ne boit que des vins français. Il prétend que tous les vins californiens sont inférieurs. Nous nous sommes amusés à lui servir, en cachant l'étiquette, un bon vin californien et à attendre sa réaction lorsqu'il a découvert que c'était un vin californien alors qu'il venait d'en faire l'éloge !

De nos jours, toutes les grandes régions viticoles, historiques ou nouvelles, produisent au moins quelques très bons vins. Le mythe des vins importés est donc devenu une sorte de snobisme.

Le blanc pour le poisson et le rouge pour la viande

C'est une bonne règle générale, mais elle est faite pour être ignorée selon votre bon vouloir. Toute personne qui adhère de manière aveugle à une telle généralisation se prépare à entrer au royaume de l'ennui en buvant toujours la même chose à chaque repas.

Vous voulez essayer un verre de vin blanc avec votre hamburger ? Ne vous gênez pas, c'est vous qui mangez et buvez et pas votre ami ni le serveur qui prend votre commande.

À retenir

Même si vous êtes un perfectionniste qui recherche le mariage parfait entre un plat et un vin, vous aurez intérêt à emprunter de temps à autre des chemins de traverse. Le meilleur vin pour un saumon grillé est sans doute un rouge, du style Pinot Noir ou Bardolino et pas du tout un blanc. Le veau et le porc s'entendent aussi bien avec le rouge qu'avec le blanc, en fonction du mode de préparation du plat. Et qu'y a-t-il de meilleur avec un barbecue qu'un verre de rosé frais ?

Personne ne peut rien vous dire si vous avez décidé de boire avec tous les plats soit du vin blanc, soit du vin rouge, soit uniquement du champagne ! Il n'y a pas de règle absolue. (Quelques suggestions de mariage ont été données dans le chapitre **11**.)

Les notes attribuées aux vins ne mentent jamais

Il est normal de considérer les critiques comme des gens de bon conseil. C'est ce que nous faisons sans arrêt lorsque nous décidons du prochain film à aller voir, du nouveau restaurant à essayer ou du prochain livre à lire.

En général, nous faisons la part des choses entre l'opinion des critiques et nos goûts et expériences personnels. Imaginez un restaurant à viandes rouges qui vient de recevoir trois étoiles et une superbe critique dans les revues spécialisées. Doit-on se ruer sur le téléphone pour réserver ? Bien sûr que non si nous n'aimons pas particulièrement la viande rouge ! Lorsqu'un critique de cinéma donne quatre étoiles à un film, considérons-nous immédiatement que le film nous convient ou vérifions-nous d'abord dans le commentaire s'il n'est pas trop violent, trop bête ou trop sérieux pour nous ? Vous connaissez la réponse à cela.

Snobs

De nombreux amateurs de vin, dès qu'ils apprennent qu'un vin s'est vu attribuer plus de 90 points sur 100, foncent chez leur caviste. Il est tout à fait compréhensible qu'on ait envie d'essayer un vin ayant reçu une bonne note. Mais un bon caviste peut vous conseiller des vins non notés pouvant vous plaire tout autant.

À retenir

Les notes attribuées par les critiques ne sont rien d'autre que la synthèse de leur opinion personnelle ; les opinions comme les goûts sont toujours différents d'une personne à l'autre.

Le millésime compte, le millésime ne compte pas du tout

La différence d'un millésime à l'autre pour le même vin correspond à la différence dans l'histoire météorologique du vignoble entre les deux années (nous ne tenons pas compte des circonstances exceptionnelles telles qu'un changement de propriétaire). L'importance des variations entre millésimes dépend donc de l'importance des variations climatiques.

Dans certaines régions du monde, ces variations sont importantes et les vins de ces régions subissent des différences entre millésimes. Dans le Bordelais, en Bourgogne, en Allemagne et dans la plupart des régions d'Italie, par exemple, des aléas climatiques peuvent affecter un millésime (gel, grêle, pluie au mauvais moment ou chaleur insuffisante) alors que l'année suivante, aucun ne se produira. Lorsque les variations climatiques sont importantes, la qualité du vin peut varier énormément entre médiocre et exceptionnel.

Snobs

Dans les régions au climat plus constant (comme la Californie, l'Australie et l'Afrique du Sud), la variation entre millésimes est bien plus faible. Seuls les grands spécialistes des vins de ces régions noteront les différences.

Une autre exception à la notion de priorité au millésime concerne les vins bon marché. Les vins qui se vendent beaucoup et qui sont produits en grande quantité sont généralement le fruit d'un assemblage entre plusieurs vignobles d'une grande zone. Les variations dans la qualité du vin sont donc atténuées d'un millésime à l'autre.

Les spécialistes du vin sont des experts

Le vin est un sujet très vaste qui touche la biochimie, la botanique, la géologie, la chimie, la climatologie, l'histoire, la culture, la politique, les lois et le commerce. Quelqu'un peut-il être expert dans tous ces domaines simultanément ?

Pour corser l'affaire, il existe des personnes influentes dans le domaine du vin, certains auteurs d'ouvrages notamment, qui n'ont pas pour autant un bagage aussi important qu'il y paraît dans ce domaine. Et les voilà propulsés journalistes spécialisés ou formateurs experts en œnologie. Prudence.

Par ailleurs, les différents aspects du vin ne touchent pas uniformément tout le monde. En fonction de ce que les gens apprécient particulièrement dans le vin, chacun va se spécialiser dans une des disciplines au détriment des autres (vous savez maintenant pourquoi il nous a fallu être plusieurs pour écrire ce livre).

Ne croyez jamais que la même personne puisse répondre à toutes vos questions au sujet du vin de manière précise et actuelle. Il en va comme pour les médecins, juristes, etc. Les professionnels du vin sont spécialisés. C'est une question d'efficacité.

Les vieux vins sont les meilleurs

Ces fameuses rares vieilles bouteilles qui sont vendues aux enchères pour des milliers d'euros, comme des œuvres d'art, fascinent suffisamment l'esprit de tout un chacun. Mais les vieilles bouteilles de vin de qualité sont encore plus rares que les vieilles pièces de monnaie en bon état, car leur conservation est plus aléatoire.

Truc

L'immense majorité des vins produits dans le monde n'ont pas la capacité de vieillir pendant des décennies. Ils sont tous élaborés pour être bus dans les cinq ans.

À retenir

Les vins qui ont un potentiel de garde n'atteindront leur grandeur que dans des conditions de stockage optimales (voir chapitre **11**)

Le vin sert à se donner du plaisir, et le plus tôt est le mieux.

Les grands vins doivent être mauvais s'ils sont bus jeunes

Si cette rumeur était vraie, ce serait bien pratique pour n'importe quel producteur ayant raté un vin de dire que c'est un grand vin. Il suffirait de prétendre qu'il est supposé avoir bon goût plus tard, ce qui explique qu'il soit exécrable pour l'instant.

Dans le passé, certains des grands vins tels que les bordeaux rouges étaient si forts et si tanniques dans leur jeunesse qu'il était pratiquement impossible de les boire avant qu'ils aient plusieurs dizaines d'années. Jusqu'au millésime 1975 des bordeaux, certains collectionneurs croyaient que le fait qu'ils soient imbuvables jeunes (les vins, s'entend) prouvait qu'ils étaient capables d'une longue garde.

De nos jours, les producteurs pensent qu'un vin de garde doit être équilibré lorsqu'il est jeune pour être équilibré lorsqu'il sera vieux. (La notion d'équilibre a été vue au chapitre **2**.) Le vin va sédimenter ou arrondir une partie de ses tanins en vieillissant, mais ceux qui sont très tanniques lorsqu'ils sont jeunes n'ont pas forcément assez de fruit pour rester excellents après que les tanins se seront estompés.

Le fait qu'un vin soit équilibré ne prouve pas qu'il soit buvable. Un grand vin peut avoir beaucoup de tanins étant jeune mais avec beaucoup de fruit ; il sera donc équilibré, mais de manière embryonnaire. Vous pouvez ainsi vérifier si le vin est équilibré lorsqu'il est jeune ; vous pourriez même y prendre un certain plaisir, mais sa vraie grandeur se situe loin au-delà de l'horizon.

Les champagnes ne savent pas vieillir

Nous ne savons pas qui a lancé cette rumeur, car, au contraire, le champagne vieillit très bien, surtout s'il est produit dans un grand millésime. Nous avons pu déguster deux champagnes millésimés de 1928, un Krug et un Moët & Chandon Dom Pérignon ; ils ne montraient ni l'un ni l'autre de signe de faiblesse. Le plus vieux champagne que nous avons pu goûter, un Pol Roger 1914, était lui aussi excellent.

Mais le champagne demande d'excellentes conditions de stockage. Un grand champagne millésimé peut vieillir plusieurs décennies s'il est stocké dans un endroit frais, sombre et humide. L'âge fait perdre un peu d'effervescence, mais celle-ci laisse la place à une complexité aromatique qui fait penser un peu à celle des grands bourgognes blancs. Les magnums (1,5 litre) vieillissent généralement mieux que les bouteilles de 75 cl.

Truc

Pour connaître nos suggestions de grandes cuvées de champagne, gages de bouteilles aptes à un long vieillissement, reportez-vous au chapitre **18**.

Rappelons que dans les années récentes, 1990, 1996, 2002, 2008, 2009, 2012, 2015 et 2018 sont de très grands millésimes.

DANS CE CHAPITRE

La Romanée-Conti

•

Le Château d'Yquem

•

Pétrus

•

Château Mouton Rothschild

•

Le château du Clos de Vougeot

•

La Cité du Vin

•

La Vente des Hospices de Beaune

•

La Percée du vin jaune

•

Bordeaux fête le vin

•

Vignes, Vins, Randos en Val-de-Loire

Chapitre 21

Dix lieux et événements mythiques du vin à découvrir

Qui dit vin pense aussitôt à domaines, châteaux et vignobles à perte de vue. La France possède un merveilleux patrimoine viticole, d'une incroyable variété. Parmi les très nombreux domaines, certains sont très célèbres, d'autres sont peu connus, les uns sont vastes, d'autres surprennent par leur petite taille. Certains produisent des vins aussi rares que coûteux. Mais pas de frustration ! À travers les lignes, on peut approcher l'excellence !

À côté des lieux magiques, où l'excellence du vin n'a d'égale que la beauté des paysages et de l'architecture, il existe aussi des fêtes ou événements typiques. Ils sont agréables à fréquenter, car ils sont le reflet de notre histoire et de notre culture tout en procurant des occasions de partage et de convivialité autour du vin. Voici dix châteaux, domaines, lieux ou événements sélectionnés pour leur caractère mythique, exemplaire ou convivial.

Le domaine de la Romanée-Conti

Le domaine de la Romanée-Conti (DRC pour les initiés) produit l'un des vins les plus réputés et les plus chers au monde : le Grand Cru Romanée-Conti. Il est issu de 1,81 hectare de Pinot Noir plantés sur la commune de Vosne-Romanée, dans le vignoble de la Côte de Nuits, en Bourgogne.

La parcelle est déjà renommée quand en 1760, Louis-François de Bourbon, prince de Conti (1717-1776) l'acquiert à un prix très élevé. Elle ne s'appelle à l'époque que Romanée. À sa mort, son fils Louis-François-Joseph (1734-1814) en hérite. Mais, après la Révolution, le bien est confisqué et vendu en 1794. Entre-temps, il a pris le nom de Romanée-Conti.

En 1869, la Romanée-Conti devient la propriété de Jacques-Marie Duvault (1789-1874), à la fois propriétaire récoltant, négociant en vin et conseiller général de la Côte d'Or. Ses descendants et cohéritiers sont toujours à la tête de la moitié de la société civile gérant le domaine. L'autre moitié est entre les mains d'une autre famille, celle d'Henri Leroy (1894-1980) qui l'avait acquise en 1942. Les deux familles gèrent ensemble le domaine. Aubert de Villaine est l'un des deux associés-gérants.

Autour de 6 000 bouteilles sont produites par an, au gré des conditions du millésime. Parfois moitié moins comme en 2008. Impossible d'en acquérir auprès du domaine. Il faut figurer sur la liste des allocataires. En vente aux enchères, les bouteilles de Romanée-Conti dépassent désormais largement les 10 000 euros.

Le domaine, qui s'étend sur 25 hectares, produit aussi des vins issus des grands crus La Tâche, Richebourg, Romanée-Saint-Vivant, Grands-Echézeaux, Echézeaux, Montrachet et Corton avec le même souci d'excellence.

L'adresse

Domaine de la Romanée-Conti – 1, rue Derrière-Le-Four – 21700 Vosne-Romanée
Tél. : 03 80 62 48 80
Pas de vente sur place, ni de visite.

Le Château d'Yquem

Ce domaine produit ce que beaucoup d'amateurs considèrent comme le meilleur Sauternes, vin blanc liquoreux du Bordelais. En dehors de son exceptionnelle qualité, le cru est à lui seul un morceau d'histoire.

Au Moyen Âge, il a appartenu au roi d'Angleterre qui était aussi duc d'Aquitaine. En 1593, il devient la propriété de Jacques Sauvage qui construit le château. Ses héritiers vont le gérer de génération en génération. Au XVIIIe siècle, la production du château d'Yquem est déjà très appréciée en Europe. Thomas Jefferson, ministre plénipotentiaire en France en 1790, en commande trente douzaines de bouteilles pour lui-même et pour le président des États-Unis Georges Washington. En 1855, le vin est classé 1er cru supérieur dans le célèbre classement des vins de Bordeaux réalisé pour l'exposition universelle. En 1999, le château est devenu la propriété du groupe LVMH (Moët-Hennessy-Louis-Vuitton), producteur notamment de Champagne et de Cognac.

Si le domaine possède 100 hectares de vignes, le rendement est extrêmement faible car n'entrent dans la composition du précieux nectar que les grains touchés par un champignon, le *Botrytis cinerea*. Aussi appelé pourriture noble, il a la faculté de concentrer les arômes et le sucre du raisin. Il ne se développe qu'à la faveur de conditions météo particulières. Lorsque la nature n'est pas au rendez-vous, le château ne produit pas de Château d'Yquem comme en 1992 et en 2012. La vendange est donc manuelle, extrêmement minutieuse et s'étale sur plusieurs semaines. Dans leurs meilleurs millésimes, les vins d'Yquem se conservent pendant une ou deux décennies, voire beaucoup plus.

L'adresse

Château d'Yquem – 33210 Sauternes
Tél. : 05 57 98 07 07.
Visite uniquement sur rendez-vous.
yquem.fr

Pétrus

Si le nom de Pomerol fait frémir les amateurs de vin du monde entier, c'est grâce à la réputation du mythique Pétrus. Ce vin est sans conteste l'un des vins de Bordeaux les plus connus au monde.

Son secret réside dans l'alliance magique que forme ici le cépage Merlot avec un terroir unique. Il donne naissance à un vin à la texture unique, incomparablement charnu et velouté, opulent, mais jamais tape-à-l'œil, doté d'une longévité exceptionnelle. Les vignes s'enracinent dans un sol d'argiles profondes situé au point culminant de Pomerol et donc très bien exposé. L'argile leur assure un drainage optimal.

Seules 30 000 bouteilles sont produites par an, bien peu au regard de tous ceux qui rêvent de le goûter. Le millésime 1947 est des plus légendaires. Ceux qui l'ont goûté dans les années récentes assurent qu'il préserve encore toute sa force et son éclat.

Plus proches de nous, les millésimes 1998, 2000, 2005, 2009 et 2010 sont considérés comme des plus remarquables.

L'adresse

Pétrus – 1, rue Pétrus-Arnaud – 33500 Pomerol
Tél. : 05 57 51 17 96
Pas de visites.

Château Mouton Rothschild

Situé à Pauillac dans le Médoc, ce château est la seconde exception du classement de 1855. C'est le seul cru qui a été promu depuis que ce classement existe. Grâce à la pugnacité de son propriétaire, le baron Philippe de Rothschild, il est passé de second cru à premier cru en 1973.

L'art joue un rôle important dans ce château : une œuvre d'art différente est reproduite sur l'étiquette de chaque millésime ; le baron Philippe avait fondé un musée privé du vin dans l'art dont les collections ont été enrichies par sa fille, Philippine de Rothschild.

Le domaine compte 84 hectares plantés à 77 % de cabernet sauvignon.

Parmi les millésimes récents, 2005, 2008 et 2009 ont été salués par les experts comme particulièrement mémorables.

L'adresse

Château Mouton Rothschild – 33250 Pauillac
Tél. : 05 56 73 21 29
Visites du musée sur rendez-vous.
chateau-mouton-rothschild.com

Le château du Clos de Vougeot

Le château du Clos de Vougeot est l'un des fleurons de la Bourgogne.

Les moines de l'abbaye de Cîteaux sont à l'origine de la renomée de ce lieu. L'abbaye, fondée en 1098, reçoit de nombreuses donations de terres des seigneurs de la région. Dès le début du XIIe siècle, les moines cultivent la vigne, sélectionnent les plants, améliorent leurs méthodes. Le domaine s'étend, les vignerons ont besoin de bâtiments d'exploitation à la mesure de l'ampleur de leur travail. La construction du château sera entreprise en 1109 à quelques kilomètres de l'abbaye. Les moines vont à l'essentiel : la cuverie est bâtie en premier, avec ses quatre immenses pressoirs, puis le cellier, à demi enterré, avec une recherche subtile de la luminosité et de la température idéales à la maturation du vin, et le grenier, qui sert de dortoir aux moines vignerons.

En 1551, le quarante-huitième abbé de Cîteaux entreprend la construction d'une résidence de plaisance, plus élégante que le premier édifice. Le 13 février 1790, l'abbaye, les vignobles et le château sont confisqués et déclarés bien nationaux. S'ensuit une période d'instabilité pour le château. Il est sauvé et restauré par le négociant Léonce Bocquet qui le rachète en 1889. En 1920, Étienne Camuzet, propriétaire viticole et député du département, en devient propriétaire. Il le cède le 29 novembre 1944 à la société civile des Amis du Clos de Vougeot. Un bail de 99 ans est accordé aux membres dirigeants de la confrérie des Chevaliers du Tastevin.

Le château a été classé Monument historique en 1949. Il est ouvert à la visite. S'il est situé au cœur de 50 hectares de vignes entourées de murs, il n'en possède aucune. Divisées en plus de 130 parcelles, elles sont cultivées par quelque 80 vignerons qui produisent le Grand Cru Clos de Vougeot (ou Clos Vougeot).

L'adresse

Château du Clos de Vougeot – 21640 Vougeot
Tél. : 03 80 62 86 09
closdevougeot.fr

La Cité du Vin

La Cité du Vin a été inaugurée à Bordeaux le 1er juin 2016. Installée dans un bâtiment spectaculaire d'allure futuriste aux reflets dorés, elle ne passe pas inaperçue.

Ce lieu de plus de 3 000 m² se veut beaucoup plus qu'un musée. Il est conçu pour faire découvrir le vin sous tous ses aspects et à travers différentes expériences sensorielles. L'idée est de mettre en avant la dimension culturelle et universelle du vin à travers le monde, au fil du temps, dans toutes les cultures et toutes les civilisations.

La Cité du Vin est donc devenue une visite à ajouter au programme pour tous ceux qui viennent découvrir le vignoble bordelais ou la ville de Bordeaux. On peut y accéder par la Garonne grâce à un système de navettes fluviales et au ponton installé tout proche.

Truc

Le billet d'entrée pour les adultes inclut un verre de vin de Bordeaux à déguster au 8e étage, depuis le Belvédère en appréciant la vue panoramique sur Bordeaux. Les enfants ont droit à un verre de jus de raisin. Ne ratez pas cette étape !

Il est possible de se restaurer sur place. Et de faire des achats de vin ! Au rez-de-chaussée, le bar à vins caviste Latitude20 est conçu comme une impressionnante bibliothèque des vins du monde où 70 pays sont représentés.

Si elle a bénéficié d'encouragements publics, elle est financée par des fonds privés à travers la Fondation pour la culture et les civilisations du vin. Les entrées payantes doivent couvrir 70 % de son budget.

L'adresse

Esplanade de Pontac, 134, quai de Bacalan – 33300 Bordeaux
Tél. : 05 56 16 20 20
lacitéduvin.com

La vente des Hospices de Beaune

Les Hospices de Beaune sont riches de 48 parcelles réparties sur 60 hectares de vignes grâce à des dons qui lui ont été faits tout au long de ses cinq siècles d'histoire. Ces parcelles sont réparties dans les crus les plus réputés de la côte de Beaune, ce sont presque tous des grands crus ou des premiers crus. Depuis 1859, les vins qui en sont issus sont vendus aux enchères le troisième dimanche de novembre, le produit de la vente est destiné à financer les activités de l'hôpital et l'entretien de son fabuleux patrimoine. Quelques pièces sont aussi vendues au profit d'associations. Cette vente est la plus célèbre manifestation de charité au monde. Les professionnels interprètent son résultat comme un indice de la tendance du marché.

Les vins issus de différentes cuvées sont vendus en fûts (ou pièces) de 228 litres, sous la Halle de Beaune, aux enchères. Elle est aussi l'occasion de manifestations destinées au grand public et placées sous le signe de la dégustation et de la découverte des vins de Bourgogne.

Les acquéreurs des pièces de vin doivent respecter un cahier des charges précis qui leur impose d'élever le vin en fûts et de le conditionner dans des bouteilles bourguignonnes traditionnelles.

L'adresse

Pour accéder au catalogue de la dernière vente : hospices-de-beaune.com

Pour connaître les négociants commercialisant les vins des Hospices de Beaune : Syndicat des négociants en vins fins de Bourgogne : 7, place Carnot, 21200 Beaune, Tél. : 03 80 22 19 60

La Percée du vin jaune

Le vin jaune est le plus emblématique des vins du Jura. Depuis 1997, ce superbe vin à la robe dorée et aux arômes uniques de noix et d'épices a sa fête annuelle. Elle est organisée le premier week-end de février.

Elle doit son nom à la manière très particulière dont est élaboré ce vin issu d'un seul cépage, le savagnin. Le vin est mis en fûts de chêne de 228 litres. Progressivement, un voile de levure se forme et permet au vin de se préserver de l'effet oxydatif de l'oxygène. Il reste ainsi six ans et trois mois minimum, le temps que ses sublimes arômes se développent et qu'il se forge des armes pour résister au temps. Car ce vin est doté d'une longévité exceptionnelle. Il est embouteillé dans une bouteille spéciale, le clavelin. Elle ne contient pas 75 cl, mais 62 cl. La différence entre les deux contenances correspond à la part du vin qui s'est évaporée durant ses années de garde et que l'on appelle poétiquement « la part des anges ».

En perçant le voile au bout de six ans et trois mois, on découvre les arômes du millésime qui va pouvoir être enfin mis à la vente (en 2016, on a dévoilé le 2009).

Cet événement donne lieu à une fête chaleureuse organisée chaque année (sauf exception) dans un village différent qui met les vins et la gastronomie à l'honneur avec des dégustations, concours de classement des vins, concours de cuisine, ventes aux enchères de vieux millésimes, etc.

L'adresse
jura-tourism.com

Bordeaux fête le vin

Cette fête est organisée tous les deux ans. Quatre jours pour fêter le vin sur les quais, un lieu historique du vin à Bordeaux, classé au Patrimoine Mondial par l'Unesco. Le programme mêle chaque année gastronomie et culture. Acheter un « Pass dégustation » donne la possibilité de réaliser des dégustations de son choix en rencontrant les vignerons répartis dans différents pavillons. L'événement accueille plus de 600 000 visiteurs.

Un « Pass vignoble » permet, lui, de partir à la découverte du vignoble depuis Bordeaux avec des excursions organisées sur la journée.

L'adresse
www.bordeaux-fete-le-vin.com et office de tourisme de Bordeaux : 12, cours du 30-Juillet – 33080 Bordeaux Cedex
Tél. : 05 56 00 66 00 **bordeaux-tourisme.com**

Vignes, Vins, Randos en Val-de-Loire

Cet événement est organisé début septembre, sur un week-end. Il s'agit de 17 promenades proposées au cœur du vignoble de la Vallée de la Loire, dans différentes appellations. Elles sont conçues pour être parcourues en famille, entre amis ou en solo. Chaque promenade permet de découvrir un vignoble et de rencontrer des vignerons avec dégustations de vins et de produits locaux, découvertes des paysages, de la faune et de la flore et de savoir-faire. Rien de tel pour comprendre le vin que de partir à la découverte de l'endroit où tout débute : les vignes !

L'adresse
vvr-valdeloire.fr

Des vignes à admirer

Éric Beaumard

Pour la beauté des vignes et le talent des vignerons, je suggère de visiter également :

Au nord des Côtes du Rhône

Les vignobles escarpés de Côte Rôtie et du Domaine Jamet et de l'Hermitage et du domaine Jean-Louis Chave

En Alsace

Le grand cru Rangen de Thann exceptionnel du fait de son terroir raide et volcanique et le domaine Zind Humbrecht

En Provence

Les vignes en cirque de Bandol et le Château de Pibarnon qui domine l'appellation

Dans le Jura

Le site étonnant de Château-Chalon et le domaine Jean Macle

En Champagne

Le Clos des Goisses, monopole de la maison Philipponat

À Bordeaux

Le Château Ausone à Saint-Émilion pour son terroir de côtes

Au Portugal

Les vignes plantées en terrasse sur les pentes vertigineuses de la vallée du Douro classée au patrimoine mondial de l'Unesco

En Languedoc

Le vignoble de Banyuls et ses superbes points de vue associant vignes pentues plantées de vieux ceps torturés de Grenache, le sol pierreux et la mer bleue.

En Suisse

Les vignes du Valais entre Sion et Sierre, mosaïque de petites parcelles plantées en terrasse soutenues par des murs en pierre sèche, sur des pentes ensoleillées On y dénombre quelque 60 cépages différents.

À Lanzarote

Les vignes plantées sur des sols volcaniques, dans des creux entourés de murets en demi-cercle pour protéger les ceps du vent, donnant au paysage un caractère lunaire.

»

Des vignes à admirer *(suite)*

Sur l'île de Madère

Allez visiter cette île aux accents océaniques et tropicaux. Découvrez ses falaises abruptes, ses routes tortueuses, ses hôtels surannés et historiques, ses couchers de soleil incroyables, ses vignes en terrasses… et ses vins qui nous replongent dans le passé héroïque de cette Europe si riche et complexe. Madère est la proue de l'Europe !

Partie 5

Annexes

IL ME FAUDRAIT UN VIN QUI SE MARIE BIEN AVEC UN AMIRAL À LA RETRAITE ET SA FEMME, UN AUTEUR À SUCCÈS DE CHEZ GRASSIMARD ET UN WEBMESTRE QUÉBÉCOIS.

Dans cette partie...

Le vin a son vocabulaire. À ce stade du livre, il n'a presque plus aucun secret pour vous. Vous (re)trouverez ici des définitions afin que le langage des experts du vin (ou de ceux qui prétendent l'être) ne vous apparaisse plus aussi obscur qu'un film en chinois non sous-titré.

Annexe A
Glossaire

Accrocheur. Synonyme de *nerveux.*

Acerbe. *Acidité* notable ; qualifie un vin plus qu'*incisif* et moins que piquant.

Acidité. Qualité essentielle pour la durée et la vitalité d'un vin. Une insuffisance d'acidité naturelle du fruit rend le vin *plat* et *court.* Un excès d'acidité lui donne du *mordant*, le rend *agressif.* Dans le cas de l'*équilibre* convenable, le *fruité* du vin ressort et sa saveur s'attarde en bouche.

Agressif. Contraire de *tendre* ou de *souple.* Des vins qui semblent agressifs peuvent s'arrondir (devenir *ronds*) après un peu de temps passé en bouteille.

Alcool, alcoolique. L'alcool du vin est l'alcool éthylique, liquide incolore et inflammable.

Allonger. Manipulation illégale qui consiste à diluer ou couper un vin avec de l'eau.

Amertume. 1) Aspect désagréable d'un vin médiocrement élaboré. 2) Caractéristique typique de certains cépages. 3) Conséquence de tanins agressifs ou de raisins pas mûrs. 4) Une pointe d'amertume peut être agréable en donnant un côté rafraîchissant si le vin est équilibré.

AOC. Abréviation courante pour Appellation d'origine contrôlée.

Appellation d'origine contrôlée. L'appellation est garante des contrôles de qualité effectués dans le cadre du premier système national d'appellations vinicoles qui se soit vu appliqué.

AOP. Abréviation d'appellation d'origine protégée, l'équivalent européen de l'AOC.

Âpre. Plus péjoratif que *grossier.*

Aqueux. 1) Qualifie un vin au-delà de *maigre.* 2) Se dit d'un vin qui présente, à la dégustation, les caractères d'un vin mouillé (*allongé*).

Arôme. Parfois synonyme de bouquet. Devrait être réservé aux parfums *frais* et *fruité* évoquant les raisins plutôt qu'à la viscosité et la complexité qu'implique le vieillissement.

Assemblage. Mélange de vins de différents parcelles, cépages ou fûts.

Attaque. Un vin qui présente d'emblée au palais toute la gamme de ses caractéristiques gustatives est *complet* et possède une bonne attaque. S'applique davantage à un vin jeune qu'à un vin *mûr*, et laisse bien augurer de son avenir.

Austère. Se dit d'un vin dominé par l'*âpreté* de l'*acidité* et/ou des *tanins* et qui manque de *fruité.*

Avare. Qualifie un vin au-delà d'*ingrat.*

Ban des vendanges. Date fixée par arrêté préfectoral donnant l'autorisation de vendanger chaque département : celle du début des vendanges pour les *AOC.*

Barrique. Désigne un fût en bois d'une contenance approximative de 225 litres (selon la région d'origine). Sert à la *fermentation* des vins blancs et à l'élevage de vins rouges ou des vins blancs.

Bouche. Synonyme de *palais.*

Bouquet. Désigne l'odeur du vin que l'on hume et ses arômes lorsqu'on le goûte. S'applique à la conjugaison des odeurs du vin directement dues à sa *maturité* atteinte en bouteille.

Brûlé. Synonyme moins flatteur de *cuit*. Évoque aussi l'odeur de substances ayant subi un début de calcination.

Brut. Réservé en principe aux vins effervescents, ayant au maximum 12 g de sucre par litre (avec une marge de + ou - 3 g).

Cacaoté. Décrit de manière subjective l'odeur et la saveur des vins comme les Médoc, Cabernet-Franc, Porto, etc.

Centrifugation. Procédé de clarification du vin ou du jus de raisin utilisant la force centrifuge pour éliminer les particules indésirables.

Cépage. Variété de vigne ou de raisin. Certains vins portent le nom du cépage dont ils sont issus, comme les vins d'Alsace, ou les vins dits de cépage, les *varietals* américains.

Cépage, vins de. Au sens français, vin issu exclusivement d'un seul cépage. Aux États-Unis, les *varietals* sont le plus souvent des vins dans lesquels on trouve un cépage largement majoritaire.

Chaleur. Évoque le caractère chaleureux d'un vin rouge de bonne saveur et de fort degré *alcoolique*, éventuellement assez mûr et vraisemblablement de style méridional.

Chaptalisation. Adjonction de sucre au jus de raisin frais pour élever le potentiel *alcoolique* d'un vin.

Charnu. Suggère qu'un vin est si corsé et si riche en extrait sec qu'il donne la sensation de pouvoir être *mâché*. On dit des vins souvent charnus riches en tanins qu'ils ont de la *mâche*.

Citronné. *Acidité* fruitée et picotante à la langue évoquant le citron, que présentent nombre de vins secs ou demi-secs.

Clairet. Vin dont la robe se situe entre celle d'un rosé foncé et d'un rouge léger.

Climat. Parcelle de terrain isolée et seule de son nom au sein d'un vignoble particulier (terme essentiellement bourguignon).

Complet. Caractère d'un vin qui montre en bouche toutes les qualités de *fruité*, de *tanin*, d'*acidité*, de *profondeur*, de *longueur* voulues et qui atteint la plénitude.

Complexité. Nuances différentes de goûts et de parfums présentes en nombre dans un vin. De grands vins peuvent faire preuve d'une relative complexité dans leur jeunesse, mais un vin ne développe toutes ses nuances qu'à sa *maturité*.

Corps. Impression de poids dans la bouche que donnent, ensemble, le tanin, le moelleux, le fruité et une certaine richesse alcoolique.

Coulant. Contraire d'*agressif* ; presque synonyme de glissant, voire *souple*. Qualifie un vin au-delà de *rond*.

Coupage. Opération qui vise à obtenir un produit plus équilibré, aux caractéristiques stables, par mélange de vins d'origines ou de cépages différents.

Court en bouche. Qualifie un vin possédant un bon nez et un bon goût, mais manquant d'*ampleur* et de *persistance*.

Crémeux. Peut se dire de certains effervescents dont la bulle est fine et la texture soyeuse.

Creux. Qualifie un vin qui manque de réelle saveur en bouche. Définit seulement la sensation de « vide » due à l'inconsistance d'un vin (selon les auteurs français).

Cru. Zone délimitée sur laquelle est produit un vin particulier ; désigne un vignoble particulier appartenant, par exemple, à un château du Bordelais ; *cru classé*.

Cuvaison. Phase de la *fermentation* des vins rouges durant laquelle le jus est maintenu au contact des peaux et des pépins du raisin.

Cuvée. 1) Contenu d'une cuve à vin. 2) *Assemblage* de champagne, ou lot spécial de vin.

Délicat. Désigne les caractéristiques d'un vin plein de charme, d'une structure fine.

Dosage. Sucre ajouté dans un vin mousseux après son *dégorgement* et dont le taux est soumis à la terminologie en usage sur l'étiquette : *brut*, demi-sec, etc.

Doux. Qualifie le caractère sucré d'un vin.

Dur. Indique une certaine sévérité, souvent due à un excès de *tanin* et d'*acidité*.

Écœurant. Caractère d'un vin médiocre, dont la *finale* est lourde et manque de franchise et de fraîcheur.

Élégant, élégance. Propriété d'un vin possédant de la *finesse* et un certain *style*.

Encépagement. 1) Ensemble des cépages plantés dans un vignoble. 2) Implantation d'un vignoble.

Épicé. 1) Caractéristique typique de tel ou tel cépage. 2) Apparence d'un bouquet ou d'une bouche complexes, tenant parfois au temps de bouteille atteint par un vin ayant été élevé sous bois. Parmi les traces d'épices habituellement détectées, on notera la cannelle, la noix muscade et le poivre.

Facile. Qualité simple et agréable d'un vin *souple* et le plus souvent bon marché.

Féminin. Décrit subjectivement un vin dans lequel prédominent des qualités de délicatesse, opposées au poids ou à la force.

Ferme. Un tel vin est de bonne constitution, soutenue par son *acidité* et ses *tanins*. C'est l'inverse du *souple*.

Fermé. Suggère qu'un vin ne s'exprime guère au double niveau du *nez* et du *palais*. Éventuel défaut de jeunesse pour un vin pouvant bien s'épanouir avec un peu plus de *maturité*.

Filtration. Élimination des particules indésirables en suspension dans le vin ou le jus de raisin.

Finale. Qualité de l'arrière-bouche d'un vin et appréciation de sa persistance en bouche.

Finesse. Qualité qui distingue les *vins fins* par rapport à d'autres vins plus ordinaires.

Fins, vins. Vins de qualité ne représentant qu'un faible pourcentage de tous les vins produits, et parmi lesquels les grands vins constituent la véritable élite.

Frais, fraîcheur. 1) Qualité de vins jeunes, légers, pleins d'arômes fluides. 2) Désigne un vin *franc* dont l'*acidité* se manifeste en *finale* par une sensation agréable de rafraîchissement du palais, à l'opposé des vins lourds, asséchants.

Franc. S'applique à un vin dépourvu de tout goût ou arôme indésirable ou artificiel.

Fruité. 1) Vin dominé par les caractères de fruit frais, bouquet qu'on retrouve dans différents vins rouges jeunes. 2) Peut s'appliquer à l'arôme et à la saveur d'un vin qui rappellent le raisin, plutôt qu'au vin même (caractéristique spécifique aux vins allemands).

Fumé. Caractère de certains cépages, notamment la Syrah et le Sauvignon Blanc, et qui peut aussi provenir des fûts de chêne bien chauffés ou se manifester dans un vin non filtré.

Garde, vin de. Vin capable de s'améliorer considérablement lorsqu'on lui permet de vieillir.

Gazéification. Introduction de gaz carbonique dans un vin avant l'embouteillage.

Généreux. 1) S'applique à des vins de haut degré alcoolique (plus ou moins tombé en désuétude). 2) Peut qualifier des vins très fruités et riches en saveurs.

Gouleyant. Sans prétention, *facile* à boire.

Greffe. Assemblage entre le *porte-greffe* et le scion du *cep producteur.*

Grossier. S'applique à un vin rouge rugueux, pas nécessairement désagréable, mais certainement pas fin.

IGP. Abréviation d'indication géographique protégée, niveau de hiérarchie des vins de l'Union européenne équivalant à celui des vins de pays français.

Incisif. Terme lié à l'*acidité* du vin, tandis que l'*amertume* est liée à son *tanin.*

Ingrat. Désigne un vin présentant peu de *fruit* et beaucoup trop de *tanin* et d'*acidité.*

Levures. Champignons microscopiques d'importance vitale en vinification. Les cellules de levure sécrètent un certain nombre d'enzymes dont 22 sont indispensables pour mener à bien la *fermentation* alcoolique.

Levuré. Peu flatteur pour la plupart des vins ; mais un *bouquet* de levure peut être souhaitable pour un vin effervescent de bonne qualité, surtout lorsqu'il est jeune.

Lies. Dépôt (cellules mortes de levures) restant dans le fût ou la cuve en cours de *fermentation.*

Liquoreux. S'applique souvent aux vins de dessert onctueux.

Long, longueur. S'applique à un vin dont la saveur s'attarde longtemps en bouche.

Loyal. Plus flatteur que *typique* ; s'applique à tout vin d'assez belle qualité de base et de caractère fidèle à ses type et origine qui ne se révèle pas comme *gonflé* ni coupé par tout moyen illégal.

Macération. Phase de la vinification en rouge où, en cours de la *cuvaison*, le jus fermentant est au contact des peaux et des pépins du raisin. Des méthodes de macération avant fermentation s'utilisent de plus en plus pour les vins blancs.

Mâche (vin ayant de la). Qualifie un vin au-delà de *charnu.* Qualité qui s'allie en esprit tantôt à celle d'un vin *riche* (ayant de la bouche), tantôt à une certaine astringence (nécessitant quelque mastication).

Maigre. Qualifie un vin décharné, manquant de *corps* et de *fruit.*

Millésime. Année de récolte d'un vin.

Minéral. Certains vins peuvent avoir une arrière-bouche minérale, proche d'une sensation de fraîcheur, avec des notes rappelant la pierre à fusil ou le calcaire.

Moelleux. Délivre de la douceur.

Mordant. S'applique à un vin *ferme* et à la *finale* agréable, avec une légère dominante acide ou tannique pour les vins rouges.

Mou. Désigne un vin manquant d'*acidité*, terne, faible et *court* en bouche.

Moût. Jus libéré par les raisins dont les éléments seront transformés au cours de la *fermentation*.

Nerveux. S'applique subjectivement de façon habituelle à des vins blancs secs *fermes*, vigoureux.

Nez. Odeur ou parfum du vin comprenant l'*arôme* et le *bouquet*.

Onctueux. Caractérise des vins *riches* et *gras*, notamment certains Chardonnay produits en grande année ou dans une région chaude.

Opulent. Suggère des arômes abondants, une *bouche* très *riche*.

Oxydation. Action de l'oxygène sur les composés du vin. Lorsqu'elle n'est pas maîtrisée, l'oxydation altère le vin.

Oxydé. Un vin oxydé se trouve à un stade avancé et prématuré d'*oxydation* ; il peut présenter une odeur de xérès.

Palais. Saveur ou goût d'un vin.

Pasteurisation. Terme générique désignant diverses techniques de stabilisation et de stérilisation.

Pays, vin de. Vin réglementé bénéficiant d'une indication géographique de provenance.

Perlant. Caractéristique d'un vin très légèrement gazeux, mais qui l'est moins que le *crémant* ou le *pétillant*.

Phylloxera. Puceron parasite de la vigne venu d'Amérique qui a contaminé presque toutes les régions viticoles, détruisant à la fin du XIXe siècle nombre de vignobles. Pour reconstituer ces derniers, il a fallu et il faut encore *greffer* les vignes sur des *porte-greffe* américains résistant au phylloxera.

Piquant. Défaut d'un vin qui est en train de se transformer en vinaigre !

Plat. 1) Caractérise un vin mousseux ayant perdu toute sa mousse. 2) S'utilise aussi à la place de mou, notamment pour un manque d'*acidité* dans la *finale*, pour un vin qui paraît sans caractère, sans fraîcheur.

Plein. Se dit souvent d'un vin corsé, de son corps. Mais un vin peut être léger de corps tout en ayant de la *bouche* – de la saveur et un bon goût. Se dit aussi d'un vin dont la composition est bien équilibrée, riche en tous ses éléments.

Poivré. 1) Qualifie des vins jeunes dont les divers composants sont bruts, manquent encore d'harmonie et se montrent parfois agressifs et picotants au *nez*. 2) Senteur et saveur caractéristiques des vins du midi de la France, notamment de ceux à base de Grenache.

Porte-greffe. Partie inférieure d'un cep greffé, habituellement résistant au *phylloxera*.

Profondeur. Désigne tout d'abord une profondeur de goût, en second lieu l'intérêt même présenté par un vin, ainsi que la tonalité appuyée de sa robe.

Race. La *finesse* d'un vin est due à l'heureuse harmonie résultant de la qualité intrinsèque du raisin, de celle du *terroir*, de la compétence et de l'expérience d'un grand vinificateur.

Ratafia. Vin de liqueur obtenu par adjonction d'eau-de-vie de marc à un *moût* de jus de raisin frais.

Rétro-olfaction. Saveur et arôme perçus par voie rétronasale.

Riche, richesse. Traduisent l'équilibre plein atteint par le vin entre son *fruit* et sa *profondeur* qui se manifeste au niveau du palais et de la finale.

Robuste. Forme atténuée du terme agressif ; appliquée souvent à un vin mûr à propos de sa nature et non pas de son agressivité de jeunesse.

Rond, arrondi. Qualifie un vin dont tous les angles dus au *tanin*, à l'*acidité*, aux extraits secs se sont arrondis grâce à sa *maturité* atteinte en bouteille ou à la vinification.

Saignée. Procédé d'extraction de l'excédent liquide de la cuve de *fermentation* pour obtenir un vin rosé.

Sec. 1) Désigne un vin ne comportant aucune douceur ; n'exclut pas le *fruité*. Les vins aux saveurs de *fruit* très mûr peuvent paraître si *riches* qu'ils donnent parfois l'impression d'avoir quelque douceur. 2) Vin tranquille ne comportant pas de sucre.

Sensuel. Décrit un vin blanc doux et *onctueux* ou un vin rouge d'une succulente *richesse*.

Serré. Qualifie un vin *ferme*, au bon taux d'extrait sec et éventuellement de *tanin*, tendu à la façon d'un ressort ne demandant qu'à se détendre et aux possibilités d'évolution meilleures que celles d'un vin *fermé*.

Souple. Qualifie un vin *facile* à boire, pas nécessairement *tendre*, mais évoquant plus la facilité que la simple *rondeur*. La souplesse peut se révéler dans un vin jeune peu tannique ou dans un vin vieux dont les tanins se sont assouplis avec l'âge.

Subtil. Qualifie un vin doté d'une personnalité indéniable bien que parfois sous-estimée.

Tabac. S'applique subjectivement aux vins élevés sous bois de chêne, en matière de goût et de *bouquet*.

Tanin, tannique. Termes génériques désignant divers polyphénols contenus dans le vin et provenant de la pellicule du raisin (les plus *souples*), de ses pépins et de sa rafle (les plus âcres) ; ils peuvent aussi provenir du bois neuf des fûts.

Tendre. Équivalent de *souple*.

Terreux. Correspond à une sensation d'assèchement en bouche. Si certains vins donnant cette impression peuvent être agréables, ce n'est pas le cas des vins les plus fins qui doivent être *francs*.

Terroir. Si ce terme évoque d'abord la terre, sa définition met en jeu tout l'environnement : le sol cultivé, le site, l'altitude, le climat et tout autre facteur pouvant affecter la vie de la vigne, et donc la saveur du raisin.

Typique. Reflétant de façon loyale un cépage ou un terroir.

Vanille, vanillé. Désignent souvent le *nez* et la bouche d'un vin vieilli sous bois de chêne, notamment d'un Rioja.

Végétal. 1) Qualifie la saveur ou l'arôme d'un vin doté d'une certaine *maturité*, souvent un Chardonnay ou un Pinot qui, bien *rond*, a acquis un *bouquet* agréable rappelant des senteurs végétales plutôt que de fruits. 2) Peut être un défaut lorsque l'arôme végétal est vulgaire et trop appuyé.

Velouté. Caractérise subjectivement un vin dans lequel le moelleux l'emporte de façon à évoquer, en bouche, le contact du velours.

Vert. Jeune et acerbe ; terme péjoratif, mais qui peut aussi indiquer qu'un vin est jeune et peut s'améliorer.

Verve. S'applique souvent à des vins issus du Riesling ; évoque précisément la *vitalité*, la *vivacité* et l'*acidité* de ce *cépage.*

Vineux. 1) Qualifie généralement un vin dont la saveur recèle une richesse alcoolique importante. 2) S'applique aux qualités fondamentales d'un vin, notamment l'odeur et la saveur.

Vinification. Ensemble des opérations effectuées pour élaborer un vin, après la cueillette des raisins et avant la mise en bouteilles.

Vin de table. Vin ne bénéficiant pas d'une indication d'origine et auquel la réglementation impose des normes d'*encépagement*, de rendement, de degré *alcoolique* et d'*acidité* plus souples.

Vivacité. Se rapporte habituellement à la *fraîcheur* pleine de jeunesse du *fruit* d'un vin et due à sa bonne *acidité*, ainsi qu'à sa teneur en gaz carbonique supérieure à la moyenne.

Zeste. Caractère vif suggérant une sensation tactile s'associant éventuellement avec une pointe d'arôme d'agrumes.

Annexe B

Index

B

C

F

G

H

I

J

Q

R

S

T

U

V

W

X

Z